永遠の言葉

〈キリスト教概論〉

聖学院キリスト教センター 編

聖学院大学出版会

は じ め に

　「初めに言があった。言は神と共にあった。言は神であった。この
　言は、初めに神と共にあった。万物は言によって成った。成ったもの
　で、言によらず成ったものは何一つなかった。」
「言は肉となって、わたしたちの間に宿られた。わたしたちはその栄
　光を見た。それは父の独り子としての栄光であって、恵みと真理とに
　満ちていた。……恵みと真理はイエス・キリストを通して現れた……。
　父のふところにいる独り子である神、この方が神を示されたのであ
　る。」（ヨハネによる福音書 1 章 1 - 3、14 - 18 節）

　イエスの第一の弟子ペトロは、イエスに対し、「あなたはメシア［＝キ
リスト］、生ける神の子です」（マタイによる福音書 16 章 15 節）と告白しま
した。キリスト教はこのペトロの告白に連なり、二千年にわたってイエ
スこそキリスト（救い主）であると告白してきました。なぜなら、このイエ
スこそ、ヨハネによる福音書が証言する、肉体を取ってこの世に現れた永
遠の神の言であると信じるからです。
　古代教会で作られた教会の信仰を表す「使徒信条」においては、「我は
その独り子、我らの主、イエス・キリストを信ず」と告白され、続けて、
さらに詳しく「主は聖霊によりてやどり、処女マリヤより生れ、ポンテ
オ・ピラトのもとに苦しみを受け、十字架につけられ、死にて葬られ、
陰府にくだり、三日目に死人のうちよりよみがえり、天に昇り、全能の父
なる神の右に座したまえり。かしこより来たりて、生ける者と死ねる者と
を審きたまわん」と告白されています。
　キリスト教は、このイエスこそキリストであると告白し、このイエス・
キリストに基づいて歴史や世界を見ている宗教です。そこには、「三位一

体の神」というキリスト教独自の考え方がありますが、その神がイエスという歴史的存在に現れたことを信じるところに、キリスト教の最も大事な点があります。なぜなら、そこに永遠の神の言が現れており、また同時に永遠の神の救いが達成されていると信じるからです。

　本書は、この永遠の言であるイエス・キリストを、特に若い人たちに知ってもらいたいとの思いで書かれたものです。現代は、あらためて触れるまでもなく、世界全体がますます緊密化し、多種多様な情報があふれ、価値観が多様化し、多くの豊かさを経験する反面、国家や民族や個人においても深刻な問題や対立に直面しています。そうしたなか、あらためて問われ、また求められているのが、人間としての真実の生き方、そして救いではないでしょうか。

　本書の執筆者はすべて、授業などを通して直接若い人たちに接し、語りかけるなかで執筆しています。そこには、混迷を深める現代に生きる若い人たちに、時代を超えて一人ひとりを生かす永遠の言に出会い、その出会いを通して、より真実な生き方へと招かれてほしいとの思いがあります。そういう思いで書かれたのが、本書です。

　このささやかな書物が、これを手にした人たちの人生の糧となり、指針となり、願わくば救いへの招きとなれば、幸いです。

＊なお、本書のタイトルは『永遠の言葉』としました。聖書では「言」という表記が用いられていますが、一般書としては「言葉」のほうが分かりやすいとの判断からです。

＊本書の聖書の引用は、日本聖書協会『聖書　新共同訳』によっています。

永遠の言葉──目次

I

序——出会い

1│実存的問題から（自分を知る）

1——あなたを捜し出す神

> 「これを見たシモン・ペトロは、イエスの足もとにひれ伏して、『主
> よ、わたしから離れてください。わたしは罪深い者なのです』と言っ
> た。……すると、イエスはシモンに言われた。『恐れることはない。
> 今から後、あなたは人間をとる漁師になる。』」（ルカ福音書5章8‐10
> 節）

　私たちは、人生においてしばしば「あなたは誰?」という問いに出会い
ます。そのとき、私たちは「そうだ、私は一体どういう人間だろう?」と
いう問いを持ち始めます。その問いへの答えとして、私たちは手がかりを
必要とします。それには、血液型調べや星占いに始まり、学問的にもユン
グの「人間のタイプ論」など数多くあります。これらはいずれもこうした
自己確認の手がかりをつかもうとする試みです。いまだに私たちの周りで
は、自分がどのような星のもとに生まれているか、どのような性格が原型
か、自己確認として大きな興味が持たれています。しかし、これらはいず

れも人間にとって先天的な性格が決定的なものと見る、宿命論の人間観の表明なのです。一方、人間はその置かれた環境のもとで大きな影響を受けますし、教育によって後天的に新しい人格が現れ出ることもあります。また人間は、成熟すると自らに大きな影響を及ぼすであろう「環境」を選んで、そこに自らを置くことで新しい影響を受けさせることもあります。人間はそれほどに周囲から影響を受けやすい存在なのです。人間はそのままでは決して「人間である」とは言えません。人間は環境を選びながら、大変な苦労をして「人間に成っていく」のです。

　冒頭に掲げた新約聖書のエピソードでは、ある日漁師シモン・ペトロがまったくの不漁で落ち込んでいたとき、たまたま出会ったイエスからもう一度網をおろすよう言われ、やってみたところ大漁を体験した、とあります。そのとき、ペトロはうれしかったに違いありませんが、よほど驚いたのでしょう、また恐れたのでしょう、イエスに次のように言ったのです。自らを顧みて、〈自分はこのような素晴らしい体験ができるような者ではない、私は罪深い者であるので、自分から離れてください〉、と。しかしイエスは、それに対し、「恐れることはない。今から後、あなたは人間をとる漁師になる」と言われました。人間をとる漁師とは、世界という海の中で不自由にあえぎ死の脅威にさらされている（当時、海は死の象徴でした）人間を魚にたとえ、人々をそこから自由の世界へと救い出すわざをなす人に成ることを意味します。ペトロはこのようにイエスと出会い、イエスから呼びかけられた声に応答する中で、「新しい人間、ペトロに成っていく」のです。

　私たちは「私は何者なのだろう」と思案します。ともすれば私たちは「どうせ自分は」と考えてしまいます。ペトロも「自分は罪深い者」だと考えました。しかしイエスは、「恐れることはない。今から後、あなたは人間をとる漁師になる」と言われたのです。私たちもそうした呼びかけに応える中で、「新しい自分に成っていく」のです。

　「あなたたちは真理を知り、真理はあなたたちを自由にする。」
（ヨハネ福音書 8 章 32 節）

　この聖句に示されているように、「どうせ自分は」という自らを束縛する不自由な生き方でなく、「これからあなたは……に成る」という声に応えて、新しい存在に成っていく自由を受け取りましょう。国立国会図書館にも類似の標語が掲げられていますが、その標語は「真理は我らを自由にする」となっています。各人が真理を学べば、自由になるという意味です。しかし真理は、「あなたは誰か、あなたはこれからこういう存在に成っていく」と呼びかける声に、私たちが応えていくとき、教えられていくものではないでしょうか。

　ゴーギャンという画家が「われわれはどこから来たのか、われわれは何者か、われわれはどこへ行くのか」という大作を描いています（図版①）。ゴーギャンという画家は 19 世紀のフランスの人で、太平洋のタヒチ島で、文明の問題、特に人間の問題を考えました。彼は「どこ」という問題を考えます。それは、このように言い換えてもよいでしょう。われわれにとって本当の故郷とはどこか、と。

　新しい世界へ来て、私たちはしばしば「ここには自分の居場所がない」と感じることがあります。それはアイデンティティ 'identity'（自己存在

図版①　「われわれはどこから来たのか、われわれは何者か、
われわれはどこへ行くのか」（ポール・ゴーギャン、1897 年）

の確認）の問題であると言ってもよいと思います。この点について、聖書
には次のような言葉があります。

> 「この人たちは皆、信仰を抱いて死にました。約束されたものを手
> に入れませんでしたが、はるかにそれを見て喜びの声をあげ、自分た
> ちが地上ではよそ者であり、仮住まいの者であることを公に言い表し
> たのです。このように言う人たちは、自分が故郷を探し求めているこ
> とを明らかに表しているのです。もし出て来た土地のことを思ってい
> たのなら、戻るのに良い機会もあったかもしれません。ところが実際
> は、彼らは更にまさった故郷、すなわち天の故郷を熱望していたので
> す。」（ヘブライ 11 章 13 – 16 節）

　ある人は、自分のアイデンティティは、ヘブライ人への手紙で言われて
いる「故郷」だと言うかもしれません。しかし、現在の社会はあまりにも
変動が激しく、また情報流通の拡大による均質化が進み、地域性のアイデ
ンティティは非常に持ちにくくなっていると言えます。自分の最終的な落
ち着かせ場所、居場所は、自分に本当に親身になって関心を寄せ、呼びか
けてくれる声のもとにあります。それこそが天の故郷、人間の真の故郷な
のです。ペトロは、その後、漁師であることを捨て、自分に呼びかけてく
れた声、イエスのもとにとどまり、イエスに従うようになりました。ペト
ロはこの声のもとに、自分の居場所を定めたのです。

　ペトロがどのような人かと問えば、もはや「どこの国、どの市の出身、
どのような民族で、何語を話すか」という説明は意味をなしません。ペト
ロは、イエスの呼びかけに応えて、今まさに「どんよりした海から多くの
魚を自由の世界へ引き上げるように、イエスと共に人々を日々救おうとし
ている人」と言うべきでしょう。ペトロはまさにそのように生きていった
のです。

　皆さんも多くの豊かな呼びかけに応えて（あるときは反発したり、共感を
覚えたりして）、これから皆さんがなすべき具体的な使命 'mission' を見

いだしてください。それは生きがいの問題にもつながります。

2──神様のこと

> 「心で見なくちゃ、ものごとはよく見えないってことさ。かんじんなことは、目に見えないんだよ。」(サン・テグジュペリ、内藤濯訳『星の王子さま』岩波書店、2000年、p.103)

> 「昔の人たちは、この信仰のゆえに神に認められました。信仰によって、わたしたちは、この世界が神の言葉によって創造され、従って見えるものは、目に見えているものからできたのではないことが分かるのです。」(ヘブライ11章2-3節)

皆さんの中には、神と聞くと反発を覚える人もおられるでしょう。目に見えない存在をどうして考えられるのか、それは人間の空想する架空のものではないか、という反発です。昔、『サンタクロースっているんでしょうか』というアメリカで今も語り継がれている実話が日本にも紹介されました。今から100年程前、バージニアという8歳の少女はサンタクロースの存在を信じていましたが、学校で、目に見えないサンタクロースがいるわけがないと言われ、当時のニューヨークの「サン新聞」に投書をしました。そのとき、編集部のチャーチ記者は、後世に語り継がれる見事な公開回答文を、少女に宛てて書きました。

> 「バージニア、サンタクロースがいないと言うあなたの同級生は間違っています。それは近代の懐疑精神に毒されてしまっています。サンタクロースがいないなら、人生を豊かにしてくれるメッセージが消え、そしてバージニアのような心を持つ子どもたちまで消えてしまうでしょう。赤ちゃんのガラガラを分解してみればどのように音を立てるか分かりますし、クリスマスイブに誰かに頼んで煙突でサンタクロースを捕まえられるかもしれません。しかしそんなこととサンタクロースがいるかいないかとは、何のかかわりもないことです。私たちの生きる世界とサンタクロースたちが活躍する世界にはどんな力持ちが引っ張っても開けることのできない美し

いヴェールがあるのです。そのヴェールはあなたのように信ずる心、感じやすい心の持ち主だけがそっと開けることができるのです。サンタクロースがいないですって！　いいえ、サンタクロースは、今より後も永遠に生き、私たちの心に愛と希望と信仰を与え続けることでしょう。」(抄訳)

　この公開回答文をもらったバージニアがその後どのような生涯を送ったかは、早世したチャーチ記者には知る由もありませんでした。彼女は、その後大学を優秀な成績で卒業し、孤児たちのための教育者になりました。彼女は、最期の時まで、サンタクロースの存在を信じる心を持ち続け、希望もなく、すさんでいた少年少女たちを温かい心で育てました。そして、その中から驚くばかりの大きな業績をあげた人々が巣立っていったのです。このサンタクロースの存在を信じ続けた少女の物語は、私たちが神を信じるとは何を意味するかを私たちに暗示しているのではないでしょうか。見えないもので存在するものは多いのです。見えないもので、見える世界に大きな影響をもたらすもの、それは豊かに存在します。理念、ルール、理想など、多くのものがあります。しかし、聖書の示す「神」はそうしたものにとどまりません。神は私たちと対話し、叱り、励まし、慰め、立ち直らせてくださる存在です。人格的交流をもたれる方です。そうした方と交流する中で、私たちは成長させられ、変えられていくのです。
　昔、日本の剣豪、宮本武蔵は、巌流島での決戦に臨むにあたり、神仏に祈ろうとしましたが、神仏に頼るような心を排除しようと、祈るのをやめて決戦に臨んだと言われます。今日も「カミ」を名乗る多くの宗教があり、日本では年始には多くの賽銭が投げ込まれます。「合格祈願」、「商売繁盛」、「良縁成就」など、多くの祈願が「カミ」に寄せられます。それらは、確かに武蔵のような厳しく生きようとする人から見れば、依存心の強い甘えた心の表れかもしれません。しかし、そうした宮本武蔵も、すでに亡き剣術の師匠とは、黙想の中でしばしば語り合い、教えを乞い、ときには叱られていたようです。

　本当の神は、私たち人間を愛するゆえに、戒め、励まし、ときには叱り、懲らしめ、そして悔いる者を赦し、浄化してくださる存在ではないでしょうか。厳しくも慈悲に富んだ父親のような存在ではないでしょうか。私たちは、少なくとも聖書において、そういう真の神を示されるのです。

　さて、人間は自然の脅威の中で、まったく小さな存在にすぎません。生きていく過程で受ける不安、脅威、もろもろの人間を萎縮させる見えない「もの」が存在します。しかし、人間がそうした自然の脅かしの中にあって、萎縮状態から立ち上がることができるとすれば、その背後には大変重要な役割を果たすある存在があるように思います。次の一文を読んでください。

　　「子どもは、悪い夢でも見ると、夜中に目がさめて、自分が一人ぽっちで闇に囲まれ、言いようもない脅迫感に取り巻かれていることに気づく。そのようなときに、信頼できる現実の輪郭は、ぼやけて見えない。そして、初めて混沌状態の恐怖を感じて、母親を求めて泣く。このようなとき……母親は、おそらくあかりをつけて、安心をもたらす光の暖かい輝きで、子どものまわりを照らすだろう。そして、子どもに話しかけるか、歌をうたってやるだろう。……『こわがらなくてもいいのよ —— みんなちゃんとなっているから、みんな大丈夫よ』。すべてがうまくゆけば、泣いた子どもは安心し、子どもの現実に対する信頼は回復され、そして、この信頼のゆえに再び夜のねむりに入るのである。」（ピーター・バーガー、荒井俊次訳『天使のうわさ —— 現代における神の再発見』ヨルダン社、1982年、pp. 114 – 115）

　宗教社会学者のピーター・バーガーは、こうした世の多くの母親の役割は、心理的に混沌状態にある子どもを安定させ、再び安らかな夜の眠りへと導き、健全な人格へと育むことであると言います。ですから、母親が重大な役割を果たしていることを示唆しています。ところが、この学者は続けてこう問いかけます。しかし、この「母親は子どもにうそをついている」のではないだろうか、と。すなわち、現実社会には、子どもどころか

大人も脅かすような悪魔的存在や多くの不安や危険が存在することを、こうした世の母親は知っているはずだと言うのです。

　このように言うことができるでしょう。夜突然目を覚まし、不安と闇の恐怖から泣き出す幼い子ども、それは大自然の脅威の中にいる人類の象徴です。しかし、人間はそうした萎縮する不安の中から立ち上がり、文化や文明を作り上げてきました。そこには、こうした人間を立ち上がらせる「母の役割」がありました。そして、それは、人間を脅かすそれらの悪魔的存在以上に強い存在が実在することを、すなわちそうした悪魔的存在に打ち勝ち、ときには人間社会に介入して人間を護り、人間を見守り続け、人間を育てるまなざしのあることを教えているのです。皆さんの中にも、幼い頃、こうした「母の力強い声」に接して、生きるための根源的な信頼を育てられた体験を持つ人もいることでしょう。また皆さんもやがて親になっていくとき、子どもにこうした力強い信頼を与えることができれば、子どもにとって何と幸せなことでしょう。しかし、（母）親はうそをついているのではないかという疑問を、あの学者は提示しているのです。というのも、親自身がこうした「神」をしっかりと知り、どれほどこの地上に悪魔的存在が跳　梁　跋扈していても、そうした存在を究極において抑えつけ、人間をしっかりと護ってくれる本当の「神」の支配を信じているのでない限り、親は子どもにうそをついていることになるからです。そうでなければ、それは子どもに安心感を与えるための方便としての「信頼」、必要性から出た「信仰」ということになります。その結果、子どもはそうした親の「うそと偽善」を見抜き、やがて人類が根源的に持つ「究極的不安」の中に、かえって強いかたちで舞い戻っていくのです。

　しかし人類は、悪魔的存在を抑える「究極の力」を信頼して、究極的不安の中から立ち上がり、温かい家庭を築き、文化の花を咲かせ、社会や国家を築き上げてきました。しかし、現代において、その根底を支える精神に、亀裂や脆弱な点が現れているとすれば、それは大きな問題であると言えます。

これまでの人類の歩みを肯定するためには、人類を支え、護り、育てる「究極的存在」を人類は信じなければならないのです。そうでなければ、すべてがバーガーのいう「うそ」になります。しかし、幸いなことに、人類はこの「究極的存在」、まことの神を知ることができるのです。キリストをとおし、聖書をとおして。

3──キリストとの出会い──キリストなしには神は分からない

「御子は、見えない神の姿であり、すべてのものが造られる前に生まれた方です。」（コロサイ1章15節）

「いまだかつて、神を見た者はいない。父のふところにいる独り子である神、この方が神を示されたのである。」（ヨハネ福音書1章18節）

「いまだかつて神を見た者はいません。わたしたちが互いに愛し合うならば、神はわたしたちの内にとどまってくださり、神の愛がわたしたちの内で全うされているのです。」（Ⅰヨハネ4章12節）

ある人を理解しようとするとき、その人の話を聞かず、またその人と一緒に学んだり奉仕したりせず、あるいは一緒に生きようとせずに、その人を評価しようとすれば、評価は独断的なものになってしまうでしょう。神に対しても同じです。人間があれこれと神を想像し断定するとすれば、大変な誤りに陥ります。そうしたことを、speculation（思弁）と言います。「ヨーロッパ人の『神』の肌は白く、アフリカ人の『神』の肌は黒い」と言う人がいますが、そうした思弁による神概念は、単なる人間の自己投影にすぎません。人間の自己投影の最たるものは、偶像です。神を何とか人間の頭で捉えやすい形にしようとすること、また人間が必要な時にいつでも現れる神を創り出そうとすること、つまり人間の支配の範囲内に「神」を置こうとすること、それこそが人類がしばしば行なってきた「偶像崇拝」なのです。偶像崇拝こそは、真実の神理解から最も遠い態度です。ま

ことの神を知り、理解しようとするならば、まことの神の声と神の言葉に
耳を傾けなくてはならないのです。

　先に私たちは、目に見えない豊かな世界に心を開くべきであることを学
びました。確かに神は、人間の目には見えない方です。そのため、見えな
い神を知ることは、人間には大変困難なことです。見えない神の真意を理
解することも大変難しいことです。真意をめぐって誤解や不安が人間の側
に起こってきます。しかし、人類史上、重要な出来事が起こりました。

　　「キリストは、神の身分でありながら、神と等しい者であることに
　　固執しようとは思わず、かえって自分を無にして、僕（しもべ）の身分になり、
　　人間と同じ者になられました。人間の姿で現れ、へりくだって、死に
　　至るまで、それも十字架の死に至るまで従順でした。このため、神は
　　キリストを高く上げ、あらゆる名にまさる名をお与えになりました。」
　（フィリピ2章6 - 9節）

　キリストとは、ギリシア語で「救い主」という意味です。古代イスラエ
ルにおいて、王や祭司や預言者などが油を注がれることで特別な神の使命
を受ける者（「メシア」、「油注がれた者」の意）であることが示されました
が、転じてそれは「救い主」を意味するようになりました。ここには、人
間の目には見えない高次の存在である神によって人間世界に送られた「神
の身分」であるキリストの姿が示されています。「へりくだって」とは、
ご自分のことを顧みない、という意味です。「僕の身分」とは、仕える人
のかたちをとったということです。そして人間の姿になりました。私たち
が祝うクリスマスとは、神の子キリストが、イエスというひとりの完全な
人間の姿をとったことを祝うものです。聖書の別の箇所では、キリストを
「神から派遣された神の子」と表現しています。

　またイエスとは、イスラエルの男性名ヨシュアから転じたギリシア語名
で、「主はわが救い」という意味です。当時はありふれた名であったと言
われています。ですから、イエスはしばしばイエス・キリストと称される

図版②　グリューネヴァルトの磔刑画
（マティアス・グリューネヴァルト「イーゼスハイム祭壇画」
〈1511 – 1515 年頃〉の一部）

ようになりましたが、それは「イエスはキリスト（救い主）である」とい
う意味なのです。

　このイエス・キリストは、生涯をとおして神を示しました。自らは大工
の長男として育ち、年齢およそ 30 歳の頃、バプテスマのヨハネから洗礼
を受け、神の国の福音を伝える活動に入りました。しかも新しい権威ある
教えを、ときにはたとえを用いながら伝えつつ、他方多くの病人を癒やし、
ときには死んだ者を生き返らせました。しかし、次第に当時のユダヤ教の
支配者たちと厳しく衝突し、最後には裁判にかけられることになりました。
このとき、キリストは力による解決をなすこともできたはずです。しかし、
あえてそうはせず、神への真剣な祈りの結果、すべての人の罪を赦し、罪
からの救いのわざを達成するために、神の意志として十字架の刑を受けま
した。そのようにして、まさに十字架の死に至るまで神に従順でした。し
かし、そのイエス・キリストを神は復活させ、やがて昇天させました。そ

して、そのことによって多くの弟子たちを立ち上がらせ、伝道に派遣し、やがて世界中に教会を建て、人類の歴史を変えていくことになったのです。このイエス・キリストから、私たちは神の計画と意志を見いだすだけでなく、神を知るのです。そして、イエス・キリストと出会い、イエス・キリストに救われた人はみな、イエス・キリストをまことの神と告白するようになります。なぜなら、イエス・キリストは神のもとから人間世界に到来し、十字架にかかり、よみがえり、神と一つであることを示したからです。(図版②「グリューネヴァルトの磔刑画」参照)

　神の子が十字架にかかるなどということは、当時の人にも理解しがたい驚くべきことでした。しかし、本来神が暴虐と虚偽に生きる罪人の人間に正義を要求し続けるなら、後で学ぶノアの時の洪水のように、人間すべてを滅ぼさなくてはならないでしょう。またそのとき、(これも後で学びますが、)毒麦と共にせっかく生長した良い麦も抜かなくてはならないでしょう。神は、神の子が十字架にかかることにより、神の赦し(「許し」ではありません。「赦し」です)の愛を示し、罪からの救いのわざをなしたのです。その結果、十字架のもとから多くの人々が変えられ始めました。ここに人類は見えない神の意志と臨在を知ったのです。しかも神の力強い支配を体験していったのです。

　イエス・キリストは神のかたちです。イエス・キリストをとおして神の心を知ることができます。またイエス・キリストと共に歩むとき、大きな変化を体験できます。さらに、イエス・キリストは生涯をとおして神への全き従順の模範を示しました。私たちは、このイエス・キリストのあとに従って行ってよいのです。そして、そのイエス・キリストは、今日も私たちを招き、私たちに呼びかけています。

　真実の神は、私たちが偶像を造って私たちの手元に置けるような方ではありませんし、またそうであってはなりません。神はイエス・キリストをとおして私たちに語りかけ、私たちと語り合い、私たちと心の交流ができる方です。そして、このイエス・キリストとの出会いは、礼拝の中で始ま

りますが、具体的には聖書を読むことから始まります。なぜなら、聖書こそは神の言葉であり、イエス・キリストを証しするものであるからです。

4──聖書こそは、神の言葉

「あなたたちは聖書の中に永遠の命があると考えて、聖書を研究している。ところが、聖書はわたしについて証しをするものだ。」（ヨハネ福音書 5 章 39 節）

世に 3D アートという興味深いコンピュータ・グラフィックの絵があります。一見意味のない単調なデザインが描かれていますが、練習によって視点を正しく持つと、そこから驚くべき内容の素晴らしい世界が現れ出てきます。聖書を読むときも同じです。正しい視点を持たないとき、それは単なる古文書のひとつにしかすぎませんが、正しい視点を持つとき、そこに命の言葉が現れるのです。正しい視点とは、聖書がイエス・キリストを証しするために書かれているという視点です。

「毎日見ていた／空が変った
涙を流し友が祈ってくれた
あの頃／恐る恐る開いた／マタイの福音書
あの時から／空が変った
空が私を／見つめるようになった」
（星野富弘「空」、『鈴の鳴る道』偕成社、1986 年、p. 69）

星野富弘という人は、もとは中学の体育の教諭でしたが、事故により半身不随となり、病院で寝たきりになりました。そのとき、イエス・キリストと出会い、その後自分の口で筆をとり、絵と詩を書き、多くの人々に感銘を与えています。この詩には星野さんが聖書をとおして神と出会った様子が生き生きと描かれています。「あの時から空が変った。空が私を見つめるようになった」とは、何という素晴らしい表現でしょう。絶望する人

間には、空はどんよりと閉ざされています。不安にあえぐ人間は空を仰ごうともしません。体が不自由で空しか見上げることができない状態だった星野さんに、涙ながら祈りつつ、聖書を読むように勧めた人がいたのでしょう。恐る恐る開いた新約聖書の最初の文書のマタイによる福音書を読み始めた星野さんに、大きな変化が起き始めました。空が変わったのです。これは大きな星野さんの内的変化です。それは、自分が絶望から見回す世界ではなく、自分が見られている存在であることを知り始めた事実を語っています。つまり空が自分を見つめるようになったのです。星野さんの上を覆う空が四六時中消えないように、四六時中星野さんを見守るまなざしの存在を感じ始め、神と出会い始めたのです。さらに星野さんは、聖書に聴きつつ、周りの世界に働く神のわざに目をとめるようになりました。星野さんが口に絵筆をくわえながら花を描き始めたのも、その頃です。打ち砕かれ、萎縮していた人間が力強く立ち直り、しかも周りの世界に積極的な関心を持って、愛情込めて探究しはじめる姿がここにあります。

　　「初めに言があった。言は神と共にあった。言は神であった。この言は、初めに神と共にあった。万物は言によって成った。成ったもので、言によらずに成ったものは何一つなかった。言の内に命があった。命は人間を照らす光であった。光は暗闇の中で輝いている。暗闇は光を理解しなかった。」（ヨハネ福音書1章1‒5節）

この「言」は言葉とは違います。それは、神の意志そのものです。しかしこの言から聖書の言葉が生まれてきます。「万物は言によって成った」のです。まさに万物はこの神の祝福の言から生まれているのです。

　星野さんが花に着目したのも、こうした自分をも生かすべく支えられる神の意志に触れ、周りにある友としての花にも働く神の言、神の意志を知りたいと願ったからにほかならないでしょう。そして「言の内に命があった」と告げる聖書の言葉に、この「神の命の言」を見いだしたのです。そして「命は人間を照らす光であった」のです。すなわち、この命は人の光、

すなわちイエス・キリストを指すものです。聖書をとおして、命であり人の光であるイエス・キリストと出会うとき、私たちはどれほど、この地上に大事故があり、悲しみや暗闇があろうとも、「光は暗闇の中で輝いている」ことを知るのです。そして「暗闇は光を理解しなかった」（口語訳聖書では「勝たなかった」）ことを深く確信するのです。こうした心が私たちに形づくられていくとき、大変暗示的で象徴的なことですが、私たちも星野さんと同じように、花に感動し（心が燃える）、花を探究し（学びに興味を持つ）、花を描いていく使命を持つようになる（生涯の目標、生きがいが与えられる）のです。

2 なぜ聖書か——特別な手がかり：神の言葉 ＝プロテスタンティズムの基本原理

　私たちは、まことの神を知るにはキリストと出会うこと、そして聖書こそがキリストと出会える書であることを学びました。しかし、このような理解は、実は長い歴史においては、必ずしもそうではなかったのです。私たち一般人が聖書を直接読むことができるようになるまでに、千五百年ほどかかりました。聖書は読み聞かせるものであり、それは一定の権威ある教えに沿って解釈されるものであるとされてきた時代が長いのです。すなわち、ローマ・カトリック教会の権威のもとでなくては、聖書を解釈してはならないとされてきたのです。たとえば「聖伝」（聖なる伝承）などの光をとおしてでなくては、解釈してはならないとされました。しかし、1517年に始まったドイツの修道士マルティン・ルターの宗教改革以来、聖書はすべての国民が直接読むべきであり、それぞれの国の言葉に分かりやすい格調高い言葉で訳されるべきであることが主張され、今日に至っています。では、どのようにしてルターは、宗教改革に至ったのでしょうか。そこには、彼の真剣な聖書との格闘がありました。

　たとえば、あるとき、ルターは旧約聖書の詩編の講解をしていて、詩編72編1-2節「神よ、あなたの公平を王に与え、あなたの義を王の子に与

えてください。彼は義をもってあなたの民をさばき、公平をもってあなたの貧しい者をさばくように」（口語訳）という言葉にぶつかります。ここでルターは、「神の義」を当時の伝統に従って、「神は義をもってさばく」と解しました。ルターにとって義は審きであり、苛酷な判決でした。そこではキリストもまた苛酷な審くキリストでした。そうであれば、ルターにとってこの言葉は恐ろしいものとなります。事実ルターは言いました。「神は我らに清い生活を要求しながら、その守る力を与えられず、私は神を憎みさえした」と。

　しかし、ルターは聖書との厳しい取り組みの中で、やがてこの神の義を「神はその義を罪人に与える」と理解するようになりました。それは、ローマの信徒への手紙、ガラテヤの信徒への手紙、ヘブライ人への手紙等に示されるキリストの十字架の出来事の中に「神の義」を深く探究し、この結論へ至る内的照明を受けたからです。ルターにとって、人間の清潔度としての義が問題なのではなく、神が大いなる力をもって与えられる義が重要であることを知ったのです。言い換えれば、主体を転換させ、神の視点に堅く立つことを学んだのです。しかし、神の視点に立つことにより、人間世界の多くの誤謬が見えてきます。そこに批判精神、プロテスト（抗議する）精神が与えられます。すなわちルターは、当時の宗教的権威、政治的権威のもとでの聖書理解は誤謬を犯しうること、それも人間は神の意志を誤解するほどの重大な過ちを犯しうることを体験させられたのです。ここからルターの宗教改革が始まり、それは社会を大きく変え、やがて近代社会への門を開いていくことになりますが、その端緒は聖書の学びから起こったのです。

　プロテスタント教会に属する者は、神の意志を知ろうとするとき、イエス・キリストの出来事から神の意志を学び、イエス・キリストの出来事から聖書を理解し、さらにその視点から社会への木鐸（警告を行なう者）としての使命が与えられていきます。

　ところで、この聖書は多くの書物から成っており、大変豊かな内容を持

つ書です。構成は以下の表のとおりです。

　聖書は、旧約聖書 39 巻、新約聖書 27 巻、合計 66 巻で構成されています。まず新約聖書の 4 つの福音書のどれかから読み始めることをお勧めしますが、聖書は全巻を学ぶべきものです。少しずつ読みすすめて全巻読破に挑戦してみましょう。

　ところで、市販されている聖書の中で、旧約続編という文書が収められている聖書がありますが、プロテスタント教会は旧約続編を聖書としては認めていません（正典論。正典とは「規範としての書」の意）。

　そもそも新約聖書が誕生する頃、ユダヤ教において旧約聖書は、聖書の正典としては表にある「律法」のすべてと、ルツ記、エズラ記、エステル記を除く「歴史書」、および、哀歌とダニエル書を除く「預言書」のみが認められていました。文学書をはじめとする諸書のうちどれが正典であるかは、まだ決定していませんでした。そのとき、暫定的に多くの「諸書」が存在しました。その後、ユダヤ教のヤムニヤ会議（紀元 70 - 90 年に断続

■旧約聖書 39 巻

律法	創世記・出エジプト記・レビ記・民数記・申命記
歴史書	ヨシュア記・士師記・ルツ記・サムエル記上下・列王記上下・歴代誌上下・エズラ記・ネヘミヤ記・エステル記
文学書	ヨブ記・詩編・箴言・コヘレトの言葉・雅歌
預言書	イザヤ書・エレミヤ書・哀歌・エゼキエル書・ダニエル書・ホセア書・ヨエル書・アモス書・オバデヤ書・ヨナ書・ミカ書・ナホム書・ハバクク書・ゼファニヤ書・ハガイ書・ゼカリヤ書・マラキ書

■新約聖書 27 巻

福音書	マタイ福音書・マルコ福音書・ルカ福音書・ヨハネ福音書
使徒の歩み	使徒言行録
書簡	（パウロ書簡） ローマ書・コリント書 I II・ガラテヤ書・エフェソ書・フィリピ書・コロサイ書・テサロニケ書 I II・テモテ書 I II・テトス書・フィレモン書 （他の使徒書簡） ヘブライ書・ヤコブ書・ペトロ書 I II・ヨハネ書 I II・ユダ書
黙示録	ヨハネの黙示録

的に開催）で旧約聖書の残りの「諸書」の正典化が確定しましたが、その際排除されたいくつかの書がカトリック教会では「第二正典」として受け継がれたのです（最終的にはトリエント公会議［1546 年］で決定）。しかし、プロテスタント教会はこれらを正典から除きました。読み比べてみてすぐ分かることは、旧約続編と称する「諸書」の内容と正典との大きな質的相違です。また新約聖書、特に福音書にも、ペトロ福音書などと称される偽書が複数市場に出回っています。しかし、これらも内容の質に問題があるだけでなく、イエス・キリストという方を大きく誤解させかねません。無論これらを読んでもよいのですが、まずは聖書そのものをじっくり読んでからこれらに触れることをお勧めします。さらに 20 世紀半ばに発掘された『死海文書』の中には内容に問題のある文書が多く（興味本位に日本のアニメーションやアメリカの映画等で紹介されたりしますが）、また世の市販されている多くの聖書紹介文書にも同様の現代人の自己投影にしかすぎな

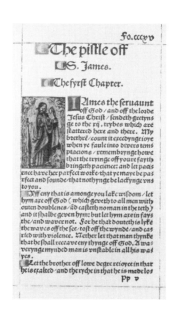

図版③　『ティンダル聖書』（英語）と『ルター訳聖書』（ドイツ語）

い内容を多く見ます。私たちはまず、聖書そのものに取り組んでいきましょう。

　「御言葉が開かれると光が射し出で／無知な者にも理解を与えます。」（詩編 119 編 130 節）

　聖書が内側から輝き、光を放つまでに、私たち読む者が自分の先入観を捨て（これは本から学ぶ者の基本です）、神の言を聴くように読むことが大切です。そのとき、聖書は神の言として語りだします。そしてそれは、祈りつつ、礼拝の中で聖書を聴くときに、最も起こることなのです。（図版③『ティンダル聖書』と『ルター訳聖書』）

3 祈り、礼拝

　祈りとは、神の呼びかけを聴き、それに応えていくことです。心の中での神との対話です。神は聖書をとおして語りかけることもありますし、直接内的に私たちの心に話しかけてくることもあります。祈りはよく聴いてこそ、語られるべきです。祈りにおいて口を閉じるのは、まず神に聴くためです。また祈りは目を閉じてなされますが、それは目に見えない世界への心の目を開くためです。また祈りは手を組んでなされますが、それは一心に集中するためです。

　祈りは、個人の静かな時間の中でも持ち得ますが、公の礼拝の中で最も良く持つことができます。日曜日（「聖日」もしくは「主日」と言います）の朝、キリスト教の教会では、およそ二千年間、いかなる時も礼拝が守られてきました。イエス・キリストが復活された日曜日を覚え、毎日曜日礼拝を守ってきたのです。

　ところで、祈ることに困難を感じる人も多いことでしょう。事実イエス・キリストの弟子たちもイエスに「わたしたちにも祈りを教えてください」（ルカ福音書 11 章 1 節）と尋ね求めました。前述したように、昔の日

本の剣豪が嫌った神仏依存の甘えに見られるように、祈りにこそ、かえって人間の問題性や強欲や嫌らしさなどが現れるものです。そこで、イエス・キリストは正しい祈りを弟子たちに教えました（教会では、それを「主の祈り」あるいは「我らの父」と呼んでいます）。マタイ福音書では、それを次のように記しています。

> 「天におられるわたしたちの父よ、
> 御名（みな）が崇められますように。
> 御国（みくに）が来ますように。
> 御心（みこころ）が行われますように、／天におけるように地の上にも。
> わたしたちに必要な糧（かて）を今日与えてください。
> わたしたちの負い目を赦してください、
> わたしたちも自分に負い目のある人を／赦しましたように。
> わたしたちを誘惑に遭わせず、／悪い者から救ってください。」
> （マタイ福音書 6 章 9 - 13 節）

　まずイエスは、「天におられるわたしたちの父よ」と呼びかけることを教えました（マタイ福音書 6 章 9 節）。この祈りは、神の子、イエス・キリストが父なる神に祈る「主イエスの祈り」です。イエス・キリストにとって父である神に、私たちも招かれてイエス・キリストとともに、天の父よ、と祈ってよいのです。私たちは肉身の父に従いますが、それ以上に魂の父に従順であるべきなのです。

> 「更にまた、わたしたちには、鍛えてくれる肉の父があり、その父を尊敬していました。それなら、なおさら、霊の父に服従して生きるのが当然ではないでしょうか。肉の父はしばらくの間、自分の思うままに鍛えてくれましたが、霊の父はわたしたちの益となるように、御自分の神聖にあずからせる目的でわたしたちを鍛えられるのです。」
> （ヘブライ 12 章 9 - 10 節）

　この地上ではなく、神が直接支配されるところ、それが天です。そこに
おられる父なる神に呼びかけるのです。礼拝では、「**天にまします我らの
父よ**」と文語文で祈りますが、以下、その文語文の「主の祈り」を順を追
って説明します。

　「**ねがわくは御名をあがめさせたまえ**」。本来の意味は、「神の御名が聖
とされますように」ということです。その意味において、私たちも御名を
賛美するのです。名は体を表すと言います。神に名があるのでしょうか。
神は旧約聖書の出エジプト記で、「わたしはある。わたしはあるという者
だ」（出エジプト記3章14節）と宣言してます。「わたしはある」とは、ど
のような意味でしょうか。それは、「私は生きている」という自身の臨在
を表す表現です。また「私たちと共にいます」という人間への呼びかけで
もあります。さらに、このヘブライ語「ハーヤー」のニュアンスには、
「成らせる」という意味も含まれています。すなわち、神は、「私は生きて
いる、私は世の終わりまであなたがたと共にいる、そして私はこれまでして
きたように、救いの計画を実現して必ず成就していく者である」という
意味なのです。このように、この名が神の体を表しています。そのような
神の御名を、私たちは感謝と喜びをこめてたたえるのです。

　「**御国を来たらせたまえ**」。先ほど、天は神が直接支配される領域である
と言いました。御国も神の直接支配する領域です。その神の直接支配する
領域がこの地上にも御国として広がっていきます。そのことを願う祈りで
す。罪と悪の支配するこの地上で、悲しみや苦しみを終わらせる御国の到
来を、私たちは希望として持ち、祈るのです。

　「**御心の天になるごとく、地にもなさせたまえ**」。私たちが到来を祈る御
国とは、まさに御心の行なわれる世界（神の意志がなされる世界）です。し
かしこの地上で御心の成就を祈る者は、自分自身を捧げ、神の意志を受け
止めなければなりません。事実この祈りを教えられたイエスは、ゲッセマ
ネで十字架にかからねばならないことを、父なる神の意志として、祈りの
中で受け入れていきました（マタイ福音書26章36 – 42節）。そのように、

祈りは神に自己を委ねるか否かの戦いの場でもあります。

「**我らの日用の糧を今日も与えたまえ**」。ここから私たち人間が日々必要とするものへの願いとなります。日用の糧とは、日ごとに必要なもののすべてです。そこには食料も経済的なものも含みますが、同時に私たちになくてはならない心の糧も含まれます。またこの祈りが「我ら」となっているように、この祈りは世界中の飢餓にある人々や身近な所にいるであろう心に渇きを覚えている人々などのためにも祈られる祈りです。

「**我らに罪をおかすものを我らが赦すごとく、我らの罪をも赦したまえ**」。もともとの聖書には、心の負債とあります。貸しがある、恨みがある、そうしたすべてのケースを含みます。それをイエスは、まず率先して自ら赦し、同時に私たちの罪が赦されることを祈りなさいと教えるのです。そのとき、イエス・キリストによって赦されていることを、祈りの中で確信するのです。イエス・キリストご自身、十字架にかけられたとき、すべての人々を赦す祈りをしました（ルカ福音書23章34節）。この祈りを祈るとき、私たちはキリストの十字架を思うのです。

「**我らをこころみにあわせず、悪より救い出（いだ）したまえ**」。もともとこの祈りは2つの祈りであったと言う人もいます。しかし、私たちはこの祈りの中で、私たちが誘惑や試練に弱い存在であることを認め、父なる神の守りを祈るのです。さらに、悪の世界、悪の支配より救い出されることを祈るのです。聖書において、悪の存在は否定されていません。悪魔という人格を持った存在が実在することも示唆されています。それは神の力に劣りますが、人間の力をはるかに超えた存在です。しかし、この祈りを祈ることにより、私たちは自分の弱さを認めるとともに、それでも誘惑や試練や悪魔的存在と出会ったとき、神の守りのもとに毅然（きぜん）としてそれに立ち向かう決意を新たにするのです。

「**国とちからと栄えとは、限りなくなんじのものなればなり**」。この最後の一文は本来の主の祈りにはありませんが、教会は主イエスに教えられた主の祈りを締めくくるために、神への応答として、この一文を加えました。

これはすべてを神に帰する賛美です。国はすべて神のもの、権力などのちからも神のもの、そして繁栄が与えられるとしてもその栄えは神のもの、という賛美をもって祈りを結ぶのです。私たちはどんな状況においても勇気を持って神の教える正しい生き方をし、すべての栄えを神に帰するのです。

　「アーメン」。アーメンとは、ヘブライ語で、「まことにそのとおりです」、「真実です」、という意味です。このアーメンを唱えるとき、私たちはこの祈りを共有し、共に担うことを決意するのです。

　「主の祈り」以外にも、多様な祈り（自由祈禱）があります。しかし、どの祈りでも、アーメンの前に、「この祈りを主イエス・キリストのみ名によりお捧げします」と付け加えます。それは、人間の祈りは、仲保者なるイエス・キリストを介して父なる神に祈られる祈りだからです。それはまた、そうせよとイエス・キリストが言われたことに基づいています（ヨハネ福音書14章12‐14節）。

　こうして、私たちは神を仰ぎ、イエス・キリストが歩んだように人々に仕えていくのです。そして、それは礼拝から始まります。神に用いられ、人を生かす生き方への変化、成長が礼拝の場で起こるのです。そしてまた、私たちはこの日本でどのように生きるべきか学んでいくのです。この日本社会は多くの点で病んでおり、それはまさに私たちの奉仕の対象です。しかし、主の祈りの結びの「国とちから（権力）と栄え（繁栄）とは、限りなくなんじのものなればなり」と祈るとき、日本も神の支配に服していることを知り、克服されねばならない多くの点を持っていること、すなわち救われねばならないことを知るのです。日本社会のためにも、そしてアジアの諸国、さらには世界のためにも、真剣に祈りましょう。

　最後に、「主の祈り」以外の歴史上代表的な祈りのいくつかを紹介しましょう。

■『平和の祈り』（アッシジのフランチェスコ〈1182 – 1226〉の祈りとして伝えられている）（図版④参照）

「神よ、私をあなたの平和の道具としてお使いください。
憎しみのあるところに愛を、いさかいのあるところに赦しを、
分裂のあるところに一致を、
疑惑のあるところに信仰を、
誤っているところに真理を、
絶望のあるところに希望を、闇に光を、
悲しみのあるところに喜びをもたらす者としてください。
慰められるよりは慰めることを、理解されるよりは理解することを、
愛されるよりは愛することを、私が求めますように。
私たちは与えるから受け、赦すから赦され、
自分を捨てて死に、永遠の命をいただくのですから。」

図版④

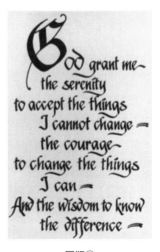

図版⑤

■『平静さを求める祈り』（ラインホールド・ニーバー、1892 – 1971）（図版⑤
　参照）

「神よ、我らに、

変えることのできないものについては、

それを受け容れるだけの平静さを、

変えることのできるものについては、

それを変えるだけの勇気を、

そして変えることのできないものと変えることのできるものとを識別す

る英知を、与えたまえ。」

II

キリスト教とは何か

1｜三位一体の神

1──多神教と唯一神教

　宗教の中には一定の理念や原理を認識したり悟ったりすることを主眼とした宗教もありますが、多くの場合特定の「神観念」を持っています。その場合その神がどういう本質や属性の神かという以前に、1つの神を信じている宗教と、複数の神を信じている宗教つまり「多神教」との違いがあります。宗教については、信じているその人自身の主体的な信仰とその価値判断を離れてそれを論じることはできません。それで、どの宗教が進んでいるとか、どの宗教が遅れているといった判断は、客観的な仕方では軽々しく結論づけることはできないものです。しかし概して言えば、多神教は、文明の古代時代に世界の各地に見られたものです。さまざまな原始宗教、古代エジプトや、古代のギリシアやローマの宗教、あるいはマヤ文明の宗教などが挙げられます。それらは事実として諸民族を越えた普遍的な世界宗教の位置に立つことはできませんでした。古代以来日本列島に見られた神道もそうした多神教のひとつです。それに対し「唯一神」を信じる行き方は、パレスティナに発する聖書系の宗教に見られます。ユダヤ教、

キリスト教、イスラム教がそうです。それらは諸民族を越え、時代の変遷や人類のさまざまな試練に耐えて、現代の「世界宗教」に数えられています。しかしなおそれらが真に「世界宗教」の名に値するかどうかは、どれだけ普遍的な仕方で、現代世界の諸問題に答えうるか、そして人類全体の行方に関与する力量を発揮しうるかどうかにかかっているでしょう。

2──三位一体の神

　キリスト教の神観念は、通常「唯一神」に数えられています。しかしキリスト教信仰によれば、神はただ「単一の神」であるというだけではありません。キリスト教の神はイエス・キリストの人格とその生涯、つまりイエス・キリストの出来事に示された神であり、それは唯一の神であり、同時に御父、御子、聖霊の神です。これを3つの位格（ペルソナ）と言います。つまりイエス・キリストの出来事にご自身を啓示された神は、三位の区別を持った1つの神です。ここにキリスト教信仰による神理解の特徴があります。神は、「御父なる神」として神であり、また「御子なる神」として神であり、「聖霊なる神」として神なのです。しかも3つの神々がいるのでなく、「唯一の神」がおられるのです。ですからこの神理解は単なる「一神教」でもなく、また「三神教」でもなく、「三位一体の神」の「唯一神」と言われるわけです。しかしこれはどういうことでしょうか。

　いったい、神がどのような方か、私たち人間にどうして分かるのでしょうか。人間は自分の経験や理性によって、神を完全に推し量ることはできません。他の人間についてでさえ、その人の自由や人間として誰もが持っている深みのゆえに、その人がどういう人であるか、容易に理性や経験で推し量れるものではありません。まして神は、私たちをはるかに超えた超越的で、自由で、秘義的な方です。人間からの類比で測れる方ではありません。神を知ることができるのは、ただ神ご自身が自らご自分を私たちに示し、知ることを許し、その道を与えてくださることによってのみです。またそうしてくださるのは、私たちにそうされる資格や能力があるからで

はありません。まったく神の自由な恵みによることです。この神の恵みによる神ご自身の自由な示しを「啓示」と言います。私たちが神を知ることができるのはもっぱら神の「恵みの啓示」によるのです。

3──イエス・キリストにおける啓示

　神の啓示はキリスト教信仰によれば、イエス・キリストの出来事に、つまりイエス・キリストの人格とその言葉、その働き、その生涯の中に示されています。このイエス・キリストの出来事については、私たちは聖書によって、特に新約聖書によって知らされています。それ以外にこの出来事の元来の証言はありません。ですから神の啓示は、聖書をとおして示されているということにもなります。聖書が伝えているイエス・キリストの出来事、つまりキリストの人格や言葉、そして働きと生涯、特に十字架と復活の出来事の中に神の啓示の出来事があります。つまりイエス・キリストの出来事の中で神ご自身が働いておられるのです。具体的に言いますと、イエス・キリストは神に向かって「父よ」と呼び、十字架にかかるに至るまで、その「父なる神」に従順でした。そのことはイエス・キリストの自覚の中では、「父なる神」から「あなたはわたしの愛する子、わたしの心に適う者」（マルコ福音書1章11節）として派遣されていることでした。イエス・キリストと「父なる神」は何ものも破ることのできない、愛と信頼の絆によって結ばれています。それは、イエス・キリストと父なる神は一つに結ばれていることでもあります。神は「イエス・キリストの父なる神」であり、イエス・キリストはその「愛する子」であり、両者は一体です。そのためにイエス・キリストが働くときには、神が働いておられ、イエス・キリストが神の国は近づいたとの福音を伝え、病人を癒やすときには、神の恵みが働き、その恵みの支配である神の国がすでに開始しているのです。こうしてイエス・キリストのおられるところ、神がおられるのです。

4—「わが主よ、わが神よ」

　イエス・キリストがおられるところ、神がおられ、神が働いているということ、またイエス・キリストと神とは一つに結ばれているということは、他の立派な人々の場合にもそう言うことができるという意味で、一つなのではありません。後にイエス・キリストをとおして、キリストの弟子とされた人々もまた神との交わりに入れられました。現代のキリスト者たちも御言葉と聖礼典をとおして、聖霊によってキリストに結ばれ、それによって神との交わりの中に入れられています。その意味で、神と一つに結ばれていると言うこともできます。しかしイエス・キリストと神とが一つであるのは、キリスト者の誰についても言いうるのとはまったく異なった意味においてです。新約聖書はそのことを「イエスは主である」（ローマ 10 章 9 節）という言い方で表現しました。「主」とは旧約聖書以来、神の名のひとつです。「イエスは主である」とはイエスと神との同一性を信じ、告白しているわけですし、さらには「イエスは神である」と言うのと等しいわけです。実際、トマスは復活されたイエス・キリストに向かって「わたしの主、わたしの神よ」（ヨハネ福音書 20 章 28 節）と呼びかけています。

5—「神の子とする霊」

　イエス・キリストと父なる神とを一つに結ぶ、破れることのない愛と信頼の絆は、聖霊による絆です。「霊」が下って、イエスは「これはわたしの愛する子」と言われた、とあるとおりです。聖霊はイエスの誕生にも働き、復活にも働いています。イエスは「聖霊によって身ごもっている」（マタイ福音書 1 章 18 節）と言われ、「聖なる霊によれば、死者の中からの復活によって力ある神の子と定められた」（ローマ 1 章 4 節）と証言されているとおりです。聖霊は御父と御子とを結び合わせ、愛の交わりを形成します。こうして「御父なる神」「御子なる神」とともに「聖霊なる神」の働きが信じられます。「一つなる神」の内には、御父、御子、聖霊の相互

の交わりがありますが、聖霊はさらに人々に神を信じる信仰を与え、キリストと結び合わせ、神との交わりに生かし、さまざまな霊の実（信仰、希望、愛、自由、新しい命、義、平和など）を結ばせます。こうして御父と御子、それに聖霊の区別がありながら、一つである神であるという現実が分かります。神は三位一体なる神と言うわけです。

6——洗礼と信仰告白

　三位一体の神に対する信仰は、特に洗礼と関係し、洗礼を受けるときに言い表される「信仰告白」（使徒信条）と密接に関係してきました。「父と子と聖霊の名によって洗礼を授け」（マタイ福音書 28 章 19 節）よと言われているように、キリスト教的洗礼は三位一体の名による洗礼です。それによって聖霊の働きをとおしてキリストの体に入れられ、神の子とされ、神の民に加えられ、神との交わりに入れられるわけです。また洗礼の信仰告白と言われてきた「使徒信条」はやはり、三位一体を基本として信仰を言い表しています。それが教会の信仰の基準になりました。またその信仰の言い表しは、神に対する「賛美の表現」でもあります。「父、子、聖霊にいます神を信ず」と言うとき、神がキリストの十字架と復活において、またキリストが共にいてくださるすべての歴史において、聖霊をとおして、ご自身のご計画の達成のために、また私たちの救いのために、何をしてくださったかを思い起こして、感謝をもってその栄光をほめたたえ、賛美しているのです。

2｜契約の神

1——「神われらと共にいます」

　イエス・キリストの人格と出来事において啓示されている神は、「人間と共にある神」です。それは「人間を選び、創造し、罪を赦し、和解に入

れ、完成してくださる神」です。神が「われらと共にいます神」であることは、イエスの名が示していると言われます。「『見よ、おとめがみごもって男の子を産む。その名はインマヌエルと呼ばれる』。この名は、『神は我々と共におられる』という意味である」（マタイ福音書1章23節）とあります。キリストによって啓示され、聖書によって証しされている神は、「インマヌエルの神」「我々と共におられる神」であって、ただご自身の内にあって孤立し、人類なしに、また世界なしに、不可思議な全能者として隠れておられる方ではありません。

　この「インマヌエルの神」は、またただ一般的に人類と共にいるだけではなく、人類と共にいるために具体的にその中から人々を選び、ご自身の民とし、その民と共にいることによって、人類と共におられる方です。そのことが旧約聖書においては、世界のもろもろの民を祝福するためにその祝福の基として具体的にアブラハムを選び、さらにイスラエルの民をご自身の民として選ぶ中に示されています。こうして神は、その民の神となり、その民は神に選ばれて神の民となります。このことは聖書の中に繰り返し語られていることです。たとえば、「わたしはあなたたちのうちを巡り歩き、あなたたちの神となり、あなたたちはわたしの民となる」（レビ記26章12節）と言われているとおりです。「あなたたちの神になる」。これが神の契約です。神は「契約の神」であり、それゆえに選ばれた民は「契約の民」なのです。

2——人格的な出会いの神

　契約関係においてその双方は、契約のパートナーとなります。神は特定の人々を契約のパートナーとして選び、その関係を維持し、その中にご自身が真実な方であることを示されます。このように選び、相手として真実であり続ける中に、神の人格的な性格が示されています。しかし神が「人間のための神」であることを神が自己を有限化したり、自己制限したと考えるべきではありません。また神はどうしても避けられない必然性から

「人間と共なる神になった」と考えることも誤りです。神は何ものにも強制されず、また何らの必要もなく、ご自身の内でもっぱら完全な自由にあって、そして愛にあって意志決定され、まったく恵みによって私たちのパートナーとなられ、また特定の人々を資格なしに恵みによって選ばれたのです。そのようにして神はご自身が人格的な神として、祈りによって呼びかけることを許してくださいました。契約の神は人格的な出会いの神です。

3──契約と律法

それにしても契約の神の選びは、個人的な出会いとは異なります。それも含まれているのですが、第一義的には個人ではなく、民が契約の相手です。そしてこの契約の徴（しるし）として、神はその民に「律法」を与えました。契約の民には、その契約にふさわしい歩みが期待され、使命が与えられ、そこに向かって歩むための守りが与えられたわけです。そこで契約の民は恵みにあって真実な神に対し、正しい意味で応答的に歩まなければなりません。律法は、そのために契約の民がなすべき礼拝と生活とを記しています。神をまことに神とする礼拝と、神の民とされた共同体の本当の意味での自由と愛の信仰と生活、つまり神に応（こた）える信仰と生活があるわけです。

4──キリストの血による新しい契約

ところで契約というと、契約の当事者である双方が対等の資格で契約を締結する場合が普通考えられると思います。万一対等の資格ではないとしても、契約の当事者である以上、双方が双務的な義務を負うのが通常の契約でしょう。たとえば勝者と敗者の間の契約、あるいは支配者と支配される者との間の契約などでも、対等ではないが、やはりどちらにも守るべき条件がついている双務的な契約が普通です。しかし聖書に示されている神とその民との契約では、そうした相互的な対応や双務的な義務については語られてはいません。常に神が契約の主導者です。契約は当事者同士ではなく、一方的に神の恵みによって成立しています。

　実際、イスラエルの民は偉大な契約のパートナーである神をしばしば忘
却し、神から離れ、別のものに心を向け、神との契約関係から繰り返し脱
落しています。神は真実ですが、人間は不真実なのです。ここでは契約の
遂行はまったく神の一方的な愛と真実によって保持されています。人間が
神の民でありうるのは、ただ神が恵みによって人間の神であり続け、契約
の神であり続けてくださるからです。その一方的な契約の保持の中に、神
の恵みの真実が、忍耐強さが示されています。その意味で契約は「恵みの
契約」にほかなりません。契約の神は自由な、しかし愛と真実の、恵みの
神です。

　このことは新約聖書においてますますはっきりと示されています。イエ
ス・キリストの人格、言葉、行為、そしてその生涯において神が働いてい
ます。主イエスは「あなたがたがわたしを選んだのではない。わたしがあ
なたがたを選んだ」（ヨハネ福音書15章16節）と言われます。またイエス
の言葉と生涯の中に、失われた神の民を追い求める愛の神が啓示されてい
ます。迷子の羊を捜す羊飼いは、主イエスご自身の姿ですが、それはまた
キリストに啓示された神ご自身の姿です。罪によって神との契約関係から
背き離れた者をキリストは追い求め、神の民として連れ帰り、ご自身の犠
牲をとおして神の子とします。このことのために主イエスは派遣されてこ
の世に来たのです。そして契約の破れの克服と回復のために、その罪の赦
しと罪の克服がなければなりませんでした。キリストはそのために十字架
にかかり、血を流し、そして苦痛の中に死を受け入れたのです。それは派
遣された御子であるイエス・キリストの自己犠牲の死と苦痛でした。その
ようにして「キリストの血」による「新しい契約」が打ち立てられたので
す。そこでキリストの十字架の贖いによって、罪の者、神に反逆した者が
その罪を赦され、失われた者が再び神との「和解」に入れられました。そ
れは「新しい契約」と言われているとおり、ただ罪を犯すその前の状態に
復帰しただけといったものではありません。神の子の贖いを受け、二度と
元に復することのない仕方で、神と民との新しい契約の中に入れられたの

です。そして神との和解の中で新しい歩みが開始されました。キリストの十字架の血による贖いにより、その復活の命に与ることによって、神の民がキリストの体である教会（エクレシア）として新しく集められ、異邦人もまたその中に加えられ、神の国への旅路を歩み始めたのです。それはすでに終末に実現する神の国が開始しはじめた状態です。神の国には神の民が集められる必要があります。その神の民がキリストの名によって、父と子と聖霊の名による洗礼をとおして集められ始めたのです。

5──契約と教会

　神との契約の信仰は信じる人ひとりの個人主義的な信仰ではありません。それは共同体形成的な信仰です。主イエスのたとえにある「100匹の羊」も、「10枚の銀貨」も神の民を表しています。その1匹が欠けても神の民は完全ではないのです。神の民はかけがえのない一人ひとりを含みながら、同時に全人類の祝福の基でもあります。したがって、神の民は閉鎖的な意味で特定の人々の集まりではありません。全人類のために集められた神の民です。教会の本質について「公同的」と言われます。教会は「一つであり、聖であり、公同的であり、使徒的」と言われるのです。この「公同的」というのは、神の民の普遍的な性質に理由があります。そして教会の公同性、神の民の普遍性は、神の愛の普遍性から由来しています。

　一人ひとりの個人はどのようにして契約の民の中に加えられるのでしょうか。誰でも生まれながらに教会に属しているのではありません。福音を宣べ伝えられ、信仰を告白し、洗礼を受けて、教会に加えられます。選ばれた者が召されて洗礼を受け、信仰を言い表して教会に加えられ、神の民に属するのです。洗礼は、召された者が、キリストと共に死に、キリストと共に生きる仕方で、キリストに結び合わされ、それによって神の子とされ、神の民に加えられる出来事です。

6——契約の目的、御国における神の栄光

　神がキリストにあって選び、神の民としてくださった契約の民には、目標があります。それは神の国にあって、神の栄光を賛美することです。教会が今すでに礼拝を捧げているのは、不完全ながら、神の国での神の民の賛美を今この地上で先駆的に表しているのです。その神の国における神の栄光の賛美までに、神の民がすべて召集される必要があります。そのためにすでに神の民として召されている教会共同体はこの世界に派遣されます。神の民を集めるためにです。神の民の最後の使命は神の栄光を賛美する礼拝ですが、今の使命はそのために神の民を集めることです。それが伝道です。契約の民は、今すでに万物、万人に代わって先駆的に礼拝しながら、すべての神の民による礼拝を目指して、伝道に派遣されているのです。日本の中だけではありません。世界の伝道のために派遣されています。

　日本が近代的な国家や社会として歩み始めた明治時代に、はじめてプロテスタント・キリスト教が伝えられました。そのとき、各地に信仰によって結ばれた青年の集団ができました。彼らは同じ信仰による使命を共通に持って、盟約共同体を形成しました。典型的には熊本バンドに見られたように、その使命とそれに挺身する志とその約束を文書の形で掲げたケースもありました。そこには神に対する信仰と、信仰によって与えられた使命の自覚、そしてその遂行のための盟約、そして友情が示されています。契約はそうした使命共同体を生み出します。教会はまさしくその使命共同体なのです。(VI 章で詳述)

3 │ 聖書の意味と構造

1——現代に生きる聖書

　聖書は「永遠の書物」と言われます。今日、地球上のほとんどあらゆる

言語に聖書は訳され、ほとんどあらゆる地域に配布されています。ドスト
エフスキーは『罪と罰』の中で、「手ずれのした、古い革表紙の本」（ロシ
ア語訳の新約聖書）が読まれる場面を描いています。「神様がいなかったら、
わたし、どうなっていたか？」。そう語るソーニャが殺人犯ラスコーリニ
コフの求めるままに、ヨハネによる福音書第 11 章「ラザロの復活」の箇
所を読む場面です。「《この人も、この人も──闇のなかにいる、神を信
じないこの人も──もうすぐこの話を聞いて、信じるようになるんだ、
そう、そうなんだ、いますぐに、いますぐに！》そうした夢のような思い
にひたり、彼女は喜ばしい期待に体をふるわせていた。……ねじれた燭台
に載っている燃えさしのろうそくは、もうだいぶ前から燃えつきようとし
て、奇縁によってこのみすぼらしい部屋につどい、永遠の書と向かいあう
殺人者と娼婦をぼんやり照らしだしていた」（亀山郁夫訳『罪と罰 2』、光
文社、2009 年、pp. 319 – 329 より。強調は原著による）。作家は聖書が読ま
れるとはどういうことかを描こうとしています。聖書が読まれることはどん
底の中に光が射すことです。限界状況の中で人間は聖書を読むのです。現
代人もこういう聖書の読みを忘れてはならないと思います。人間がまこと
に人間らしく苦しみ悩むとき、聖書が読まれなくてはならないでしょう。
現代人がもし聖書を読まなくなったなら、それは聖書の終わりではなく、
むしろ現代人の終わりを意味するのではないでしょうか。

2──聖書それ自体が求める読み方

それにしても聖書は、聖書にふさわしい仕方で読まれ、理解されなけれ
ばなりません。聖書はどんなふうに読んでも聖書だとは言えないでしょ
う。聖書が語ることを聖書に即して理解する「信仰」が与えられなければ、
聖書は聖書として読まれることにならないでしょう。聖書を読んでも、結
局聖書としては分からなかったという聖書の読み方も、世には随分多いの
です。使徒言行録第 8 章に旧約聖書の一節を朗読するエチオピアの高官の
話が出てきます。彼はイザヤ書を読みながら、その聖書の意味が理解でき

ませんでした。「そこで、［イエスの弟子の］フィリポは口を開き、聖書の
この個所から説きおこして、イエスについて福音を告げ知らせた」（35 節）
ところ、やがて高官は「イエス・キリストは神の子と信じて」、バプテス
マを受け、「喜びにあふれて旅を続けた」というのです。このように、聖
書を理解することは、キリストを信じることとなって現れるのです。そし
て、それはバプテスマを受けることと結び付き、喜びながら人生の旅を続
ける力になっていくのです。そのためにはまた「導き手」が必要であり、
「導き手」によってキリストが宣べ伝えられなければなりません。つまり
聖書は、それを受け入れる信仰と関係し、またキリストを伝える教会と密
接に関係しているわけです。聖書は「信仰の書」であり、「教会の書」で
す。聖書それ自体が求める読み方に従って読むとき、まさしく聖書は永遠
の書物なのです。

3──聖書と教会

　聖書と教会の関係を理解することは、聖書の意味を知る上で重要です。
聖書は教会的な書物ですし、逆に教会は聖書的な共同体です。両者の成立
には「相互関係」があります。聖書の成立には教会が深く関与しています。
旧約聖書はイスラエルの民の歴史の中で生まれました。契約の民として神
から受けた律法が記述され、また預言者が召されて神の言葉が語られまし
た。ただし、聖書はイスラエルの民自身が生み出したと言うことはできま
せん。なぜなら、それは神の働きから生まれたものだからです。神の働き
なしには旧約聖書は生まれなかったでしょう。同じく新約聖書は、イエ
ス・キリストという神の出来事から生まれています。聖書を生み出したの
は、神の働きなのです。神の霊が著したのであって、したがって神の霊に
よらなければ正しく理解できないと言われるのも正当なことなのです。

　しかし、それにしても聖書を受け止め、またそれを保持したのは、旧約
聖書について言えばイスラエルの民でした。また新約聖書について言えば、
それを受け入れ、旧約聖書と共に保持したのは教会です。教会は聖書の成

立に深く関与しています。後の時代に、他の地域に聖書を伝達したのも教会です。しかし、逆に教会の歴史を見ると、教会は聖書によって導かれ、聖書によって教会として存続させられてきました。聖書がなければ、教会は継続しなかったでしょう。そのように、聖書と教会の間には、その成立と存続について相互関係があります。

さらに、聖書と教会の相互関係は、成立や存続についてだけでなく、理解や解釈のレベルにも存在します。聖書が教会の信仰を指導し規定すると同時に、教会の信仰が聖書理解に寄与し、聖書の正しい理解に奉仕します。教会の信仰は特に「信仰告白」に表現されています。「信仰告白」は聖書の信仰のエッセンスを表現したものです。正しい「信仰告白」は聖書の指導力に服しますが、同時に聖書を正しく理解するための道筋を整えます。このように、聖書と教会の信仰である「信仰告白」の間には、相互関係、つまり解釈的な循環があるのです。

4——聖書が神の言葉になる

聖書がまさに神の言葉として迫ってくるのは、特に礼拝においてです。聖書が教会の書であるということは、特にそれが礼拝で読まれ、説き明かされる「礼拝の書」であることによって典型的に示されます。聖書は「説教」をとおして「神の言葉」になります。聖書による説教をとおして神の言葉が語られ、神の御旨と御業が語られます。そのとき、聖書はその真価を発揮します。ですから、聖書がまさにその真価を発揮し続けるのは教会の礼拝においてであり、その説教においてなのです。しかも聖書は、礼拝ごとに新しく説教され、枯渇することを知りません。またそのための備えとして、聖書の研究書や注解書が書かれ続けてきました。毎年、多数の注解書が書かれ、数え切れない説教がなされていますが、なお聖書に隠された宝は汲み尽くされないのです。それは聖書をとおして神が語られ、神の御業が語られるからですが、まさしくこの無尽蔵さによって聖書は永遠の書物なのです。それはまた聖書が「終末論的な書物」であることを意味し

ています。聖書は世の終わりまで読み続けられるに違いありません。聖書が時代遅れになることはないでしょう。あらゆる思想や科学は時代とともに廃れるでしょう。しかし聖書は最後まで読まれ続けるでしょう。

5——正典としての聖書

　聖書は律法を記し、預言者の言葉を伝え、とりわけキリストの人格と出来事を語り、使徒たちの活動を伝えています。それらをとおして神とその御業を語っているわけです。そこに聖書の個性があり、聖書の権威があります。また聖書は、「信仰告白」にまさって「信仰の規範」です。規範としての聖書は、「正典」（キャノン）とも言います。「正典」は聖書のどれか一句とか一書について言うのではありません。「全66巻」が正典です。旧約聖書39巻、新約聖書27巻、全66巻を一つとして聖書は読まれなければなりません。どの一冊にもその書なりの個性と意義があります。しかし、それが全巻の中に位置づけられて読まれるとき、一層深い意味を発揮します。部分から全体へ、また全体から部分へと、繰り返し循環しながら聖書は読まれなければなりません。

　ところで、聖書全巻は、独特な構成をもって各書を配列しています。詳細な叙述は本書の他の箇所でなされていますが、この配列に神の救済の歴史が示されています。創造から堕罪、そして救済の開始、神の民の選びとその歴史、律法と祈りと賛美、知恵と預言が伝えられます。そして預言され待望されたキリストの出現とその出来事が伝えられ、新しい神の民の召集と福音の伝道および使徒たちの証言が語られ、そして最後に終わりの時の約束と希望が語られています。

　聖書の各書やその中の一つひとつの箇所は、歴史的方法、文学的方法など、いろいろな学問的方法で研究されてきました。そうした研究は今後も深められるべきです。そして、それを踏まえながら、聖書は神とその御業を語る書として、ますます信仰的・神学的に、そして何よりも「正典的に」理解されていく必要があります。

4 プロテスタンティズム論

1——宗教改革とプロテスタンティズム

　「宗教改革」（Reformation）は 16 世紀のヨーロッパに起きた世界史的な大事件です。これはすでにその前世紀からヨーロッパ各地に起きていたローマ・カトリック教会を改革しようとするさまざまな運動の総決算の出来事でした。しかし、当時宗教的・教会的な改革ということは、同時に社会全体に深く影響を及ぼす改革でもあったのです。したがって、宗教改革は当時の都市生活全般の改革にもなり、また教育や学校の改革にもなりました。この運動の中心には、ドイツの修道士マルティン・ルターがいました。彼による「福音」の再発見と「聖書」の翻訳は、ちょうどグーテンベルクによる活版印刷術の発明とも時期が一致し、その影響は急速にヨーロッパの北半分の地域に及んでいきました。また信仰内容に関しては、宗教改革には「二大原理」がありました。1 つは、人間が救いに入れられるのは、何らかの条件を具えることによってではなく、もっぱら神がキリストにおいて実現した贖いの恵みを、ただ信じて受け入れるという「信仰義認」の原理（内容原理）であり、もう 1 つは、その「福音」を知るのは教会の権威的な教えによるのでも、また人間の理性の働きによるのでもなく、ただ「聖書のみ」によるという聖書原理（形式原理）です。信仰義認は、人間の側の条件に左右されない「神の恵み」の圧倒的な働きの強調であり、それはやがて、フランス人で次世代のジュネーヴの改革者となったジャン・カルヴァンにおいて、神による選びや予定による「神の主権」の強調となりました。

　宗教改革は、こうして「聖書」に立ち返り、「福音」を再発見したことで、同じ時代に「源泉に帰れ」をひとつのスローガンとして展開していた「ルネサンス」とも共通するところがあります。しかし、宗教改革が生み

出した人間の生き方は、ルネサンス的人間とは大きく異なる面を持っていました。ルネサンス的人間が普遍的な万能人的能力を発揮したのに対し、宗教改革的人間は「神の栄光のための道具」として1つの目的に向かって集中し、そのために生活を意志的に管理する禁欲的な専門人へと育て上げられました。しかもルネサンスが、依然として当時の封建貴族や国王、あるいはローマ教皇や司教に経済的ならびに社会的に依存していたのに対し、宗教改革は社会的に自立した独自の創造的生産力を発揮しました。その意味で宗教改革は優れた歴史的社会的な変革力を生み出したと言うことができます。このことは、ルター自身やドイツにおけるその後継者であるルター派教会よりは、ルターから宗教改革的信仰を継承し、ツヴィングリやカルヴァンを経由して、スイス、北フランス、イギリス、オランダなどのヨーロッパ各地に普及していった改革派教会に、一層あてはまります。

宗教改革はこうして、当初、教会全体の改革を求めた運動でしたが、結果的には全体を改革することはできず、それまでの中世ローマ・カトリック世界を二分することになり、プロテスタント的地域を生み出しました。「プロテスタント」（抗議者）という言い方は、もともとは外部から言われた消極的な呼称で、プロテスタント自身は「福音的」と自称しましたが、今では宗教改革から生まれた新しいキリスト教の生き方をプロテスタントと呼ぶ言い方も定着しています。

2——近代世界の成立とプロテスタンティズム

宗教改革から生まれたプロテスタンティズムは、やがて世界史的な意義を担うことになりました。それは、プロテスタンティズムが「近代世界の成立」に深く関与したからです。宗教改革そのものがすでに大きな世界史的事件であり、近代世界の成立を準備した出来事であったことは言うまでもありません。宗教改革が中世ローマ・カトリック教会の統一的支配を崩壊させたこと、内面的にもローマ教皇や位階制を持った教会の職制あるいはサクラメントの権威に対し、「聖書原理」を打ち立てたこと、そして

「神の恵み」の圧倒的な強調のもとに他の媒介的な権威を相対化させ、神の前の信仰的良心の位置を高くしたことなどが、そうした近代世界への準備として考えられます。しかし、宗教改革が全体として依然中世に属するものであり、宗教改革から本格的な近代世界の成立までにはなお1世紀を隔てること、また近代の成立舞台は、宗教改革発生の地ドイツではなく、イギリスであり、ドイツはその後の三十年戦争の戦禍を受けたことも災いして、ヨーロッパの中にあってむしろ近代化の後進地域になったことも、否定できないことです。

　近代の成立と深く関わったのは、宗教改革そのものというより、むしろそこから生じてきたプロテスタンティズムでした。なかでも、ドイツのルター派より、スイスや北フランスからイギリスに波及した改革派が、大きな影響をもたらしました。さらに言えば、宗教改革期にはルター派、改革派の二大勢力から共通の敵として忌み嫌われた再洗礼派が、次第に改革派と融合するかたちで、近代世界の成立に著しい影響を及ぼしました。そうした再洗礼派を融合した改革派の代表例として、17世紀イギリスのピューリタニズムが挙げられます。マックス・ヴェーバーの言う「禁欲的プロテスタンティズム」やエルンスト・トレルチの言う「新カルヴィニズム」も、このピューリタニズムを典型とする近代世界の成立に深く関与したプロテスタンティズムの総称です。それにはまた人文主義の関わりも無視することはできません。そうした諸要素の融合を体現し、近代世界成立に貢献した典型的な人物として、たとえば詩人であり、クロムウェルの秘書で政治思想家でもあったジョン・ミルトンがいます。

3——プロテスタンティズムの原理とプロテスタント的文化価値

　イギリスの神学者P. T. フォーサイスは、プロテスタンティズムの典型としてピューリタニズムの中のインディペンデンシー（独立派）を挙げ、その真髄を「根拠づけられた自由」（founded freedom）と呼びました。それは、神がキリストの十字架に示された聖なる愛の恵みでもって、権威をも

って、私たちを自由にしてくださっていることを語るものです。またルターが「キリスト者の自由」を語り、その自由により愛をもって人々に仕えると語ったように、神の恵みによって根拠を与えられた自由と愛をもって神と人に仕える自由は、プロテスタンティズムの重大な原理です。この「プロテスタント的自由」によって、プロテスタンティズムは「絶えざる改革の教会」の道を歩もうとするわけです。

　またプロテスタンティズムの倫理は、キリスト教史上、偉大な力を発揮しました。それは特に近代世界の変化に精神的推進力を与えました。近代的な経済活動、職業倫理、合理性の追及、さらに近代的な政治としてのデモクラシーの発生に影響を与えました。良心の自由、信仰の自由、宗教的な寛容、結社の自由、教会と国家の分離の原則、その他市民的な自由の確立にも本質的な役割を果たしました。これらは「プロテスタント的文化価値」と言ってよいものです。プロテスタント的文化価値は今日、普遍的な世界文明の共通基盤となりつつあります。今や、世界の平和や正義の基盤として、また広く人命の尊重と地球環境の保全のためにも、普遍的な共通基盤が形成されなければなりません。そのときに、プロテスタント的な歴史的倫理資産を掘り起こし、新しく開発し、世界に貢献することが求められます。そのため、プロテスタンティズムは、今なお世界史的な使命を与えられていると言うべきでしょう。

Ⅲ

神とその民 —— キリストに至る道（旧約聖書）

1 天地創造

1──聖書の世界観

2011年3月11日、東日本を襲った大地震、津波、そして福島第一原子力発電所の事故は、いくつもの町を根こそぎにし、数え切れない家族を引き裂き、愛おしかった故郷の記憶を二度と帰らぬ過去へと押しやることとなりました。それまで当たり前であった世界が、その日を境に崩れ落ちてしまった。真黒な波と降り注ぐ放射能は、住宅や店舗といった街だけではなく、家族も近所づきあいも、それまでの仕事も、夢見た子どもや孫たちも、思い描いていた老後の静かな日々も、美しかったすべてを、当然訪れるはずだった明日を・・・すべてもろとも奪っていきました。

そして時がたつほどに深まりゆく悲しみがあることも知りました。何年の歳月が過ぎようとも、今なお深まりゆく悲しみを言葉にしはじめた高校生がいました。

　小学校5年生のときに大震災に遭い、家は全壊した。いつも歩く道は瓦礫に覆われ、布にくるまれた遺体が並んだ。毎日おしゃべりを楽

しんでいた親友が死んだ。そしてあの日、避難した学校で見た中年の男性のことが忘れられない。一階の昇降口に運動靴を取りに行くと、黒い水の塊が襲ってきた。逃げてくる男性が目の前で波にのまれた。自分の方に手を伸ばしてきたけれど、危険を感じて階段を駆け上がった。手をつかんでいたら男のひとは助かったかもしれない。数日後その男性の遺体を見てしまった。自分は人を見殺しにした。時がたってもその光景が脳裏によみがえって眠れなくなった。根こそぎにされたのは財産や形あるものだけではなくて、内側にある自分への信頼、人生の確かな礎が根底から揺さぶられ、砕け、崩れてしまった。誰かを信じられない、というよりも、自分が信じられない。いざとなったら助けを求める人を見捨てる、しようがなかったと言い訳しても、誰かが慰めてくれても、自分が一番よく知っている。

このような内なる破れを抱えたまま生きなければならない試練に黙って耐えている人たちが、次の時代へとどんどん進んでいく世間から取り残されたかのように感じています。心がきしんで、思いが叫び出しそうで、魂からとめどなく涙が流れるほどの切なさを耐えている人たちの傍らに、私たちは生きるものとされています。

なぜこんな話から始めるのかと、意外に思われるかもしれませんが、聖書の第1ページ目を一番敏感に、心の琴線に触れるものとして聞いてきた人たちは、自分の外側にも内側にも、壊れた世界を抱えてしまった人たちだったからなのです。聖書はその冒頭で、すべてを失った人たちの嘆きに真正面から向き合うのです。旧約聖書にはあちこちに、このときの記憶が刻まれています（詩編79も）。決して癒えることのない傷を無かったことにして忘れ去らないのです。誰にも言えない破れに苦闘する人たちの声なき声に大事に耳を傾けるのです。

旧約聖書の冒頭には、一読する限りでは、世界の成り立ちを神話的に記している荒唐無稽な物語のようにも読める「**天地創造**」の出来事が記され

ています。近代科学の発展によって世界や人間の誕生が日々明らかにされ
ている現代にあって、一体どれほど意味があるのか、と問わざるをえない
かもしれません。ただ、丁寧に聖書全体を見渡して、この物語に用いられ
ている言葉や思想の背景を探ってゆくと、この「天地創造」の物語が語っ
ているのは、崩壊後の現実を突きつけられて、歴史と世界の終わりを目の
当たりにした人々に向けられた、慰めと励ましの言葉、壊れた世界を生き
る人たちへの絶望にともされた希望の言葉であることが分かるのです。

　創世記 1 章に使われている言葉遣いや語り口を丁寧に分析してみると、
これは紀元前 6 世紀、今から 2600 年ほど前に起こった**バビロン捕囚**の時
代に、とてつもないリアリティーをもって今の形にまとめられたと言える
からなのです（決して紀元前 6 世紀に創作された、というのではなく、すでに
はるか昔から何らかの伝承として伝えられてきたものが、紀元前 6 世紀に、は
っきりと語る言葉をもって人々に迫ったということです）。世界はこうやって
できました、などと悠長に昔話を得々と物語っているのではなくて、実際
には、もうぎりぎりのところで、街が疾風怒濤の破壊の傷跡にまみれて、
瓦礫の山に変わって、あちこちに人も動物も鳥も、木も草も、原形をとど
めないほどに壊され、奪われ、失われ、ばらばらに崩れてしまうほどに滅
びが迫り、そのような失われそうな世界と破れを抱えた人間の確かさが、
礎が、基が、一体どこにあるというのかを、魂の奥底から振り絞って必
死に問う中で、血のにじむようにして語り継がれた信仰の言葉と言えるの
です。「**混沌**」という言葉は「**形なく、空しい**」という意味ですが、その
時代を的確に言い表す言葉でした。他の時代には使われない、紀元前 6 世
紀の聖書の世界を言い表す言葉でした。今でいう「新語・流行語大賞」の
ように、その一言で時代の空気を浮き彫りにするような言葉なのです。

　「混沌」、それは旧約聖書の中では、たった 3 箇所にしか登場しない連語
で、そのすべてが紀元前 6 世紀に都が滅びたあとの情景を表す表現に用い
られています（エレミヤ 4 章 23 節、イザヤ書 34 章 11 節）。国破れ、廃墟と
化した街には人通りも絶え、空には鳥の姿もなく、殺伐とした風景、底な

しの深みを暗闇が覆ってしまった。そして神の「霊」（原語で**ルーアハ**）、それは「**風**」とも訳されるものですが、暴風が吹き荒れている世界を見ている。その中を生きる自らの内側にも。しばしば受けたショック、衝撃が激しく、悲しみが強く、痛みが深く、時間は逆巻き、あの日が今日を飲み込んで、心の傷は今の自分を過去に引きずり込んでフラッシュバックする。時が倒錯してとめどなくあの日が寄せては引いて今を侵食する。東日本大震災でも、広島・長崎でも、アウシュヴィッツでも、住んでいた世界が崩れたとき、その中を生きるために獣のように本能むき出しになった人間を、そのありのままの本当の自分の姿を見てしまったことに苦しみ続けた人がいました。そして、今も多くおられると聞きます。創世記1章の世界観は現代にも迫りくるのです。

　このような混沌、形なく空しい荒れ果てた中に、「**光あれ**」との言葉を聞くものとされていることを聖書は告げます。それは、混沌に、虚（むな）しさになされるがままのように見えるこの世界が、断じてそのまま捨て置かれはしない。かならずや上よりの光によって切り裂かれる確信を言い表した言葉でもあります。「光あれ」という言葉をもって**光と闇**が分けられたことで、昼から夜へ、夕べから朝へ、と向かう方向を与えられた時間の中に、「あの日」から「この日」へ、そしてまだ見ぬ「その日」へと、過去から現在、そして未来へと私たちの物語が、たとえそれが悲しみの記憶を語るものであっても、断片のままさまようのではなく、整えられ、沈黙の闇が破られて救いの喜びが紡ぎ出されるための時が備えられたことを聞くのです。

　続いて「**水と水を分けよ**」、との言葉をも聞くものとされています。時間に続いて、**空間**が切り開かれたということの広がりを味わうのです。荒れ狂い飲み込み虚無に引き込むような力が今や上下に真っ二つに裂かれて、上は**天**、下は**海**、さらに**地**が据えられ、そこに混沌を生き延びて語り、証しするものの居場所が備えられていることを知るのです。この世界は混沌と虚しさが覆っているのではないと。沈黙の闇を裂いて、語りかけられる

神との出会いの時と場が据えられていることがはっきりと示されるのです。

　旧約聖書は、大昔の古代人の記憶や教訓や物語を記録しただけの古めかしい古典ではありません。古代オリエント世界の図書館に死蔵されていた古文書でもありません。むしろ数千年の歴史を貫いて、ずっと読み継がれ、語り継がれ、滅びに瀕した者たちを力づけ、命の糧となり、信仰共同体を養い形づくってきた書なのです。滅びに瀕した世界のただ中にしっかと据えられた確かな語りの時と場が造り出されていることを証ししているのです。そこに今なお聖書を紐解く大きな意義があると言えるでしょう。

　ナチスによって親族を強制収容所で虐殺され、アメリカ合衆国に渡ったある家族の中で育ったユダヤ人の神学者は、現代における「海」、そして「混沌」に思いを深めて、思索の極みにおいて、はっきりとアウシュヴィッツの出来事を見据えて創世記について論じています。あのユダヤ人大虐殺をヒトラー1人の責任、あるいは加担した指導者たちを悪人に祭り上げて断罪しても本質は解決しない、もっと深く、根強く、長い期間にわたって、広くはびこる「最終的解決」を意識の底で気づかないうちにも求めさせるような、どす黒い闇に紛れる「海」が世界の淵を今もしぶとく蝕んでいることを（旧約）聖書の創世記や詩編を丁寧に紐解きながら、（旧約）聖書が何を現代に語りかけているかに耳を澄ますことを促すのです。

　私たちの今を深みから蝕む「**海**」と「**混沌**」。それは見るからに「**悪**」の姿をとってはいないでしょう。むしろ好ましく、耳に心地よく、安定と繁栄を約束し、快適な仕方で、抗いがたく私たちの日常に食い込み、それなしには今の生活が成り立たないほどに私たちがより頼む社会の趨勢かもしれません。けれどもそれは、このままゆくはずもないことにどこかで気づいていて、その中に漠然とした不安を宿すものかもしれないのです。潮の満ち引きのように、さまざまな秩序がほころび、足下の礎がいつしか揺らぐような不安定さに目まいを覚え、ふらつき、迫りくる不安にふと気づかされるときにこそ、創造の出来事の向こうに逆巻く「海」を見るものとされるのです。そして水を分けられ、「天の下の水は一つ所に集まれ、**乾**

いた所が現れよ」と言われ、**乾いた所**を地と呼ばれ、水の集まったところ
を海と呼ばれた、との創世記 1 章 9 節以下の描写が、ただ古代の神話に終
わらず、今にも意味を持つものであることに気づかされるのです。

　「水を分け」て「乾いた所」を現出させる天地創造の神の行為は、聖書
を読み進んでゆくと、救いの出来事と結びつけられていることも分かりま
す。たとえば、旧約聖書における最大の救いの出来事である「**出エジプ
ト**」のクライマックスである「紅海（葦の海）の奇跡」と呼ばれる場面で
す。奴隷の縄目を解かれてエジプトから導き出され引き出され、自由への
一歩を踏み出し、その行く手を阻む「海」を前に絶望と動揺を隠せない
人々が見るのは、夜もすがら激しい東風（ルーアハ）をもって海が押し返
され、海は乾いた地に変わり、水は分かたれた光景でした。人々は海の中
の**乾いた所**を進んで行き、追手の手を逃れて救い出されたことが出エジプ
ト記 14 章には記されています。さらに荒れ野での 40 年の彷徨の末に、約
束の地に入る直前に、約束の地を向こう岸に見ながら堤を越えんばかりの
激流逆巻くヨルダン川に行く手を阻まれるのです。このとき、あらためて
川が割かれて、干上がった川床を人々は渡って約束の地へと入ることにな
ります（**ヨシュア記**）。新たな天地創造、そして出エジプトを思い起こしな
がら。聖書はなお語り継ぎます。新約聖書でさらに、そのヨルダン川に自
ら身を沈められ、象徴的な死をその身に負われたイエス・キリストが、水
から上がられるや、霊が、それは旧約でも新約でも「風」と同義ですが、
水の上に降る、しかも今度は天を裂いて。キリストにおける古い秩序の終
わりと新しい創造の御業が説き起こされるのです。キリストの死によって
私たちの命に立ちはだかる「海」は、干上がり、キリストの復活の命によ
って結ばれた救いに至る道が通される。新約聖書の最後にあるヨハネの黙
示録では「わたしはまた、**新しい天と新しい地**を見た。最初の天と最初の
地は去って行き、もはや**海**もなくなった」（21 章 1 節）と。「海」の前にた
たずみ、「川」に行く手を阻まれ、「混沌」に翻弄される私たちにも、神の
風、聖霊は吹き、「海」を干上がらせて、伴い向こう岸へと渡らせてくだ

さる神の語りかけは響いているのです。創世記1章は、このように聖書全体のメッセージの基調ともなっているのです。

2——聖書の人間観

創世記1章を丁寧に読んでゆくと、同じ言葉の規則的な反復の中に、いくつかの定式の破れともいうべき、リズムの乱れがあることに気づかされます。たとえば、「神は〜を見て良しとされた」という定型句がありますが、「水を分けさせられた」ことと「人を創造された」ことについては、「これを見て良しとされた」が欠如しているのです。もちろん最後には創造したすべてをご覧になって、「極めて良かった」と総括されているので、そこに含まれているとも読めるのですが、それでもなお、他のすべてに必ずなされる言及であることを考えれば、何らかの意味が意図されていると考えるべきでしょう。

人間の創造に関して、創世記2章で「良くない」と言われている事柄につながるのです。「人が独りでいるのは良くない」と。さらに創世記6章から9章にかけての「ノアの箱舟」の物語につながるのです。それぞれについては次節以降で詳しく見ていきます。

さて、創世記1章で人間は、**神にかたどって、神に似せて**造られたと書かれています。先に述べたように、紀元前6世紀のバビロン捕囚期に最も深みにおいてこの部分を聞いていた人たちにとって、激しい戦乱と崩壊のただ中で、混沌の嵐が吹きすさび、虚無が覆う世界にあって、多くの犠牲の死に囲まれ、生き延びた人たちの目の当たりにした悲惨は、人間の尊厳が否定され、存在の耐えがたいほどの軽さに翻弄される現実でした。バビロニアの王の前に引き出され戦争犯罪人として裁かれた王は、王子たちや腹心の将軍たちの処刑を見させられた後に、両眼をつぶされて生涯牢獄につながれます。光を失ったとらわれの身で、彩りを取って見た最後の景色が血塗られた無残な王朝の終焉でした（列王記下25章、エレミヤ書52章を参照）。また生き延びて崩れ落ちた都に這いつくばるような生活を余儀な

くされた人たちも、穀物をすべてを奪いつくされ、農地を焼かれて飢饉に陥り、飢えに苦しむものたちが人の肉を食べてまで生きなければならなかった悲劇が聖書の「哀歌」に記されています（2章20節、4章10節）。生きるために、他者を見殺しにし、また見捨てて生き延びざるをえなかった自らの内に剝き出しの生を露わにされ、極限状況で露呈した内なる獣性を目の当たりにさせられた人たちにとって、人間のありのままの姿は直視に耐えがたい悲惨の極みでした。人が人であることが問われる絶望の時代のただ中にあって、人間であることの虚しさに苛まれながら聞いたのが、創世記1章の人間創造だったのです。人は神にかたどって、神に似せて造られた尊い存在であり、どんな時にも誰にも奪われない尊厳を持つものとして造られた、と。「神は御自身にかたどって人を創造された」と。失われた人間性の回復の礎となる言葉として語り出されたものなのです。

　神にかたどって造られた「**神の像**」（ラテン語で imago Dei イマゴ・デイ）としての人間と言うとき、そこには単に姿かたち、外観が似ているという意味ではなく、神の持っている特性やペルソナに似せて造られたという意味があるのです。たとえば、聖書の神の特性として挙げられるのは、自身の内に持っておられる**応答**や対話、そして**関係性**と言えるでしょう。人間が神にかたどって似たものとして創造されたということは、人は本来、孤独や孤立したものとしてではなく、他者との関係を持つものとして造られたということなのです。神との関係、そして誰かとの関係においても、どちらかが一方的に主人と奴隷のような上からの命令にひたすら唯々諾々と従属するだけの関係ではなく、また一切の自由が認められない束縛ではなく、言いなりのロボットではなく、相対して誠実で真実な応答を求められ、選択肢の中から選び取る自由の中に置かれた豊かな対話へと開かれているものと言えるのです。

　耐えがたいほどの苦しみは人の言葉を粉砕しますが、聖書は、そこになお言葉をもって生き延びる信仰を育んできたのです。言葉にならない悲しみに打ちひしがれる者の魂にねんごろに語り続けられた言葉が創世記1章

であり、そこに描かれる人間像は、神が語りかける相手として、誰も奪い
えない尊厳と自由を持つ尊い存在なのです。生きる価値など見いだせない
ほどに疎んじられ、誰にも認められず、自らも軽んじてしまう生命を抱え
て歩む者の深みに語りかけられた言葉なのです。

　さて、創世記2章4節後半以降は、創世記1章とはアングルを変えて、
天空から地上へとズームインするのではなく、むしろ逆に「**地と天を造ら
れた時**」、と語り出しているように、フォーカスをまず「地」に絞ってそ
こからズームアウトするかのように語り出しています。地には木も草も生
じておらず、芽生えていない、乾ききった地の表、土を耕す人もいない。
注意深く、丁寧に耳をそばだてながら、聖書の言葉をたどってみると気づ
かされることがあります。焦点が「地」から、しだいに「土」へとシフト
していることに。霧が「地」の表から立ち上るように、地から水が湧き出
で、「**土（アダマ）**」を潤していたと。吹けば飛ぶ、風にもてあそばれ巻き
上がる土埃が、水分を含んで、陶工が手ずから土の器として味わい深く、
世に一つとして同じもののないものとしてこしらえられるように、「土
（アダマ）」の塵、土埃から、かけがえのないものとして**人（アダム）**は形
づくられた、と。
　数十兆個ともいわれる膨大な数の細胞が複雑に絡み合ってなる人体の成
り立ちを知る私たちに、聖書は何を語っているのか。
　人は土からなり、土に返る、それ以上でもそれ以下でもないことを語る
のです。この箇所は、さまざまな時代に紐解かれ、聞き続けられてきまし
た。たとえば、都市に人口が流入し、経済活動が活発になるにつれ、富を
集中させて上昇し繁栄を謳歌する都市エリートがさらなる高みを目指す一
方で、限られた資源と富の分配に漏れて、抱えた債務によって底なしに滑
り落ち、人権も尊厳も踏みにじられ値踏みされた没落者が巷にあふれる。
埋めがたいほどに広がり深まる溝に引き裂かれ、ささくれ立って、渇きが
渇きを干上がらせるような社会が、聖書の時代にもあったのです（並木浩

一「第6章 ヤハウィスト考」『ヘブライズムの人間感覚』新教出版社、1997年参照）。そのただ中で創世記2章は開かれ、この言葉は聞かれたのです。**「土（アダマ）の塵で人（アダム）を形づく」られたと。**

いつの時代にも、高みを目指して己が限界を超え出て与えられた理性、叡智、技術を駆使して自然を、環境を超越することへと身を伸ばし、発展を遂げつつも、決して超え出ることのできない自然の、世界の一部である土なる存在であることには変わりはありません。伸びきった足の先が接する地を見る高みに足がすくみ目まいを覚えるほかない者であることを知るのです。息吹を取り去られれば息絶え、元の塵に返ることにおいて、すべての人はその厳粛で、冷徹な現実の前に立たされます。この箇所を紐解くとき、そのとき人は正気に立ち返らせられます。地から湧き出で、立ちのぼる水煙の先に天を見上げて、あらためて深く息を吸う、胸いっぱいに。明け方の清々しい清涼な空気を満たすかのように、深呼吸する。そして新たに生きなおすものへと招かれるのです。死ねば骸に返る土くれであることは変わらずとも、生命の息を吹き込まれ、満たされ、生きる者とされていることを知るのです。

創世記1章と2章の人間観の違いを通して語られているのは、人間は尊厳と限界を併せ持った存在として創造された、ということです。人間性の崩壊の極みにあって神の与える尊厳は失われず、自己神格化の高慢の極みにあって神の与える息を失えば土にすぎない冷厳な真実に正気を取り戻すものとして、創世記の人間観は読む者・聞く者に、絶望の深みにも傲慢の高みにも陶酔しない生き方を示すのです。

2 人間の関係

1──異質なる他者との出会い

生まれた文化や環境が大きく異なる人と出会うことは、新鮮な発見や刺

激によって殻が破れて新しい世界と出会うチャンスでもありますが、同時に、これまでの常識や当然と考えてきた生き方が挑戦を受けて居心地が悪く、落ち着かない緊張を強いられるチャレンジともなります。多様なあり方や考え方、宗教や思想に寛容であること、共存、共生を計ることは、おそらく望ましいこととして受け入れられることでしょう。ただ実際には、ヘイトスピーチに見られるような特定の民族に対する嫌悪、性的指向が異なったり、生まれた時の体の性別とは異なる生き方をする人たち、LGBT / SOGI への差別、障がいのある人たちへの冷たい視線、文化的に異なる宗教に対する迫害と排斥など、西欧や中近東などだけではなく、私たちの社会や歴史にも色濃く影を落としていることを認めざるをえません。

　聖書が「主なる神は言われた。『人が独りでいるのは良くない。彼に合う助ける者を造ろう。』」(創世記 2 章 18 節)と語っているのは、人が他者と出会うことなく自己完結している状態、孤立していることは、本来は「良くない」こと、それでは天地創造が未完成であることを示しているのです。人は自分と異なる誰かと出会うとき、はじめて自らを知るのです。たとえば生まれ育った文化の中だけに暮らしているときには、自覚されませんが、異なる文化に身を置く経験(留学や移住など)を通して自らのアイデンティティー(自分が何者であるか)を知るようになることがあります。性や育った環境や価値観が異なる誰かと向き合うとき、カルチャーショックを受けたり、常識が覆ることもありますが、そのときに自らの持っている特質や持ち味に気づかされ、あるいはそれまで疑いもしなかった当たり前なことが相対化されることもあるでしょう。聖書が「男と女に創造された」(1 章 27 節)と語るとき、それは他者性を象徴する異質なるものが互いの違いを尊重しつつ向き合い、協働し、人格を重んじ、赦し合いながら共に生きるものとして造られた人間観が言い表されているのです。このことは創世記 2 章で一層明らかにされていきます。

　孤独ではなく、関係に生きる存在として人に「合う、助ける者を造ろう」と言われていますが、これは聖書の用例を丁寧に調べてみると、いわ

ゆる「ヘルパー」とか「補助者」という意味ではなくて、むしろ、向かい合って「救う者」と訳しうるもので、詩編121編では神に向かって使われさえする言葉です。ですから、ここで規定されている人間の関係は、平等で応答関係にある他者性を重んじるものと考えられているのです。

　人と人の（そして神と人の）関係を語る際に、聖書はしばしば「結婚」関係を例にとることが多く、創世記2章は、細かい言葉遣いに細心の注意を払いながら人間の関係について語ってゆきます。当初他者を知らなかった未成熟な「人」が、他者としての「女」と出会い、自らが「男」であることを自覚し、両者は親の庇護を離れて「個」と「個」の結びつきをもって、成熟した他者同士の深い関係を育んでいく、と。フィリス・トリブル（Phyllis Trible）という聖書学者が『神と人間性の修辞学』（河野信子訳、ヨルダン社、1989年）で丁寧に原語に即して論じているのですが、人のあばら骨の一部から女を「造り上げる」という表現は、他のあらゆる被造物が「地の塵」から「形づくられ」たという表現とは異なっていることから、聖書が語ろうとしているのは、真のパートナーとして「向き合い、助ける者」は、他の動物や被造物と異なって、共通の素材からなる同質性を有している特別な存在として、他には使われない動詞「造り上げる」が用いられるほどに尊いものなのだということなのです。ここでの「女と男」の関係は、友人関係、親子関係などの対人関係全般、すなわち、あらゆる他者とのパートナー関係につながるものと言えるでしょう。人は異質なる他者との出会いと交わりに生きる存在として造られたのです。このことは、さらに心を高く上げて、絶対他者である神と出会い、交わりに生きる存在へと開かれた人間のあり方を示唆するものとも言えるでしょう。

2──責任応答性（アダムとエバ）

　レンブラントが聖書の御言葉に触れて思い描いたアダムとエバの姿は一風変わったものです。ミケランジェロやラファエロ、デューラーといった芸術家たちがイメージし、描き出したアダムとエバは、この世の春を謳歌

し、若々しく、みずみずしい肉体を
備えた2人です。ところがレンブラ
ントは、もうとても若いとは言えな
い、否、むしろ中年か老境にさしか
かった2人を描くのです。額に深い
皺が刻まれたアダム。そして木の実
を胸元で戸惑いながら抱えるエバは、
共に人生の秋を迎えているのです。
ここにはレンブラントの聖書との真
剣な闘いが見て取れます。若気の至
りで、禁じられた木の実に手を伸ば
して、ふと犯してしまった失敗では
ない。何か軽はずみな判断からして
しまった分別のない行為というので

図版⑥ 「アダムとエヴァ」（レンブラント・
ハルメンソーン・ファン・レイン、1638年）

もない。人生の経験を積んで、神と
共に歩む喜びを久しく知っていたはずの2人が、実にその人生の黄昏時に
陥ってしまった出来事だったと受け止めているのです。（図版⑥「アダムと
エヴァ」参照）

　創世記3章の冒頭で繰り広げられるエバと蛇のやり取りに丁寧に耳を傾
けてみると、レンブラントのこの読みはあながち間違ってはいないのです。
エバという女性が、決して浅はかな人などではないこと、神の言葉をアダ
ムを介して聞いて、これを自分の言葉で言い換えて伝えることのできる成
熟した知性のある人物であることが分かります。「園のどの木からも食べ
てはいけない、などと神は言われたのか？」と蛇に問われて、エバは、こ
の言葉を遮るようにして、間髪入れずに答えます。いや、あなたの言い方
は間違っている、というかのように「わたしたちは園の木の果実を食べて
もよいのです」と。神が言われた言葉を語順まで正確に引用しながら、な

おかつ「木から取って食べなさい」と言われたところを「木の果実を取っ
て食べてよいのだ」と、食べる対象は「果実」なのですから、それをはっ
きりとさせるのです。また「善悪の知識の木からは決して食べてはならな
い」と言われたことについては、「園の中央に生えている木の果実は食べ
てはいけない」と言い換えています。善悪の知識の木だけではない、命の
木も含んだ園の中央にある木の果実はとにかく食べてはならないのだ、と
エバは禁令を拡大解釈しているのです。そして「それに触れてもいけな
い」と付け加えます。ただ聞いたことをオウム返しにそのまま伝えるので
はなく、自ら考え、受け止め、聴き取って、積極的に答える一人の成熟し
た人がここにはいます。そのような一人の大人の人間が陥った問題なのだ
というのです。

　蛇に託された問いは、人の永遠の課題に踏み込んでいます。「それを食
べると目が開け、神のように善悪を知る者となることを神はご存知なの
だ」と蛇は言います。善悪をわきまえ知ることがどれほど重要で、かつ難
しいか、それを人の歴史は繰り返し思い知らされ、私たちも日々味わって
います。とりわけ聖書は、善とは、人の生命を前進させ、豊かにし、高め
るもののことであり、悪とは逆に人の生命を傷つけ、害し、低めるものの
ことであるとしています。一体何が人の生命を前進させるのか、何が人の
生命を害するのか、世界を本当に豊かにし、生かすのは何であるか、それ
を見極める知恵を求める思いは、まことに今日の私たちも抱くものであり、
また切実に求めるものでもあります。特に原子力発電の技術を持ちつつも
福島の原発事故をいまだに解決しきれない今。またクローン技術を手にし
ながら倫理的問題に煩悶する今、善悪を見極める知恵は切迫した問いだと
言えます。

　あなたたちは、神のように、神と並んで、神なしに、神をカッコに入れ
て、自らの手の内に生命を左右しうる知恵をおさめるようになれるのだ、
あなたを、そして世界をよりよく生かすのは、あなた次第だ、との蛇のさ
さやきが人を揺さぶるのです。残された人生を、少しでも豊かに過ごした

い、少しでもましに、少しでも美しいものに目を注ぎ、よきものに満ちた りていたいと思う心に巧みに語りかけられ、人はついに禁断の実に手を伸 ばすのです。確かに死ぬことなく、目も開かれる。けれどもそれで知った ことは悲しいことに、善悪を自ら見極める知恵ではなく、自分たちが裸で あるということでした。むき出しにされた己がありのままの姿を突きつけ られたのです。そして互いに相手から自分を隠さなければならないものだ ということ、人は互いの間に隔ての中垣なしには向き合えないものだとい う現実を知りました。そういう意味での知識を手にしたのです。そしてつ いには隔ての中垣は神に対しても立てられ、神の顔をも避けて隠れる者と なった、とあります。

　「どこにいるのか？」（3章9節）、神はそう呼びかけられます。聖書の世 界では、この問いに哀しみを帯びた神の嘆きを聞き取ってきました。ヘブ ライ語でアイェカー、というのが「どこにいるのか？」という問いかけな のですが、これはわずかに読みを変えると「エーカー」「ああ、なんとい うことか」という嘆きの響きをたたえたものとなるのです。「エーカー、 ああ、どうして」この嘆きは、「哀歌」の冒頭に用いられたもので、都が 崩壊し、多くの人が命を落とし、共同体が裂かれ、象徴的な建物（神殿） も人物（王）も悲惨な仕方でついえていく惨状を目の当たりにしたものの 呻きでもあります。神の恵みついえた都を嘆く声が、失われていった者を 嘆く呻きが、神との交わりを離れ、恵みを見失いゆく人への問いと響き合 うのを聖書は聞き取っているのです「ああ、なにゆえ……ああ、あなたは どこにいるのか？」と。

　哀しみをたたえた人への問いかけ。この問いかけに応える中に、人は自 らの的はずれな姿をあからさまに、つぶさに、むき出しにされてゆくのを この箇所は見逃しません。原文に即して訳してみると次のようになります。

　「あなたの足音を**私**は聞きました。園の中に。それで**私**は怖くなりまし た。なにせこの**私**は裸なのですから。だから**私**は隠れたのです」。

　「あなたはどこにいるのか」との問いに真正面から答えることができず、

人は顔を背け、目をそらすかのように自分の中に逃げ込んでゆく。宗教改革者ルターは、これを罪だと喝破します。罪とは、自分の内側に曲がり込んでしまった心だと。神にまっすぐに向かわずに、自分の内側にねじ曲がっている状態だ、と言っています。

そのアダムに神は問い続けられます。顔を向けて

「誰が君に教えたのだ。君が裸だということを。さては私が君に決して食べるなと命じておいた木から君は食べたのだね」と。

「君」「君」・・・4度にわたって言い及んでまっすぐに向き合って、それでも問いかけられる。応答を待っておられる。けれどもアダムは墓穴を掘ってゆきます。「その女が」と。ここであろうことか妻に定冠詞をつけて呼んでいるのです「その女が」と。「ああ、この方こそ私の骨の骨、わたしの肉の肉、この方を女と呼ぼう。この方は男からとられたのだから」と恋歌を歌い、父母を離れて女と一体となって過ごしてきた2人の日々は、決定的な破れを迎えるのです。自らの内側にねじ曲がってしまった心を抱えたものの責任転嫁はとどまるところを知らず、「その女が」、いやそもそも、そんな相手を私の傍らにお与えになった、あなたの責任だと言外に神を責めるのです。

神はここで女性に転じて問われます。「あなたはなんということをしたのか？」と。これに対して「蛇が私をだましたので、私は食べたのです」と答えます。「蛇が」と言うとき、そもそもこの蛇だって主なる神の造られたものの1つ（3章1節）、そんなものを造られたことの責任を問う隠された声があることに気づかされます。

善悪を知る知識を求めて露わになったのは、人の間にある破れ、神との間にある裂け目、世界がいかに深く破れ、裂け、ゆがんでいるかということでした。「エーカー、ああ、なにゆえ、あなたはどこにいるのか？」との問いを聞きながら。

新約聖書ローマの信徒への手紙8章18節以下で、パウロはこう嘆きます。「被造物は虚無に服していますが、それは、自分の意志によるもので

はなく、服従させた方の意志によるもの」であると。けれども「同時に希望も持っています」と一言、どうしてもこれだけは伝えたいというかのように語ります。「被造物も、いつか滅びへの隷属から解放されて、神の子どもたちの栄光に輝く自由にあずかれるから」（8章21節）と。この希望によって救われているのだ、と。神の子とされること、罪贖（あがな）われる希望を持って呻きつつ待ち望むのだ、と語っています。

　創世記3章21節に、同じようにかすかな、けれども確かな希望がともっています。「主なる神は、アダムと女に皮の衣を作って着せられた」と。自らでは破れ繕うことのできない人間に、御自ら（おんみずか）皮の衣を作って着せられた、と。これは旧約聖書では後に祭司や王族が着る上着をさすのに使われる言葉が当てられています。晴れ着です。ありあわせのぼろではなく、高貴な衣で、体の一部だけではなく、全身を覆ってくださった。あたかもそれは最上の着物を着せて、放蕩（ほうとう）の限りを尽くして物乞い同然に落ちぶれて帰ってきた息子を抱きとめた父親の姿と重なります（ルカ福音書15章11節以下）。

　ルターと並ぶもう1人の宗教改革者カルヴァンはこれを「キリストの義の衣」と重ねて聞くことへと招いています。的をはずして破れ、ゆがんでしまう私たちは、キリストの義の衣を着せられることによってのみ、その罪を覆われ、キリストと共に十字架に死んで、キリストと共に復活の命に生きる者とされる、と言っています。ですから、「ああ、あなたはどこにいるのか？」と問われるとき、私たちは自らのありのままの姿に打ち震えつつも、キリストにあって私たちは救いへと招かれていることを知り、答えることができるのです。「はい、私たちはここに、この木の下にいます。十字架の下に」と。どんなに取り繕っても繕いきれない、神の顔を避けて隠れ、どうにもならない私を、持て余して逃れ場さえ見失ってエデンの東にいる私たちを、都のはずれに立てられた十字架の下へとキリストは招いてくださるのです。そしてこの方こそが、2つのものを1つにし、ご自分の肉において、敵意という隔ての壁を取り壊し、キリストにあって一つと

してくださった。上よりの命を着せるために、私たちに代わって死をまとってくださった。この方のもとへと、私たちは招かれているのです（ガラテヤ3章26節以下）。

3——家庭崩壊（カインとアベル）

　ジェームス・ディーン主演の映画「エデンの東」（ジョン・スタインベック原作）は、創世記4章から刺激とインスピレーションを受けて作られた作品の1つです。

　親子や兄弟など、近しいものだからこそ、深く強くねじれ、癒えがたく疼く傷を抱え、それでもなんとか解きほぐそうと、悶絶するような恨み、憎しみ、嫉妬と反発、一方に求めてやまない愛と赦しと和解への渇きにのたうつ者のやるせない呻きを聴き取ってきたのです。

　誰からも好意を受け、目をかけられて日の当たる道を歩む者の傍らで、何をしても空回りし、良かれという思いでなした事柄が顧みられないばかりか、疎んじられ、不当にねじ伏せられながら、いつしか自らの運命を呪い、存在の耐えられない軽さに打ちのめされながら、齷々と傍らにあって一層際立つ無垢なる者を傷つけずにおれなくなり、己が内なる崩壊へと引き込んで破滅を願うまでに濃い闇を抱える主人公たちの姿に、聖書のカインはしばしば重ねられて描き出されてきました。特にスタインベックの『エデンの東』で、ひとつのキーワードとして印象深く、また決定的な場面で触れられるのが、この4章7節に出てくる「ティムシェル」というヘブライ語であることは意味深いものと言えます。「お前はそれを支配せねばならない」と訳されているこの言葉。血縁を呪いたくなるような家族の宿命に翻弄されて、逃れがたき業のような罪に苦しむ姿に心痛めた登場人物の1人が、聖書ヘブライ語を何年も学んだ末に、これは「支配せよ」「治めよ」という一方的な命令ではなくて、「あなたは治めることができるだろう」「汝それを治むるを能う」という意味なのだ、宿命であっても、あなたは与えられている意志でそれを支配することができる、あなたを翻

弄する運命に抗う選択肢が人には与えられている、汝、それを治むるを能うのだ、と語りかけ、ついに最後のシーンで親子が和解のかすかな兆しを見せます。そのとき父親の口から「ティムシェル」と漏れ出るのを聴くことになります。スタインベックがこの箇所に見いだしたかすかな希望と言えるでしょう。

　カイン。自らの破れと恥をそれぞれに知る者となったアダムとエバが築いた家庭。そこに生まれた長男がカインでした。長じて土地を所有し、定住生活による、ある程度の安定を確保できる立場を築いてゆきます。片や弟アベルは牧草を求めて移動を余儀なくされ、生活基盤に不安定さを抱える家畜飼育を生業（なりわい）とします。兄カインは比較的恵まれた境遇を享受していたと言えるでしょう。ところがある時を境に事態は一変し、家庭は崩壊の坂を転げ落ちてゆきます。兄弟それぞれが捧（ささ）げものを持ってきたとき、弟は羊の群れの中から肥えた初子（ういご）を、兄は収穫物を捧げたところ、主なる神が弟の捧げものに目をとめられ、兄のものには目をとめられないという不条理が起こります。神がカインとその供え物に目をとめないというのは、おそらくカインの生活がうまく立ちゆかない、何をしても地は産物を供せず、空回りする生活を抱えて、神に祝福されていないものと考えざるをえなかったことと言えるでしょう（並木浩一『人が孤独になるとき』新教出版社、1998年参照）。何が理由なのか、アベルがカインよりも優れた捧げもの、家畜の中で最も良いものを捧げたからだという理解もあります（ヘブライ11章4節）。アベルのほうが信仰篤（あつ）かったから、とか、その名（ヘブライ語で「ヘベル」）に表れているように、はかなく消えゆく吐息のような存在で、家畜を飼育するという生活の不安定さもあり、神の助けなしには生きてゆけないものであったからなのか、いろいろ理由は考えられます。けれども、ここでは、聖書はあえて何も理由を語っていないのです。そしてこの説明のつかない理不尽さに苛まれ、葛藤し苦しみ煮えくり返り、たぎる怒りに打ち震え、むかっ腹掻き裂かんばかりのカインは、現代において一層リアルなのです。説明のつかない苦しみがあります。なぜ何週間も、

何年も、家族を亡くし、故郷を失い、さまよい、車の中で、仮設住宅で、異常が日常化した中に置き続けられるのか。理不尽な中にある人に何か特に原因があったからではない。何かの報いを受けたのでもない。不公平で、不平等で、ひたすら理不尽なのです。選んで生まれることのできなかった親のもとで不条理にさらされて、そこでは納得のいく答えは得られない。そうした現実の中での問いを聖書はカインの姿を通して問うのです。

受け入れがたい状況、理不尽としか言えない状況に突き落とされたカインは、置かれた境遇に激しく怒って顔を伏せる。その思いは痛いほど伝わってきます。とりわけ人一倍汗を流し、隠れた格闘をたたかい抜き、耐えがたきを耐えながら今ある地位と富を手にし、約束されていたはずのものに、当然享受しうると思い描いていた恩恵に与（あずか）れないばかりか、そうでなかった者がなぜかその場所を占めている。それがどれほど憤懣（ふんまん）やるかたないことか。神は私に目をとめられない。不当に扱われている。そう受け止めたカインは、「どうして怒るのか」と問われて「怒って当然でしょう」。「どうして顔を伏せるのか」「伏せて当たり前でしょう」とおそらく食ってかかりたかったことでしょう。本当は、そうすることが求められていたのです。理由のない不幸に襲われたヨブのように「知れ。神がわたしに非道なふるまいをし」た（ヨブ記19章6節）と。「わたしはなお、あの方に言い返したい。あの方と共に裁きの座に出ることができるなら……その時には、あの方の怒りに脅かされることなく、恐れることなくわたしは宣言するだろう。わたしは正当に扱われていない、と」（ヨブ記9章32-35節）。顔を上げて神に真意を問い、言い分を訴え、嘆きと怒りを神にぶつけることを。「もしお前が正しいのなら、顔を上げられるはずではないか」（創世記4章7節）との問いかけに応えて。

顔を伏せたままに怒りをたえぎらせるか、それとも顔を上げて神に向き合って、神と対峙し、格闘をするか。「ティムシェル」「あなたは必ずやそれを、治める（御する、制する）はずだ」という深い期待を聞きながら。けれどもカインは顔を伏せ、問いかけを黙殺し、期待を振り払い、自らの

手で落とし前をつけるかのように、己が内なる崩壊へと引き込んで破滅へと誘う、濃い闇を抱えながら、弟アベルを襲って殺害します。聖書では殺したこと以前に、神との問いと応えの関係が破綻している状態を、的をはずした生き方、すなわち罪にある状態としています。それを治め、支配することができずに身をゆだねて凶行に走ってしまう。そしてその後も応答を待ち続ける神にまともに答えないばかりか、こううそぶくのです。「お前の弟アベルは、**どこにいるのか**」「知りません。わたしは弟の番人でしょうか」と（4章9節）。「弟の番人か」という冷ややかに吐き捨てるような言葉の中に、実はヘブライ語のキーワード「ティムシェル」と同じ動詞が使われていて「弟を見守る（御する、制する）者なのか？　私は」と。自分自身を御せない自分が弟の面倒まで見れるとでもお思いか、と薄ら笑うかのように。その後の悲痛な**何ということをしたのか**との神の嘆きは、あのアダムとエバの的をはずした生き方への嘆きと同じ響きをたたえています。過ちを犯した後、問いかけに応えて悔いくずおれた魂を注ぎ出す道もあったのです。バト・シェバ事件のあとのダビデのように「わたしは主に罪を犯した」と（サムエル記下12章13節）。詩編詩人のように「神よ、わたしを憐れんでください……わたしの咎をことごとく洗い／罪から清めてください。……わたしの罪は常にわたしの前に置かれています。……打ち砕かれ悔いる心を／神よ、あなたは侮られません」と（詩編51）。けれどもアベルを殺す前にすでに神との関係に破れており、兄弟アベルを殺したことはもちろんながら、殺した後も神との関係に立ち返ることのなかったカインの姿が浮き彫りにされます。

　真正面から神と対決し、格闘することを避けて、怒りと自己憐憫に引きずられて、神に対するはずの怒りをアベルに向けたカインの生き方。「どこにいるのか」「何ということをしたのか」という地から上がる嘆きと共鳴する悲しみをたたえた問いの中に置かれたカインの生き方があります。

　おそらくカインの直面した不条理、そしてヨブの理不尽な苦しみをモチーフとしていると思われ、舞台で演じられ、映画にもなったピーター・シ

ェーファー作『アマデウス』に描かれた主人公サリエリが採った生き方も
これに重なってきます。稀代の天才ヴォルフガング・アマデウス・モー
ツァルトの死をめぐる謎にヒントを得たフィクション劇です。同時代にモー
ツァルトよりもはるかに名声高く、音楽界で活躍をした宮廷作曲家の嫉妬
による暗殺説をドラマチックに描いた大作ですが、そのテーマは不条理に
翻弄される人間の姿です。神の寵児という意味の「アマデウス」の名のと
おり、天の音色を奏でる天賦の才に恵まれ天衣無縫に奔放に生きるモー
ツァルト、一方、生涯を神に捧げる誓いを立てて禁欲と誠実と努力を貫き王
に召し抱えられて着実に地位と名声を手に入れたサリエリ。しかしサリエ
リはモーツァルトとの出会いをとおして、神の暴虐に近い仕打ちに打ちの
めされるのです。神は本物を聞き分ける能力を与えておきながらも、本物
を創作する力を賜らなかった。次第に失意は怒りへ、絶望は殺意へと転じ
てゆきます。彼は神に対峙しますが、それは祈りではなく、呪いとなって
います。その際の言葉を引用します。

「あなたは神に —— あなたに仕えたいと願う敬虔な情熱を、並の人間以
上に私に与え、しかもその為の天職として音楽を私に与えておきながら、
そのわたしの仕事たるやおよそ聞くに耐えない恥ずべきものにした。グラー
ツィエ！　またあなたは、あなたを賛美したいと思う欲望を、大抵の人
間の思いも及ばない程私に与えておきながら、その私を口のきけない啞に
した。グラーツィエ　タンティ！　そしてあなたは、ほとんどの人間たち
が決して理解できない崇高な唯一無二の存在を私に認識させておきながら、
その私自身は永久に二流の人間であることを思い知らせてくれた。（声に
力がはいってくる）何故……？　わたしにどんなあやまちがあったという
のだ……？（中略）（声高に）私がどんなに一生懸命働き、努力してきたか
御存知だろう！　それも全て最終的にあなたの声を聞きたかったからだ？
私にこの世を理解させてくれる唯一のもの、芸術を通してのあなたの声を
聞きたかったのだ！　そして今私ははっきりと聞いた —— あなたのたっ
た一言、一人の人間の名前を告げただけだ —— モーツァルト……！　あ
の意地の悪い、だらしなく笑う、思い上がった、小僧っ子のモーツァルト
—— ！（中略）そのモーツァルトをあなたはあなたの唯一の代理人として

選んだのだ！」

　　　（ピーター・シェーファー、江守徹訳『アマデウス』劇書房、1982 年、p.86）

　そして、ついに神の寵児、アマデウス、モーツァルト暗殺を企てる、という筋書きです。怒りにたぎって神との格闘を放棄して復讐へとひた走る人間の姿がカインと二重写しになってきます。

　「ティムシェル」「必ずやあなたはそれを治め（御し、制し）うるはず」という招きが、カインの葛藤をヨブの格闘に変え、宿命を呪うサリエリの憎しみを、運命に抗う和解の兆しへと向かわせるのです。そこにこそ真実の祈りが生まれるのです。

　「祈りは神との格闘である」、と『祈りのこころ』を著したピーター・テイラー・フォーサイスは語ります。「わたしたちが神のみこころに反抗することが、みこころであるかもしれない」、「祈りは実際、神のみこころを変えるかもしれない」、あるいは「祈りは、神のみこころに抵抗する形をとるかもしれない」（大宮溥訳、一麦出版社、2008 年）、そういう格闘の祈りの世界があるのです。聖書が招く祈りは粘り強さと「しつこさ」をもってなされる、というのは本当にそうだと思わされます。執拗なまでに食らいつくような、食ってかかるような、神様の胸倉をつかんで食い下がって問う詩編、そしてヨブの祈りへと、カインも、サリエリも、放蕩息子も、迷い出たストレイシープなるカインの末裔なる私たちをも、聖書は招いているのです。

3 世界と人間

1──約束の虹（ノアの洪水）

　創世記 6–9 章にある、ノアの洪水の物語は、世界と人間の存立の確かさがどこにあるのかを、崩壊のただ中で語る天地創造の物語とダイナミッ

クに、かつ実に繊細に結び合わせて語っています。創世記1章をいま一度、紐解いてみます。2日目に創造の御業の中に置かれた大水を分けて、大空の下と大空の上に水を分けられた、という場面。そして先述のように6日目に人間を創造された場面。この2つの創造の御業について、「神はそれを見て良しとされた」という一言が欠けています。光を見て良しとされ、草木をご覧になって良しとされ、太陽と月をご覧になって良しとされ、水の中を生きる魚、空を飛ぶ鳥を見て良しとされ、地上を生きる動物を見て良しとされた。けれども大水を分けられたこと、そして人間をご自身にかたどって造られたことについては、本来あるべき場所に「良しとされた」という言葉が欠落しているのです。個々の一つひとつについて繰り返し定式のように必ず言われている言葉が、大水を分けられ、空間の秩序を造られたこと、そして人を造られたことには欠けているのは、なぜかと思わされます。その問いを抱えながら、2章と3章のアダムとエバをめぐる出来事、4章のカインとアベルの出来事を読んでいくと、自ら選び取った的はずれな生き方に陥る一人ひとりに向けて「ああ、あなたはどこにいるのか」「あなたは、何ということをしたのか」と哀しみに震えながら、それでも最上の着物をまとわせ、しるしをつけて裁きながらも保護する神の姿が語られています。当初は神と人間、神と造られた世界は互いに調和しあい、神と向き合いながら生きるものとして創造されたけれども、人が選び取った道によって創造の調和は次々に破れてゆき、土は呪われ、本来人間を支えるよう造られた世界も、人の存立を脅かすものとなっていく様が語られてきました（3章14 − 19節、4章11 − 12節）。

　そして創世記6章でついに、「地上に人の悪が増し、常に悪いことばかりを心に思い計っているのを御覧になって、地上に人を造ったことを後悔し、心を痛められた」（5 − 6節）神の姿が浮き彫りにされます。人だけではなく、「ご覧になって、良しとされた」あらゆる動物も空の鳥もろとも、その管理者であった人の責任ゆえに地上から拭い去らねばならぬ決断された、と。このときの言葉遣いについて、イェルク・イェレミアスという旧

約聖書の研究者が『なぜ神は悔いるのか——旧約的神観の深層』（関根清三、丸山まつ訳、日本キリスト教団出版局、2014年）という書物で多くの古代近東の洪水物語と比較しながら、聖書の「神がどれほどの深い痛みを」持って決断をされたかを、「悔い」と並行する「心を痛められた、深く心乱された」という言葉に注目して語っています。これは神と切り離された人が味わう苦痛を神が自らのものとし、ご自身が創造した人間が、与えられた自由を、そして決定する自由を乱用し、本来は幸いへと至る可能性を秘めていた共同体をゆがめてしまったことへの、心引きちぎられんばかりの、のたうつほどの苦悩が含蓄された言葉だと語っています。

　6章11 – 12節に「この地は神の前に堕落し、不法に満ちていた。神は地を御覧になった。見よ、それは堕落し、すべて肉なる者はこの地で堕落の道を歩んでいた」とありますが、この期に及んで、とても「見て良しとされ」えなかった。地は人のゆえにすでに混沌の様相を呈していた。人の存立の確かさは、根底から覆されていた。それも人の業の数々によって、と。そのように聖書は世界をシビアに見ていることが分かるのです。そして何よりも決定的なのは、7章10節以下の洪水の始まりの場面です。「洪水が地上に起こった。……この日、大いなる深淵の源がことごとく裂け、天の窓が開かれた」これは、あの大水を分けて大空の下と上に分けられた御業が、引き裂かれるかのように上と下から大水がもんどりうって地を押しつぶし、創造された世界が混沌へと呑み込まれてゆくものとして描かれているのです。大水を分けられて「これを見て良しとされなかった」ことがここへとつながっていることに気づかされるのです。

　天地創造とノアの洪水、創造の秩序と崩壊。それは遠い神話の世界にとどまりません。スコット・ヘイフマンが『3.11以後の世界と聖書』（福嶋裕子、大宮謙、左近豊、スコット・ヘイフマン編著、日本キリスト教団出版局、2016年）の中で、この箇所を東日本大震災後、どのように読むかに真摯に挑んだ文章を寄せています。その中で、「神に従うものとして創造された人間が、今ではその創造主に逆らい、人間に仕えるべく造られた天地の秩

序は今や人に抗うものとなっている」。命の泉として地を潤し、人に命を
もたらすはずのものが、今や死をもたらす大水となって、世界は「脱 - 創
造（de-creation）」の様相を呈したものとなった、と。そのような聖書の視
点から見ると、「自然」災害というものはない。すべての災害は言うなれ
ば「不自然」であり、「神の本来の当初の世界設計とは相いれないもの」
なのだ、と。人は今や「不自然」な世界のただ中に生きるものとされてい
るという観方が聖書にはある、と。人間を、そして世界を襲う悲劇と悲惨
は、その犠牲になった人たちが他と比べて特段悪い罪人であったからなど
ではなく、そのほかの人たちが犠牲となった人たちよりマシということで
もない、どこに居ようと、すべての人たちが、いつでも共に、平等に、同
じく崩壊した世界に身を置いているのであって、ある場所での突然の常な
らぬ苦しみと特に恐ろしい悪というものは、ある種の転倒した世の中のど
こにでも起こりうるものであることを聖書は思い起こさせるのだと述べて
います（第 2 章：創造から新しい創造へ）。

　聖書は、個人の魂に関わる事柄を、壮大な宇宙大のダイナミックな救い
と結びつけて語るのです。大いなる世界の崩壊の後、すべてが浄化されて
そこにユートピアが出現したかといえば、そうではありません。洪水の後
にも人は相も変わらず「心に思うことは、幼い時から悪い」（8 章 21 節）。
そのことは変わらないことを冷静に見据える。けれども二度と肉なる者が
ことごとく滅ぼされることがないための契約を立てることが語られるので
す。それは人相手だけでなく「あなたたち［人間］と共にいるすべての生
き物」とも、また大地と、地上のすべての肉なるものとの間に立てる契約
だ、と（9 章 10 節）。地の上に雲が沸き起こってその中に虹が現れるたび
に、その契約のしるしを神は見て、心にとめると（9 章 16 節）。人が相も
変わらず的をはずし続け、悪をもって世界をゆがめ、罪の縄目に留まりつ
づけ、どうしても「それを見て良しとすること」ができないものであるに
もかかわらず、虹を見て、そのたびに心にとめて、不自然極まりない崩れ
ゆく世界のただ中に身を置くすべての肉なるものを滅びから贖い出す救い

を新たに御心<ruby>御心<rt>みこころ</rt></ruby>に定められたことを新約聖書へと読み進む中に私たちは一層
鮮明に知らされることになるのです。

2──言葉の危機と回復（バベルの塔）

　旧約聖書で「原初史」と呼ばれる創世記1章から11章の最後に置かれ
ているのが「バベルの塔」の物語です。(図版⑦「バベルの塔」)

　この物語も、ある崩壊の危機をテーマに語り出されています。特に人間
の言葉の危機と言えるでしょう。存在の確かさの揺らぎの中で聞かれた創
世記1章は、バビロン捕囚によって故郷を追われ、徹底的な破壊によって
もたらされた崩壊が人々の魂にまで及び、存在の基盤が蝕まれる中で、喪
失の極みに絶望していた人たちに語りかけられた言葉であったことに触れ
ました。この11章に出てくる「バベル」とは、そのバビロンのことと考
えられます。バベルの塔の原型ともいわれる古代メソポタミアの巨大建造
物（ジグラット）が今も残っていますが、バビロンに連行された人々は、
バビロンの繁栄とともに、天に向かってそびえ立つ造営技術の粋を集めた
塔が象徴する圧倒的な力の前に打ちのめされながら、異質なる文化に身を
置くことを余儀なくされ、異教の習慣に囲まれ、異郷で通じない言葉を抱
きしめながら、この物語を聞いたことでしょう。

　今でいうグローバリゼーションの波が新バビロニア帝国によって、古代
オリエント世界（現在のイラク、イラン、シリア、ヨルダン、パレスチナ、イ
スラエルなどを含む広大な文化圏）を席巻して、各地から王侯貴族やエンジ
ニア、労働力としての若者などがバビロンの繁栄に寄与するものとして強
制連行されてきました。新バビロニア帝国にとどまらず、いつの時代にあ
っても、強大な軍事力と経済力を有する帝国は、領土や交易だけでなく、
文化や価値観をも支配してゆき、次第に人々の魂にまで食い込んで、理想
や理念、美徳や規範まで染め上げてゆくことがあります。必ずしも強制さ
れなくても、魅惑的な宣伝や魅力的なイメージに進んで自らを同化させて
ゆくこともあるでしょう。西欧の文化や慣習、宗教や歴史、技術や思考が

図版⑦ 「バベルの塔」（ピーテル・ブリューゲル、1563 年）

近代以降の世界に帝国主義の名で与えてきた影響はいまだに根深く残って
います。均一化され、画一化されたスタンダードによって、機能的かつ合
理的、スピーディーかつ効果的に事が運ぶことは確かです。ただ、そのよ
うな一色に染め上げていく力から発せられる言葉の陰にあって沈黙を強い
られた軋みや嘆きに耳を澄ませ、立ち止まって真に聴くべき言葉に耳を傾
け、思索を深めることへと、この「バベルの塔」の物語は読み手を招くの
です。

　創世記１章で、人が創造された後になされた祝福の言葉がありました。
「地に満ちよ」と。そして「ノアの洪水」の後に、あらためて祝福の内に
人は群がり、広がり、散って行ったことが創世記 10 章には記されていま
す。「散る」というのは、分散され、力がそがれ、バラバラになってゆく
ような、あまり良い印象ではないかもしれませんが、他方で、うれしいこ
と、喜ばしいことが鐘の音のように周囲に伝播していくように、祝福を携
えた人々が、四方八方へと散って行って喜びをあちこちで多様な仕方で奏

で、豊かな彩りをもって描き出されるイメージもあるのです。

　ただ「バベルの塔」の物語で、人々は、むしろ多様性や彩りの豊かさよりも、同質的で、単色な世界を志向して「全地に散らされることのないように」、むしろ一極集中のシンボルである天まで届く塔を建てて、効率の良いコミュニケーションを土台にして、言語も価値観も思想も同質的な町で、異質性や多様性を極力排除した単調な社会を形成することを目指したと言えます。しばしば独裁国家や全体主義、ファシズムに見られる世界観と重なるかもしれません。異質なる他者と出会い、互いを尊重して発せられる言葉に耳を傾け、対話しながら関係を深めてゆくものとして人間は造られたという聖書の人間観に対して、一方的に同質性を重んじる言葉に他方は黙して自らを合わせて同調することを迫る関係、そこにある言葉の危機に「バベルの塔」の物語は語りかけるのです。

　誤った言葉を許容する社会は、他者の声に耳をふさぎ、聴くことに鈍くなり、モノローグ（独り言）に陶酔し、本来の人間と社会と世界のあり方の崩壊が加速し、異色で異質な他者の言葉、ひいては絶対他者である神の言葉さえも排除することとなるのを、この後の歴史にたびたび刻まれることになるのを聖書は冷静に見据えています。モノロジカルな繰り言が作り上げる排他的な言語世界がいったん「混乱」させられ、「聞き分けられない」ように壊されることで、いま一度本来の天地創造の言葉、出来事を新しく生起させ、存在しないものを存在へと呼び出し、絶望に希望を、滅びに命の道を通す言葉の回復を待ちながら「バベルの塔」の物語は閉じられるのです。その回復は、新約聖書でペンテコステの出来事の中に起こるのです（使徒言行録2章）。散らされた全地のさまざまな言葉で、ひとつの大いなる豊かな救いの出来事を聞くことになる。そして聞いたものは、それぞれに聞いた彩り豊かな喜びと祝福と福音の言葉を携えて、世界に向けて勇んで散り広がり、全地に満ちる言葉を証しするものとされたのだ、と。

──神の民・イスラエルの歴史──

4│アブラハムと信仰の世界

はじめに

　大まかに言いますと、創世記 12 章から、旧約聖書の主人公となるイスラエル民族の歴史が始まります。しかし、「歴史」と言っても、それは現在使われている意味での歴史とは少し異なります。というのも、それは事実に基づく記述ですが、同時にそこにはイスラエル民族の信仰の目から見た解釈が加わっているからです。すなわち、「事実＋信仰的解釈」がここで展開されている歴史であると言えます。しかし、信仰的解釈が加わっているということは、この歴史記述に虚偽が含まれているということではありません。むしろ、そのことによってイスラエル民族が経験した事柄の本質が深められ、その根源的な意味が明らかにされていると考えるべきです。

1──アブラハムの旅立ち

　創世記 11 章 27 節から、テラの系図が記されています。このテラとは、イスラエル民族の父祖であり、また「信仰の父」とも呼ばれるアブラハムの父親の名前です。父テラは、あるとき、家族を引き連れてそれまで住んでいたカルデアの地ウルを捨て、カナンの地を目指して旅立ちました。その理由は定かではありませんが、聖書の記述の中に、ひとつ重要な言葉があります。それは、「サライ［アブラハムの妻］は不妊の女で、子どもができなかった」（創世記 11 章 30 節）という言葉です。この「不妊」という言葉は、子どもができないということだけではなく、そのこと以上に、人生の行き詰まり、絶望といったものを象徴する言葉でもあります。おそらく父テラは、サライに子どもができないということだけではなく、何らかの

理由で人生に行き詰まりと絶望を覚えたのです。そして、それを打破すべく故郷を後にしたのです。それは大きな不安と危険が伴うことでした。しかし、そうした決断なしには人生を一新することはできなかったのです。そして、この決断こそが、新しい民族の歴史を切り開くことになったのです。

　父テラは、ハランの町で、志半ばにして生涯を終えます。そしてその後、この大家族を率いることになったのが、後にアブラハムと呼ばれるアブラムでした。アブラムもまた父の志を受け継ぎ、ハランを後にする決断をします。しかしアブラムの決断は、父テラの決断と1つの点で大いに異なっていました。それは、父テラの決断が行き詰まりの打破に基づくものだとすれば、アブラムの決断は次のような神の祝福に基づく決断であったからです。

　　「あなたは生まれ故郷／父の家を離れて／わたしが示す地に行きなさい。わたしはあなたを大いなる国民にし／あなたを祝福し、あなたの名を高める／祝福の源となるように。」（同12章1-2節）

　アブラムは、この神の祝福の言葉を聞いたのです。それは、人が語りかけるように直接耳に聞こえてきたというのではないかもしれません。しかしアブラムは、それまでの人生の歩みをとおして、確かに聞き取ったのです。人生には神の祝福が先立ってあるということを。そして、それこそが信頼に値するもの、人間の本当に信頼すべきものであることを知ったのです。

　アブラムは、この神の祝福の言葉を信じ、ハランの地を旅立ちました。そして、神の約束された地であるカナン（現在のパレスチナ）に至ったのです。これ以後、この地が旧約聖書の主な舞台となりますが、この旅立ちはまた神の祝福の言葉に聞き従う歩み、つまり信仰に基づいて歩むというまったく新しい歩みの始まりでもあったのです。

　この出来事は、聖書考古学の研究の結果、紀元前1900年頃のことであ

ったと推定されています。

2──アブラハムの信仰

　神の祝福の言葉に信頼して旅立ったアブラムは、その後どのような生涯を歩んだのでしょうか。結論から言えば、それは信仰と不信仰との間を大きく揺れ動きながら、なお信仰の歩みを深めていった人生であったと言えます。というのも、人間的な一切のものを超えた神を信じるということは、同時にしばしば深い不信仰を引き起こすことにもなるからです。その意味では、信仰と不信仰とは対極にあるのではなく、いわば表裏一体の関係にあるものなのです。

　神の祝福の言葉に信頼して旅立ったアブラムも、その実際の歩みにおいては、しばしばこの不信仰に苛まれました。そして、その最大のものは、自分に語られた神の祝福の言葉に対する不信でした。神は、アブラムとその子孫とを祝福すると語られましたが、自分の妻サライは不妊の女性だったのです。そこでアブラムは大いに苦しみ、悩まなければなりませんでした。しかし、この深い不信の苦しみのどん底で、アブラムは次第に次のような神の言葉を聞くことになったのです。それは、「天を仰いで、星を数えることができるなら、数えてみるがよい」、「あなたの子孫はこのようになる」（創世記 15 章 5 節）という言葉でした。そのときアブラムは、おそらく不信に憂えるまなざしを天空へと高く向けたのではないでしょうか。そして、すべてのものを創造された神に再び信頼のまなざしを向けたのではないかと思います。そのとき、「アブラムは主［神］を信じた」（同 6 節）と聖書には記されています。アブラムは、深い不信の中から、もう一度神を信じる者として立ち上がったのです。そして、聖書は、「主［神］はそれを彼の義と認められた」（同）と語っています。「義と認められた」とは、神に対するふさわしい生き方として、神によって受け入れられたということです。ローマの信徒への手紙 4 章 17 節には、「死者に命を与え、存在していないものを呼び出して存在させる神を、アブラハム［アブラム］は信

じ」、そして「彼は希望するすべもなかったときに、なおも望みを抱いて、信じ［た］」（同4章18節）と記されています。このところは、英語（Amplified Bible）では "hope against hope" という表現が用いられています。それは、一見矛盾するような言い方ですが、それは人間の希望を超えた神の希望を語ったもので、アブラムはこの神の希望に生きることによって、信仰の歩みを全うしていったのです。ここに、アブラムが「信仰の父」と呼ばれるゆえんがあります。

　このように、アブラムは、次第に神の言葉に深く信頼する者となっていきました。そして99歳のとき、アブラムは神と特別な関係を結ぶことになったのです。それは「契約」というかたちで持たれた神と人間との特別な関係でした。それは、「わたしは全能の神である。あなたはわたしに従って歩み、全き者となりなさい」（創世記17章1節）という戒めのもとに、神がアブラムとその子孫とを祝福されるという関係でした。この契約に立ったとき、アブラムの人生は一新されたのです。そしてアブラムは、新たにアブラハム（「多くの国民の父」の意）という名を与えられ、「割礼」というしるしを身に帯びることによって、神との契約に基づく歩みを始めることになったのです。またそのとき、妻サライもサラという新しい名を与えられました。

3──イサクの誕生と奉献

　契約に基づく新しい歩みの中で、ついに神の約束が実現する時がやってきました。あるとき、3人の旅人（神の使い）がアブラハムに現れ、その内の1人が「わたしは来年の今ごろ、必ずここにまた来ますが、そのころは、あなたの妻のサラに男の子が生まれているでしょう」（創世記18章10節）と予告したのです。そして、不思議なことに、その言葉どおりサラは身ごもり、男の子を生んだのです。その子はイサク（笑い）と名づけられました。その名に、不妊の女と呼ばれたサラの大きな喜びと感謝が示されています。

　ところで、長い間その誕生が待たれて生まれてきたイサクは、その後ど
のような人生を送ったのでしょうか。不思議なことに、聖書はこのイサク
について、あまり多くのことを語ってはいません。しかし、イサクをめぐ
って語られた話の中に、「イサクの奉献」と呼ばれている大変重要な話が
あります。これは、せっかく生まれてきた一人息子のイサクを、神へのい
けにえとして捧げよと神がアブラハムに命じられたという話です。この冷
酷とも言える神の命令を聞いたとき、アブラハムは、おそらくひどく驚き、
戸惑ったのではないかと思います。しかしアブラハムは、すべての迷いと
思いを振り切って、決然としてこの命令に従ったのです。

　しかし、アブラハムが定められた場所に祭壇を築き、息子イサクをその
上に載せ、まさにイサクをほふろうとしたとき、事態は一変しました。
「その子に手を下すな。何もしてはならない」（創世記22章12節）という
神の呼びかけがあったからです。そして、その呼びかけには、次の言葉が
続いていました。「あなたが神を畏れる者であることが、今、分かったか
らだ。あなたは、自分の独り子である息子すら、わたしにささげることを
惜しまなかった」（同13節）。アブラハムは、自分のたった1人の息子イ
サクを捧げよとの神の命令において、神の大きな試みにあったのです。し
かし、アブラハムはその試みを、神への決然とした信頼において乗り越え
たのです。

　そのとき、アブラハムは後ろの茂みに角をとられた1匹の雄羊を見つけ、
それをイサクに代わる献げ物として神に捧げたと聖書には記されています。
そのため、この場所は後の人々から「主の山に、備えあり（ヤーウェ・イ
ルエ）」と呼ばれるようになりました。しかし、その呼び名は、アブラハ
ムが神に信頼したその思いそのものであったとも言えます。人間の思いに
先立ってすべてを備えてくださる神、その神に信頼する中にあって、アブ
ラハムは神の試みを乗り越え、神への信頼を一層深めることになったので
す。そして、それは息子イサクの信仰となって継承されていきました。ま
さに命を賭けた試練をくぐり抜けて、信仰が父から子へと力強く継承され

ていったのです。

5│出エジプト ── 民族的救済の原点

1──ヤコブとエサウ

　イサクはリベカという女性と結婚しましたが、このリベカにもなかなか子どもができませんでした。しかし、やがて双子の男児が与えられました。最初に生まれてきた兄は、赤くて全身が毛皮の衣のようであったのでエサウと名づけられ、後から生まれてきた弟は、兄のかかとをつかんでいたのでヤコブと名づけられました。しかし、この2人は、「兄は弟に仕えるだろう」という予言どおり、その立場が逆転した人生を送ることになります。

　それは、ごく些細なことから起こりました。それは、あるとき野原から疲れと空腹を覚えながら家に帰ってきた兄エサウが、そのとき弟ヤコブが作っていた煮物が欲しくなり、それと自分の長子の特権とを交換してしまったのです。しかし、それだけでは済みませんでした。父イサクが年老い、いよいよ兄エサウに長子の祝福を与える時がやってきたとき、弟のヤコブは母リベカの策略に従って、その長子の祝福を父から騙し取ってしまったのです。母親の弟に対する偏愛が正当な家督の継承を歪めてしまったわけです。（しかし、そこには兄エサウの問題もあったようです。というのも、エサウは異教の女性と結婚し、おそらくは異教を家に持ち込み、両親を深く悩ませていたからです。）

　その結果、当然のことながらエサウは激怒しました。そしてヤコブはエサウの怒りから逃れるため、身一つで母の兄ラバンのもとに逃げていかなければならなかったのです。しかし、そのとき、深い孤独と不安の中で、ヤコブは神に出会うという不思議な経験をします。それは、「見よ、わたしはあなたと共にいる。あなたがどこへ行っても、わたしはあなたを守り、必ずこの土地に連れ帰る。わたしは、あなたに約束したことを果たすまで

決して見捨てない」（創世記 28 章 15 節）という神の祝福の言葉を聞くという経験でした。そして、そう語られたのは、祖父アブラハムと父イサクに現れたのと同じ神であったのです。ヤコブは、人生の最も深い孤独の中で、この神に励まされて、未知の地での新しい生活へと入っていったのです。

　ヤコブは、伯父のもとでその後 20 年間生活し、そこで 2 人の妻と多くの子ども、そして豊かな財産を与えられることになります。しかし、20 年後、ヤコブはついに兄エサウのいるカナンの地に戻ることになったのです。それは兄エサウとの再会を意味していました。そのため、ヤコブは深い恐れと不安に捕らわれてしまうのです。カナンの地に近づくにつれて、その恐れと不安が一層深まったとき、ヤコブは再び神に出会うという不思議な経験をすることになりました。しかも、それは神の使いと組み討ちするという経験であったのです。おそらくそれは、大きな恐れと不安の中で、何とかして神の励ましと祝福を勝ち取りたいというヤコブの強い思いが現れた結果であったろうと思われます。そしてそのとき、ヤコブはその組み討ちに負けなかったばかりではなく、神の祝福を勝ち取り、さらにイスラエル（「神支配し給う」あるいは「戦い給う」「救い給う」の意）という新しい名前さえ与えられることになったのです。それは、それまでの人を押し退けて生きてきた生き方から、すべてを支配し給う神に信頼して生きるという、新しい生き方の始まりであったとも言えます。そして、このイスラエルという名が、ヤコブの 12 人の息子たちから始まる十二部族全体の名ともなりました。

2──カナンからエジプトへ：ヨセフの生涯

　ヤコブには 2 人の妻がいましたが、ヤコブが深く愛した妻ラケルからは、なかなか子どもが生まれませんでした。しかし、そのラケルから、ようやく待望の子どもヨセフが、ヤコブの 11 番目の子として生まれます。そのため、ヤコブはヨセフを溺愛しました。そのうえ、このヨセフには夢を解くという特異な能力があり、ある日自分の見た夢を解いて、将来自分の

10 人の兄たちと両親が自分に跪（ひざまず）くことになると予言したのです。その
ため、ヨセフは兄たちの怒りを買い、結局エジプトに奴隷として売られて
しまい、そこで 17 年間、不遇な生活を強いられることになります。しか
し、やがて再び夢を解くというその特異な能力を発揮し、今度はその不遇
な生活から一躍エジプトの宰相の地位に上り詰めることになります。それ
は、エジプトの知者の誰一人も解くことができなかったエジプト王ファラ
オの見た夢を、ヨセフが見事に解き明かしたからです。その夢とは、将来
起ころうとしていた 7 年間の大豊作とそれに続く 7 年間の大飢饉（ききん）を告げる
ものでした。この夢を解き明かしたヨセフは、ファラオの深い信任を得、
何と将来の飢饉に備えて、エジプトの宰相に抜擢（ばってき）されたのです。宰相とな
ったヨセフは、7 年間の大豊作の間にできる限り多くの穀物を蓄えさせ、
その後大飢饉が襲ってきたとき、エジプトはもちろんのこと、近隣諸国の
飢餓をも救いました。

　ところで、このとき、まったく予期しないことが起こりました。ヨセフ
をエジプトに奴隷として売り飛ばした兄たちが、食料を求めてカナンの地
からエジプトのヨセフのところにやってきたのです。兄たちは、それがヨ
セフであるとは分かりませんでした。しかし、目の前にいるのが自分の兄
たちだと分かったヨセフは、感極まって自分が弟のヨセフであることを告
げるのです。当然、兄たちは驚き、そして恐れました。しかしそのとき、
ヨセフは兄たちにこう語ったのです。「今は、わたしをここへ売ったこと
を悔やんだり、責め合ったりする必要はありません。命を救うために、神
がわたしをあなたたちより先にお遣わしになったのです」（創世記 45 章 5
節）。ヨセフは、それまでの人生をとおして、人間の営みがどれほど混乱
に満ちたものであるとしても、その中に神の導きの御手（みて）があることを教え
られたのです。そして、その神に対する畏れと感謝の中で、兄たちを心か
ら赦し、そして和解することができたのです。

　このことを機に、父ヤコブもエジプトに下り、それ以後イスラエルの民
は 400 年以上にわたってエジプトの地で生活することになります。

3──モーセと出エジプト

　エジプトでのイスラエルの民の生活は、はじめはヨセフの力で恵まれた
ものでした。しかし、ヨセフを知らないファラオが現れてくるにつれ、イ
スラエルの民は次第に疎んじられ、400年ほどエジプトに滞在する間に、
奴隷の状態に置かれてしまいました。そのため、イスラエルの人々の間か
ら、次第に解放を求める叫び声が上がり始めます。そして、その叫びに応
えて神がイスラエルの民を解放すべく立てられたのが、「神の人」とも呼
ばれたモーセという人物でした。

　モーセが生まれた頃、エジプト王ファラオはイスラエルの民が増大する
ことを恐れ、生まれた男児をすべて殺害するよう命じていました。そこで
モーセの母は、生まれて間もないモーセを葦で作った籠に乗せ、ナイル川
に流し、子どもの運命を神に託さざるをえませんでした。しかし、それは
偶然にもファラオの娘の目に留まるところとなり、モーセは奇しくもファ
ラオの宮殿で育てられることになったのです。しかもそのとき、その乳母
として雇われたのは、モーセの実の母でした。しかし、成長して青年とな
ったとき、モーセは自分がイスラエル人であることを知ります。そして、
エジプトにいるイスラエルの民の深いうめき声を聞き、その解放を思い立
ちます。しかしモーセは、間もなく1人のイスラエル人を救おうとしてエ
ジプト人を1人殺してしまい、そのため遠くの地に身を隠さなければなら
なくなります。この逃亡生活の時期、モーセは愛する家族を与えられ、恵
まれた生活を送りますが、エジプトにいるイスラエルの民のことは片時も
忘れることはありませんでした。そして、解放を思い立ってから40年後、
モーセ80歳のとき、イスラエルの民を解放せよとの神の召しを聞くこと
になったのです。

　しかし、そのときモーセは、責任の重さにしばし尻込みしてしまいます。
それは、「わたしは何者でしょう」と神に問いかけるほどでした。それに
対して神は、「わたしは必ずあなたと共にいる」と語られ、モーセを励ま

されると同時に、そのときはじめて、「わたしはある。わたしはあるという者だ」、また、「あなたたちの先祖の神、アブラハムの神、イサクの神、ヤコブの神である」（出エジプト記3章14-15節）と語られ、ご自身のことを示されたのです。そこでモーセは、この神に支えられ、またアロンという弁の立つ兄弟の手助けを得て、イスラエルの民を解放するために、エジプト土ファラオと対決することになったのです。

　しかし、解放までの道のりは、並大抵のものではありませんでした。モーセとアロンは、繰り返しファラオのところに出向いて、イスラエルの民を解放するよう説得し、またその度ごとに神の奇跡をもってファラオの心を翻させようとしました。しかし、ファラオの心は逆にますますかたくなになっていったのです。そこで神は、ついにひとつの決断をされることになります。それは、人間から家畜に至るまで、エジプトにいるすべてのういご（母の胎をはじめて開いたもの）を殺害するというものでした。しかし神は、イスラエルの民に、その神の怒りから逃れるひとつの方法を示されます。それは、定められた日に、家ごとに小羊をほふり、その血を家の入り口の2本の柱とかもいに塗り、その肉はその夜のうちに焼いて、酵母を入れないパンと苦菜を添えて食べるというものでした。家の入り口に塗られた血は、神の怒りを過ぎ越させるためのもの（後に、このことを記念して、毎年「過越の祭り」が守られるようになります）、そしてその食事は急いでエジプトの地を脱出するためのものでした。そこでイスラエルの民は、定められた日に、ことごとくこの命に服したのです。その晩、エジプト人とその家畜とのういごはことごとく神の怒りに触れ、その命を奪われてしまいます。そして、ファラオの一人息子もその例外ではありませんでした。我が子を失ったファラオは、その悲しみの中で、ようやくイスラエルの民を去らせることを決断したのです。

　そこでモーセは、ついにイスラエルの民を引き連れ、エジプトの地を出立し、神の約束の地カナンを目指して旅立つことになります。そして、その旅路の間中、昼は雲の柱が、そして夜は火の柱が、イスラエルの民を導

いたと聖書には記されています。

　しかし、いったんはイスラエルの民にエジプトを去ることを認めたファラオでしたが、激しい怒りと憎しみに駆られ、その思いは再びかたくなになってしまいます。そして、イスラエルの民を滅ぼすべく、強力な軍隊を率いてイスラエルの民を追撃することになったのです。それはちょうど、イスラエルの民が紅海にさしかかったときでした。そのためイスラエルの民は、前は海に遮られ、後ろからはエジプト軍が迫ってくるという絶体絶命の危機に立たされることになったのです。しかし、そのとき、神はモーセに命じてつえを上げさせ、それを海の上に差し伸べさせると、前方を塞いでいた海が真っ二つに分かれ、イスラエルの民はそこを通って対岸に渡ることができたと聖書には記されています。しかし、その後を追って海に入ったエジプト軍は、元に戻った海水に飲み込まれ、全滅してしまったのです。

　このようにして、神は「強い腕」をもってイスラエルの民をエジプトの地から導き出されたのです。この出来事は、後に「出エジプト」と呼ばれるようになり、民族的救済の原点として、イスラエルの人々の記憶に深く刻み込まれることになりました。この出来事は、紀元前1250年頃のことであったと推定されています。

6 律法と契約──荒野の生活と十戒

1──民の不平

　奴隷の地エジプトを脱出したイスラエルの民でしたが、その喜びは、荒野での過酷な生活の中で、次第に消え失せていきました。約束の地カナンまでは広大な荒野が広がっていました。イスラエルの民の数は、成人男子だけでも60万人いたと聖書には記されていますので、全体の数はその倍はあったと思われます。それに加え、多くの家畜がいました。それに反し、

食料も水も乏しい生活が続いたのです。そこで人々は、次第に不平をつぶやき始めました。しかし神は、そうした民の求めに具体的な恵みをもって応えられたのです。日々の食料としては、毎朝マナが与えられました。それは、一般にはタマリスクの樹液を摂取するカイガラ虫の分泌物からできたものだと考えられています。また、ときには、うずらの大群が飛んできて、その肉を食べることができました。水がなくなったときには、モーセがそのつえで岩を叩き、水を出したと聖書には記されています。そのように、神は絶えず具体的な恵みをもってイスラエルの民を支えられたのです。

　しかし、イスラエルの民の不平は、なかなか根絶しませんでした。そこで、繰り返し湧き上がってくる不平に対し、神はついに厳しい態度をもって臨むことになったのです。それは、不平不満をつぶやく者たちを、猛毒を持つ蛇に嚙み殺させるというものでした。そこで人々は、慌てふためき、モーセに助けを求めたのです。そのとき、神がモーセに命じられたことは、青銅の蛇を作ってそれを高く掲げさせ、蛇に嚙まれた者たちがそれを仰ぎ見て傷が癒やされ、救われるようにさせるということでした。そのようにして神は、不平不満の中にいる者たちを、すべての者を養われる神ご自身へと目を上げさせ、その不平不満の中から引き出されようとされたのです。それは、後々のイエス・キリストの十字架の出来事を先取りするような、象徴的な出来事でした。

2──十戒（律法）とシナイ契約

　イスラエルの民は、エジプトの地を出立してから3カ月後、シナイ半島の先端に位置するシナイ山の麓に到着します。そして、ここで、自分たちの将来を決定する重要な出来事に遭遇することになります。それは、モーセをとおして、その後のイスラエルの歩みを導くことになる「十戒」が与えられることになったからです。このとき、モーセは山頂に登るようにとの神の招きを受け、シナイ山に登ります。そして、そこで、神から十の戒めの記された石板を授かったのです。そこには、「わたしは主、あなたの

神、あなたをエジプトの国、奴隷の家から導き出した神である」との前置きに続き、以下の十の戒めが記されていました。

〈十戒〉

第一戒　あなたには、わたしをおいてほかに神があってはならない。

第二戒　あなたはいかなる像も造ってはならない。

第三戒　あなたの神、主の名をみだりに唱えてはならない。

第四戒　安息日を心に留め、これを聖別せよ。

第五戒　あなたの父母を敬え。

第六戒　殺してはならない。

第七戒　姦淫してはならない。

第八戒　盗んではならない。

第九戒　隣人に関して偽証してはならない。

第十戒　隣人の家を欲してはならない。隣人の妻、男女の奴隷、牛、ろばなど隣人のものを一切欲してはならない。

（出エジプト記 20 章／申命記 5 章）

＊以上はプロテスタント教会（ルター派を除く）の数え方です。ユダヤ教とカトリック教会（とルター派）はそれぞれ別の数え方をします。

　一般に第一戒から第五戒までの前半は神に関する戒め、そして第六戒以下の後半は人間に関する戒めであると言われています（第五戒の「あなたの父母を敬え」とは、〈地上において神を代表する〉（左近淑『左近淑著作集第 5 巻　講演とエッセイ』教文館、1993 年、pp. 58 - 59）父と母を敬いなさいということで、基本的には神に関する戒めと考えられています）。イスラエルの民は、この十戒に基づいて、神と契約（「シナイ契約」）を結びます。すなわち、イスラエルの民は、「わたしたちは主の仰せられた言葉を皆、行います」と言って神と契約を結び、神の祝福に与る「神の民」となったのです。そして、この十戒に基づいて、さらに生活上の細かいさまざまな法律（「律法」）が作られていきました。そしてこの律法は、イスラエル宗教

の重要な柱のひとつとなっていったのです。

　ところで、このシナイ契約は、十戒の前書きにも見られるように、イスラエルを奴隷の地であるエジプトから救い出された神（＝ヤハウェ）の恵みに対する応答として結ばれたもので、その意味ではこの契約においては神の恵みが先行しています。そのため、この契約は必ずしも対等な当事者の間で結ばれたものとは言えません。しかし、それはまた、律法遵守の義務が伴うという点で、一方的な神の恩恵に基づく無条件の契約（たとえば、ノアの契約、アブラハムの契約）とも異なっています。そのため、この時からかなりの時代を経た後、イスラエルが徐々に滅亡していく時期を迎えたとき、その原因はイスラエルの民の契約不履行にあると考えられるようになり、契約に対するイスラエルの責任が問われることになりました。またそれとともに、次第にこの契約に代わって「新しい契約」（エレミヤ書31章31節）が結ばれなければならないという考え方が生じていきました。そのような歴史を経て、新約聖書では、イエス・キリストの十字架における贖いの出来事をこの「新しい契約」として受け止め、それに先立つ律法に基づく契約を「旧い契約」として捉えることになったのです。そして、ここから、「旧約（聖書）」、「新約（聖書）」という呼び方が生まれることになりました。

3──荒野の40年

　イスラエルの民は、シナイ山で十戒を授けられた後、約束の地カナンを目指して旅を続けました。そして、ついにそのすぐ近くにまで迫ります。しかし、カナンの地には先住者がおり、そこに入るためには戦いが避けられませんでした。そこでモーセは、斥候を派遣して様子を探らせます。ところが、戻ってきた斥候たちの意見は真っ二つに分かれてしまいました。一方は、カナンの先住者は大変強力で、到底勝ち目はないと報告しました。もう一方は、神に信頼して一致団結して臨めば、勝利を得ることができると報告しました。この2つの意見を聞いて、イスラエルの民は、前者の言

葉に捕らわれて怖気づいてしまい、ついにはエジプトに引き返すべきだとすら言い出す始末でした。後者の意見を主張したヌンの子ヨシュアとエフネの子カレブを石で撃ち殺そうとすらしたのです。しかし、それは神の怒りに触れるところとなりました。出エジプトという大きな救いを経験し、神の偉大な力を見たにもかかわらず、イスラエルの民は神への信頼を忘れ、いたずらに怖気づいてしまったからです。そこで神は、この不信の民を罰するため、神に信頼しなかった者たちを約束の地に入れることを拒否されたのです。その結果、イスラエルの民は、普通だったら歩いて30日ほどで行けるエジプトからカナンに至る荒野を、それから約40年間さまようことになったのです。その年数は、不信の世代が完全に滅亡する時間を意味していました。そのようにして、神は神を信頼する新しい世代が成長してくるまで、イスラエルの民を荒野に留め置かれたのです。

しかしこの間、イスラエルの十二部族は、宗教を基盤として次第に1つにまとまっていき、将来のイスラエル王国の基盤を築くことになりました。

7 預言者とメシア思想

1——イスラエル王国の成立と預言者

荒野を40年間さまよった後、イスラエルの民は、モーセに代わって指導者となったヨシュアに導かれてカナンの地に侵入し、次第にそこに定着していきました。そして、その後しばらくの間、「士師」と呼ばれる人たちによって治められることになりました。この士師とは、「さばきづかさ」（英語では"judge"）とも呼ばれ、必要に応じてその都度立てられた指導者たちのことで、平時は主として裁判を司り、戦時には指揮官として活躍しました。士師には大士師と呼ばれる人たちと小士師と呼ばれる人たちがいますが、大士師の中には、たとえばギデオン、あるいはサムソンといった勇士たちが名を連ねています。

　しかし、イスラエルの中には、次第に周りの列強にならって王制を採るべきだという声が上がってきます。というのも、当時イスラエルは、王制を採り強力な軍隊を持つペリシテ人に悩まされていたからです。ただし、イスラエルの中には、王制に反対する声が根強くありました。というのも、イスラエルでは、伝統的に神こそが王であるとする考えがあったからです。そのような中で、イスラエルの長老たちは、時の祭司サムエルのところにやってきて、ぜひ自分たちにも王を立ててほしいと懇願したのです。そこでサムエルは、神の導きを求めました。その結果、サムエルは王制を採ることを承諾します。ただし、それは独特な形態を取ることになりました。それは神と王と預言者から成るものでした。すなわち、王は何よりも真実の王である神ご自身によって選ばれ、神の御心を行なう者として立てられることになりました。そして、同時に、王が真実に神に従って歩むように、預言者が立てられたのです。預言者は必要に応じて王に助言し、またその歩みに誤りがあればそれを叱責する役割を担いました。歴史的に見ると、預言者と呼ばれた人たちは、神の御心を伝える者として、それ以前から存在し、またいろいろな名で呼ばれていましたが、特に王制の成立以後は、イスラエルの歴史にとって重要な役割を担う存在となったのです。具体的には、祭司サムエルが、王制の成立とともに預言者としても立てられました。そして、預言者でもある祭司サムエルが、神によって最初の王に選ばれたサウルに油を注いで、サウルを王としたのです。それは、紀元前1020年のことと考えられています。

　この、油を注ぐということは聖別することを意味し、王、祭司、預言者といった重要な地位に就く人たちが、その就任に際し、油を注がれました。そして、この聖別を受けた人たちのことを「メシア」（「油注がれた者」の意）と呼びました。しかしこの言葉は、時代を経るにつれて次第に「救世主」、「救い主」という特別の意味を持つようになり、それがギリシア語に翻訳されたとき、「キリスト」という言葉が用いられたのです。このキリスト（クリストース）というギリシア語も、語義的にはもともとは〈油っ

ぽいもの〉といった意味しかありませんでしたが、それが「救世主」という特別の意味を持つ言葉として用いられるようになったのです。

2──王国の盛衰と預言者たちの活躍

　最初の王として神に選ばれたのは、サウルという人でした。サウルは、はじめ神に従って善政を行ないましたが、やがて神の戒めに背き、神から退けられてしまいます。なぜなら、窮地に立たされたとき、神に信頼することを忘れ、占い師のところに走ってしまったからです。そこで、このサウルに代わって、第2代の王として神によって立てられたのが、ダビデという若者でした。ダビデははじめサウル王に仕えていましたが、やがて頭角を現し、人々の信頼を勝ち得ていきました。しかし、そのことはサウルの妬むところとなり、ダビデは命を狙われることになります。けれども、最後には、サウルは神によって退けられ、ダビデが全イスラエルを統一して王となります。それは、ちょうど紀元前1000年のことと考えられています。

　南北を統一し、全イスラエルの王となったダビデは、エルサレムを首都に定め、内政と外交に力を入れ、その地位を不動のものにしていきました。しかし反面、ダビデの人生は波乱に満ちたものでもありました。先に触れたように、王になるに際してはサウルに命を狙われ、また晩年には息子アブサロムに命を狙われました。そしてその生涯は戦争の繰り返しであったのです。私生活においても自分の部下ウリヤの妻バト・シェバを強引に奪うといった過ちも犯しました。そのときは、預言者ナタンによって激しく叱責されています。詩編の中には、ダビデが詠んだと言われる多くの歌が残されていますが、それはすべて嘆きと賛美の歌です。そのことは、ダビデが幾度となく経験した人生のどん底で、神に赦しと救いを求めて真剣に祈った人でもあることを物語っています。このダビデ王の時代、イスラエルはその領地を最大に拡張し、経済的にも文化的にも大いに栄えました。そして、その次のソロモン王の時代とともに、イスラエル王国の黄金時代

を築いたのです。

　ダビデの後を継いだのは、バト・シェバとの間に生まれたソロモンでした。このソロモン王のときも、イスラエルは大いに栄えました。特にソロモンは知者として名を馳せました。聖書の中には、ソロモンの知恵と呼ばれるものが多く残されています。またこのソロモン王の時代、イスラエル宗教の中心となる神殿が完成しました。これはダビデ王が計画したものですが、それをソロモンが実現させたのです。これ以降、神殿を中心とし、祭儀と律法を柱とする宗教形態が成立します。しかし、栄華を極めたダビデ・ソロモン時代でしたが、ソロモンが死ぬと、王国は南北に分裂してしまいます。それは、紀元前922年のことでした。そして、それ以後、王国は二度と統一されることはありませんでした。

　分裂後、北王国はイスラエルと呼ばれ、南王国はユダと呼ばれました。そして、一時期を除いて、それぞれの国とも次第に周囲の列強に脅かされ、衰退していきます。そして、北王国は紀元前722年にアッシリア帝国によって滅ぼされ、南王国ユダは紀元前587年にバビロニア帝国によって滅ぼされてしまいます（このとき、南王国の上層階級は捕虜として首都バビロンに連れて行かれました）。そして、それ以後、一時期独立を勝ち取ることもありましたが、基本的には20世紀半ばまで、後にユダヤ人と呼ばれるようになるイスラエルの人たちは、国を失ったままで存在し続けることになったのです。

　ところで、北王国と南王国の歩みは、大きく言えば、衰退と滅亡へと向かう歩みでしたが、その困難な歴史の中で活躍したのが、預言者たちでした。北王国では、紀元前9世紀にエリヤとエリシャという2人の預言者が出現しましたが、特に紀元前8世紀以降現れた預言者たちは、聖書にその名を冠した書物を残した人たちで、一般に「記述預言者」と呼ばれています。その最初の人は、アモスという預言者です。アモスは北王国にあって、紀元前8世紀頃活躍しますが、特に公平と正義を訴えた預言者でした。また同じ頃、南王国で活躍した預言者にイザヤという人がいます。イザヤは、

エレミヤ、エゼキエルといった預言者たちとともに、大きな書物を残していますが、このイザヤは、その名を冠した書物である『イザヤ書』（全66章）の39章まで関わった人で（ちなみに、40章から55章までを「第二イザヤ」と呼び、それ以降を「第三イザヤ」と呼んでいます）、アモスと同じように公平と正義を語る一方で、以下で扱うような「メシア思想」、あるいは「残りの者」といった重要な思想を語った預言者でもあります。

　これ以外にも、多くの預言者たちが出現しました。聖書には大小16の預言書が残されていますが、その多くがイスラエルの民の神への背信を非難し、神へと立ち返るべきことを繰り返し訴えています。なぜなら、そこにこそ、イスラエルの衰退と滅亡の根源的要因があったことを、預言者たちは見ていたからです。

3——メシア思想：「苦難の僕」

　記述預言者たちが活躍した時期は、紀元前8世紀から6世紀にかけてですが、この時期は世界史的に見ても、大きな精神的高まりを見た時期です。中国では孔子や老子といった偉大な思想家が出現し、インドではブッダが現れました。またギリシアでもホメロスをはじめとする偉大な思想家たちが出現しました。哲学者のK.ヤスパースは、こうした人類史における類まれな時期を「枢軸時代」と呼んでいます。そして、そのような全人類の精神的高揚の一端を担ったのが、旧約の預言者たちであったのです。

　キリスト教との関連から見るとき、預言者たちの思想の中で最も重要なものは、何といっても「メシア思想」です。というのも、このメシア思想があってはじめて、イエスという人物はキリスト（メシア＝「救い主」）として受け止められ、歴史に決定的な足跡を残すことになったからです。このメシア思想は、預言書や詩編などに広く見られますが、何よりもイザヤ書の中にまとまったかたちで見ることができます。たとえば、イザヤ書の9章では、「闇の中を歩む民は、大いなる光を見／死の陰の地に住む者の上に、光が輝いた」と、救済の出来事が語り出されています。そして、そ

れは、「彼らの負う軛、肩を打つ杖、虐げる者の鞭を／あなたはミディア
ンの日のように／折ってくださった」と語られているように、神ご自身に
よって実現される救いでした。その具体的内容は、以下の文章に示されて
いるように、1人の子どもが誕生し、その人物をとおしてもたらされる公
平と正義の社会として描かれています。

> 「ひとりのみどりごがわたしたちのために生まれた。ひとりの男の
> 子がわたしたちに与えられた。権威が彼の肩にある。その名は、『驚
> くべき指導者、力ある神／永遠の父、平和の君』と唱えられる。ダビ
> デの王座とその王国に権威は増し／平和は絶えることがない。王国は
> 正義と恵みの業によって／今もそしてとこしえに、立てられ支えられ
> る。」（イザヤ書9章5-6節）

この「みどりご」とは、具体的には1人の王子の誕生を語ったもので、
そこからも明らかなように、メシアはダビデ家から出ると考えられました。
そして、将来、「正義」（ミシュパート）と「恵みの業」（ツェダーカー）を
もって支配し、もはや戦争も争いもない「平和」（シャローム）な社会を実
現すると考えられたのです。それは、時代を下って、イエス・キリストの
時代になると、当時のユダヤ地方を支配していたローマ帝国からの独立を
もたらし、この理念を実現する者と考えられるようになっていました。こ
うした、いわば「政治的」メシア像が旧約聖書においては一般的であった
と言えます。

しかし、旧約聖書には、もう1つのメシア像が見られます。それは、一
般に「苦難の僕」と呼ばれているメシア像です。それは、イザヤ書53章
に典型的に記されているもので、以下の文章に示されているように、それ
は人々の負債を自ら負って、人々に救いをもたらす人物として描かれてい
ます。

> 「見るべき面影はなく／輝かしい風格も、好ましい容姿もない。彼

は軽蔑され、人々に見捨てられ／多くの痛みを負い、病を知っている。彼はわたしたちに顔を隠し／わたしたちは彼を軽蔑し、無視していた。彼が担ったのはわたしたちの病／彼が負ったのはわたしたちの痛みであったのに／わたしたちは思っていた／神の手にかかり、打たれたから／彼は苦しんでいるのだ、と。彼が刺し貫かれたのは／わたしたちの背きのためであり／彼が打ち砕かれたのは／わたしたちの咎のためであった。彼の受けた懲らしめによって／わたしたちに平和が与えられ／彼の受けた傷によって、わたしたちはいやされた。」

（イザヤ書53章2‐5節）

　この文章は、「わたしたちの聞いたことを、誰が信じえようか」という言葉でもって語り出されていますが、この「苦難の僕」の姿は、人間の常識をはるかに超える内容を示しているのではないでしょうか。それは、わたしたちの常識からは生まれてこない救済観を示しています。そして、これほどまでに人間の救いを深く捉えた見方もないのではないでしょうか。確かに、「政治的」メシア像は分かりやすく、またそういう面も必要です。しかし、それだけでは本当の救いはもたらされないのです。というのも、救いを必要としている人間の状況には、その本質において「罪」の問題があるからです。そしてそれは、誰かが、人間の外から、人間の罪の現実にまで深く到来し、人間に代わってその罪の重荷を負ってくれなければ決して解決できない問題であるからです。キリスト教は、この苦難の僕の姿にイエス・キリストの姿を見たのです。そして、それは何よりも、イエス・キリスト自身が、この苦難の僕の姿に自身の歩むべき道を見たからなのです。イエス・キリストは、人々の罪を負って、人々の罪のために十字架につけられ、死に、そしてよみがえり、その罪の暗黒から人々を救い出したのです。そこに、聖書の語る真実の救いがあります。そして、聖書の語るこのイエス・キリストの救い出来事の背景には、この「苦難の僕」としてのメシア像があったのです。

8 神の民の苦難と礼拝

1──神の民の苦難：「ヨブ記」からキリストへ

　神の民イスラエル（後のユダヤ人）は、苦難の歴史を歩んだ民です。その力は弱く、絶えず周辺の国々に脅かされ、支配されてきました。第二次世界大戦時に、ドイツのヒトラーによって大量虐殺の対象とされたことは記憶されるところです。

　忠実に神に従い、信仰的な歩みをしている神の民イスラエルがどうしてこんなに苦しい目に遭うのか、この問いと真剣に取り組んで書かれたのが旧約聖書の「ヨブ記」です。ヨブは「無垢な正しい人で、神を畏れ、悪を避けて生きていた」（ヨブ記1章1節）人物です。愛に満ちた家庭と豊かな財産、多くの使用人を持ち、幸せそのものの人生を送っていました。そして家族と共に宴会を開くたびにいけにえを捧げて礼拝をしていました。「『息子たちが罪を犯し、心の中で神を呪ったかもしれない』と思ったから」（ヨブ記1章5節）です。ヨブは、本当に立派な信仰深い人として描かれています。

　ところが、サタンの仕掛けたわなにより、ある時からヨブの人生は一変して大変悲惨な人生を送ることになります。突然襲ってきた他民族の略奪や大風などによって、妻とわずかの使用人を除いて家族全員と財産のすべてを一挙に失ってしまいます。また本人自身も全身「ひどい皮膚病」にかかり、そのあまりのかゆさに全身をかきむしり、ついに本人とわからなくなるほどの醜い姿に変わり果ててしまいます。それでもはじめはこの苦難を冷静かつ信仰的に受け止めていました。

　　「わたしは裸で母の胎を出た。裸でそこに帰ろう。主は与え、主は奪う。主の御名はほめたたえられよ。」（同1章21節）

　「お前まで愚かなことを言うのか。わたしたちは、神から幸福をいただいたのだから、不幸もいただこうではないか。」（同 2 章 10 節）

　このように語って、「このような時にも、ヨブは神を非難することなく、罪を犯さなかった」（同 1 章 22 節）、「このようになっても、彼は唇をもって罪を犯すことをしなかった」（同 2 章 10 節）のです。ところがそのヨブもさすがにその苦しみに堪えかねて、やがて「わたしの生まれた日は消えうせよ」（同 3 章 3 節）、「わたしの魂は息を奪われることを願い／骨にとどまるよりも死を選ぶ」（同 7 章 15 節）と述べるようになるのです。この後、3 人の友だちと 1 人の若い知人、そして最後には神との深い信仰的議論が続くのですが、そこには私たちがすぐに納得できるような解決が与えられているわけではありません。結論は、その理由が分からないまま、苦難を神の与えた試練として雄々しく受け止めよというものでした。一般の人にはこれはなかなか納得できない答えですが、ユダヤ人たちはこの答えでもってさまざまな苦難に耐え、それを乗り越えてきたのです。神に御利益を求めることの多い精神と比べるとき、その深い宗教性は際立っています。

　さて、このヨブ記の課題をさらに違った仕方で取り組み、深めていったのが、新約聖書の信仰であり、キリスト教です。キリスト教では、神と人とのために苦しむこと、それが救いと直結すると堅く信じられています。すなわち、罪もないのに苦しめられて十字架で殺されたイエス・キリスト、この方の苦しみによって私たちは救われ、神の子とされたのです。神と人とのために苦しむ、ここに真実の愛があります。そのことを証しして、多くの信仰者たち（たとえば、アッシジのフランチェスコ、マーティン・ルーサー・キング、マザー・テレサなど）は死んでいったのです。以下、苦しみに関わる聖句をいくつか引用してこの項を終えます。

　「人の子［キリスト］は必ず多くの苦しみを受け、長老、祭司長、

律法学者たちから排斥されて殺され、三日目に復活することになっている。」（ルカ福音書 9 章 22 節）

「あなたがたには、キリストを信じることだけでなく、キリストのために苦しむことも、恵みとして与えられているのです。」（フィリピ 1 章 29 節）

「キリスト・イエスの立派な兵士として、わたしと共に苦しみを忍びなさい。」（Ⅱテモテ 2 章 3 節）

「キリストは肉に苦しみをお受けになったのですから、あなたがたも同じ心構えで武装しなさい。肉に苦しみを受けた者は、罪とのかかわりを絶った者なのです。」（Ⅰペトロ 4 章 1 節）

2──賛美と礼拝：「詩編」の信仰

旧約聖書にある「詩編」はイスラエルの民の信仰、人生観、世界観、共同体的また個人的喜びや感謝、悲しみや苦しみなどが歌（詩）の形で言い表されたものです。5 巻から成り、全部で 150 編あります。第 1 巻は 1 – 41 編、第 2 巻は 42 – 72 編、第 3 巻は 73 – 89 編、第 4 巻は 90 – 106 編、第 5 巻は 107 – 150 編となっています。その内容は実に豊富で多岐にわたっていますが、大きな共通点はそのほとんどが礼拝で歌われたものであるということです。ですから詩編を読むたびに、私たちは礼拝に出て共に神を賛美をするよう促されるのです。まずその代表的な詩編を 2 つ紹介しましょう。

「主に向かって喜び歌おう。救いの岩に向かって喜びの叫びをあげよう。御前に進み、感謝をささげ／楽の音に合わせて喜びの叫びをあげよう。主は大いなる神／すべての神を超えて大いなる王。
深い地の底も御手の内にあり／山々の頂も主のもの。海も主のもの、それを造られたのは主。陸もまた、御手によって形づくられた。わた

したちを造られた方／主の御前にひざまずこう。共にひれ伏し、伏し拝もう。主はわたしたちの神、わたしたちは主の民／主に養われる群れ、御手の内にある羊。今日こそ、主の声に聞き従わなければならない。」（詩編 95 編 1 - 7 節）

「全地よ、主に向かって喜びの叫びをあげよ。喜び祝い、主に仕え／喜び歌って御前に進み出よ。知れ、主こそ神であると。主はわたしたちを造られた。わたしたちは主のもの、その民／主に養われる羊の群れ。

感謝の歌をうたって主の門に進み／賛美の歌をうたって主の庭に入れ。感謝をささげ、御名をたたえよ。主は恵み深く、慈しみはとこしえに／主の真実は代々に及ぶ。」（同 100 編 1 - 5 節）

この 2 つの詩編に共通しているのは、礼拝とは、神を賛美し、感謝を捧げるものだということです。決して難しい話を聞いたり、ただじっと静かにしているということではありません。神と出会って喜びに満たされる、これが礼拝者の実感です。神を信じるということは、神を礼拝するということです。ですから、教会は毎日曜日礼拝をしているのです。

礼拝する人生へと変えられた者は、いつも人生の前に神がおられ導いてくださることを感じて生きています。「わたしは絶えず主に相対しています。主は右にいまし／わたしは揺らぐことがありません。わたしの心は喜び、魂は躍ります。からだは安心して憩います」（同 16 編 8 - 9 節）。神と対面しつつ、神と共に歩む人生、この人生の豊かさを詩編は証ししているのです。

108 編を歌った詩人は次のように言います。「神よ、わたしの心は確かです。わたしは賛美の歌をうたいます。『わたしの誉れよ／目覚めよ、竪（たて）琴よ、琴よ。わたしは 曙（あけぼの）を呼び覚まそう。』主よ、諸国の民の中でわたしはあなたに感謝し／国々の中でほめ歌をうたいます」（同 108 編 2 - 4 節）。

「わたしの心は確かです」、人生のさまざまな苦難や試練の中でこの決心

と確信を与えられた者の歌、それが詩編なのです。どうぞ 150 の詩編の一つひとつを味わって、神を礼拝する喜びを知ってください。最後に、やはり人生の悩みから救われた者の素敵な詩を紹介します。

　　「苦難の中から主に助けを求めて叫ぶと／主は彼らを苦しみから導き出された。主は嵐に働きかけて沈黙させられたので／波はおさまった。彼らは波が静まったので喜び祝い／望みの港に導かれて行った。主に感謝せよ。主は慈しみ深く／人の子らに驚くべき御業を成し遂げられる。」（同 107 編 28 - 31 節）

図版⑧　エルサレムの教会

IV

イエス・キリストの福音

1 イエスの生涯

　キリスト教を一言で説明すると、それは「イエスは主である」と信じ告白する宗教と言うことができます（ローマ10章9 - 10節）。それは、イエスという方を自分にとっての救い主（キリスト）として心の中に受け入れることであり、同時にまたイエスが救い主であることを知っている者にふさわしく生きることなのです。私たちは問題もなく幸せに生きているようでも、大なり小なり、孤独、不安、恐怖、失敗、挫折、その他さまざまな自己の弱さや破れに見舞われるものです。そういう中にあってイエス・キリストに救いを求める。これがイエスをキリストと告白するキリスト者の生活です。強がりを言って生きるのではなく、「主の名を呼び求める者はだれでも救われる」（同10章13節）という約束の言葉のもとで、この世の煩わしさから逃れ、退き、イエス・キリストの前に静かにひれ伏して祈り、ひたすらに助けを呼び求めるのです。この意味で、キリスト者の生活は礼拝や祈りが欠かせないのです。

1──イエスに関する資料

　ところで、キリスト教会が長い間救い主と信じ告白してきたイエスとは

どういう生涯を送った人なのでしょうか。このことはキリスト教信者にとってはもちろんのこと、キリスト教を理解しようとする人々にとっても興味深い事柄です。しかしながら、イエスの生涯を知る手がかりは限られています。新約聖書は歴史的事実に基づいて記されているにしても、信仰者の立場から見たイエスについて語っているため、歴史的事実を客観的に理解するには限界がないとは言えません。

　新約聖書の中でも「福音書」と呼ばれる４つの書物には、イエスの教えや具体的活動が記されてはいますが、三十数年に及ぶイエスの生涯を伝記的に記したものではありません。４つの福音書が語っている概要は、イエスは30歳の頃にガリラヤのナザレを出て洗礼者ヨハネから洗礼を受け、ヨハネが捕縛されたことをきっかけにしてガリラヤのカファルナウムを中心とした地域で宣教活動を始め、民衆からは熱烈に歓迎されたもののユダヤ教の伝統や律法を重視する人々からはその教えや行動に疑問をいだかれ、そして最後は、過越祭のためにエルサレムへ上ったときにそこで捕らえられ、十字架刑の苦しみを受けて殺され、３日目によみがえったこと等々が記されています。このように、福音書が語っているのはイエスの生涯の全体ではなく、むしろイエスの生涯のごく短い終わりの部分にすぎません。

　新約聖書では福音書以外の書物もイエスについて語っていますが、それらは断片的であり、イエスの生涯の概要を知る意味においては重要ですが、イエスの生涯の詳細を把握するためには十分ではありません。たとえば、フィリピの信徒への手紙には、次のように記されています。「キリストは、神の身分でありながら、神と等しい者であることに固執しようとは思わず、かえって自分を無にして、僕の身分になり、人間と同じ者になられました。人間の姿で現れ、へりくだって、死に至るまで、それも十字架の死に至るまで従順でした」（フィリピ２章6‐8節）。この記述は、イエスが奴隷のような姿において生きた人であったことを印象深く語っていますが、しかしイエスの生涯が実際にはどのように貧しかったのかということについては、何も語ってはいないのです。また、ヘブライ人への手紙も同様に、「キリ

ストは、肉において生きておられたとき、激しい叫び声をあげ、涙を流し
ながら、御自分を死から救う力のある方に、祈りと願いとをささげ、その
畏れ敬う態度のゆえに聞き入れられました」（ヘブライ5章7節）と語って、
イエスの生涯が苦難に満ちたものであったことを示唆してはいますが、し
かし具体的なことは何も語ってはいないのです（この他に使徒言行録3章
13節以下、4章10節以下、5章30節以下、Iコリント15章3節以下参照）。

　このように見てきますと、果たして、イエスは本当に実在の人物であっ
たのかという疑問も生じてくることになるかもしれません。しかしイエス
が実在の人物であったことは聖書以外の歴史資料によって確かめることが
できます。ローマの歴史家タキトゥス（2世紀初頭）によれば、皇帝ネロ
は60年の大火災のことで人々から放火の非難を受けたとき、その嫌疑を
当時「人類の敵」とみなされていたキリスト教徒に転嫁し、多くのキリス
ト教徒を殺害しました。タキトゥスは次のように記しています。「この名
は、ティベリウスの統治下、総督ポンテオ・ピラトが死刑にしたキリスト
から起こっている。このいまわしい迷信はしばらくの間抑圧されていたが、
再び広まって行き、この悪事を始めたユダヤのみならず、世にもおそろし
いことや恥ずべきことにみちているローマにも流れこみ、多くの信者を見
出している」（『年代記』15章4節）。

　さらに、ローマ皇帝伝記作家であるスエトニウス（2世紀）は、『皇帝ク
ラウディウス伝』（25章4節）の中で「クラウディウスは、クレストス
（Chrestos）の煽動によって騒動を起こすことをやめなかったユダヤ人をロ
ーマから追放した」と記しています。スエトニウスは、キリストを煽動家
と見ていますが、その実在については疑問をいだいていません。また小ア
ジアの総督プリニウスは、皇帝トラヤヌスに宛てて書いた手紙（110年）
の中で、次のように記しています。「神をほめるのと同じように、キリス
トをほめたたえている」（『書簡』10章96節）。さらにユダヤ人歴史家ヨセ
フスは、ヤコブという人の裁判と投石死刑について述べている箇所におい
て、このヤコブが「クリストス（キリスト）と呼ばれたイエスス（イエス）

の兄弟」であると記述しています（フラウィウス・ヨセフス、秦剛平訳『ユ
ダヤ古代誌　6』筑摩書房、2000 年、p. 291）。

　このように、こうした歴史資料の著者たちはイエスの生涯の詳細を語っ
ているわけではありませんが、私たちは彼らの記述からイエスが実在の人
物であったことの確証をつかむことはできるのです。こうした歴史資料に
詳しく記されていないということは、イエスの出現は当時の歴史家には注
目すべき画期的な出来事としては認識されなかったということです。聖書
の信仰からするなら、イエスの誕生、イエスの教えと働き、そしてイエス
の十字架の死とよみがえりは、この世界の歴史を分ける重大な出来事です。
しかしこの出来事は世界中のすべての人々がそのようなものとして認識で
きるような出来事ではなかったのです。聖書が記しているように、この出
来事は普通の人々には注目すべき何の輝きもないのです。普通の人々には、
熱狂的に神を信じて生きた男が十字架に架けられて死んだというだけの愚
かなことにしか見えないのです（Ⅰコリント 1 章 21 節、同 23 節、同 25 節）。
歴史家たちがイエスについての記述を残さなかったのは、ここに理由があ
ります。けれども、一般の歴史家もその実在については認めているのです。

　しかし、それなら最初のキリスト者たちはどうしてもう少し客観的なイ
エスの生涯についての記述を残さなかったのでしょうか。それは、後でも
触れますように、最初のキリスト者たちは、イエスの教えやその働きに啓
発されて信仰者になったのではなかったということと関係があります。キ
リスト教の起源は、イエスの十字架の死とよみがえりの出来事にありまし
た。最初のキリスト者たちは十字架以前のイエスの教えや働きの中に救い
を見いだしたのではなく、イエスの十字架の死とよみがえりに神の救いを
見たのです。ですから、伝道者パウロは次のように記しています。「それ
で、わたしたちは、今後だれをも肉に従って知ろうとはしません。肉に従
ってキリストを知っていたとしても、今はもうそのように知ろうとはしま
せん」（Ⅱコリント 5 章 16 節）。このように、パウロはイエスの十字架の死
とよみがえりにおいて啓示された神の奥義に注目するのです。ボルンカム

という聖書学者は次のように記しています。「最も古い原始キリスト教の宣教は、すべての内世界的出来事の限界を突破し、時代を転換させるこの歴史によって生きているので、今日の私たちにとっては驚くほど復活前のイエスの生活や働きについて知らないですませることができたのである」（ギュンター・ボルンカム、善野碩之助訳『ナザレのイエス』、新教出版社、1970年、p. 20）。

2——隠された栄光と卑しい生まれ

　マタイによる福音書とルカによる福音書は、イエスの誕生の神秘的な側面を強調しています（マタイ福音書1-2章、ルカ福音書1-2章）。マリアはまだ結婚していませんでしたが、聖霊によって身重になったと記されています。マリアは大工ヨセフと婚約中でまだ一緒になる前であったのに、身重になったのです。こうした聖書の記述を読むとき、私たちの多くは、結婚によらない処女降誕の科学的可能性について議論をしたくなります。けれども、この問題について科学的に証明することはできません。ただ、聖書の信仰によれば、聖霊は存在していないものを呼び出して存在させ、不可能をも可能にする神の力であるということです（ローマ4章17節以下）。したがって、イエスの誕生についてのマタイやルカの神秘的な報告記事において大事なことは、イエス・キリストの誕生は、人間的可能性を超えた出来事であり、無から有を呼び出し不可能を可能へと変えることのできる全能なる神が起こしてくださった出来事であるということなのです。

　マタイとルカは、記述の仕方は異なりますが、両者とも共通して、マリアの嫁ぎ先がイスラエルの第2代の王になったダビデの家系に属する家柄であり、たとえ養父ヨセフとの直接的な血のつながりがなくてもイエスはダビデの家系に属する者であったこと、そして生まれた場所もかつてダビデの町と言われたユダヤのベツレヘムであったことを強調しています。これによってマタイとルカとは、神がかつてダビデに約束されたとおり救い主を誕生させてくださったことを強調しているのです（サムエル記下7章

11 節、同 13 節、同 16 節、同 23 章 5 節、ミカ書 5 章 2 節、マタイ福音書 2 章 5
－6 節、ルカ福音書 2 章 4、6 節）。

　特に、ルカによる福音書は、ヨセフは身重の妻マリアを連れて自分の故
郷ベツレヘムに旅をしなければならなくなった事情を記しています（ルカ
福音書 2 章 1－7 節）。それは、ローマ皇帝から発令された人口調査に応じ
るためでした。産み月に入っていたマリアにとって、このベツレヘムへの
旅はつらいものであったに違いありません。このような妻を連れての旅は、
ヨセフにとっても気がかりなものであったと思われます。その上、ベツレ
ヘムに到着したとき、ヨセフは身重の妻マリアを安心して休ませることの
できる宿を得ることができず、やむなく空いていた小屋を宿として借りる
ことになりました。このようなわけで小屋を宿にすることになりましたが、
マリアはここに滞在している間に月満ちて幼な子を産んだのです。

　ところで、このようにしてヨセフが身重のマリアを連れてベツレヘムへ
の旅を余儀なくされたということは、ローマによる支配の過酷さを感じさ
せるに十分なものです。彼らは、呑気（のんき）に旅をしていられるほど裕福ではあ
りませんでした。それなのに何日かの間、生まれ故郷までの旅のために仕
事を休まなければなりませんでした。それだけではなく旅の費用も負担し
なければならなかったのです。そのような犠牲を強いられた後で、挙げ句
の果てには重い税金を課せられたのです（人口調査は課税のためでした）。
このようなわけですから、人口調査は反感を買い、イスラエル民衆の反乱
が起きることもありました（使徒言行録 5 章 37 節）。しかし、注目すべき
ことに、聖書の記者は、ローマ帝国による支配の残酷さを告発しているの
ではありません。そうではなく、聖書は、たとえこの世の現実が暗黒に満
たされているとしても、神はそれに支配されることなく、ご自身の約束を
成就すべく働いておられるということを語っているのです。神は、むしろ、
暗黒をもたらしているこの世の現実をも、約束を成就するために用いるこ
とができるのです。神は、聖書に記されているように、「万事が益となる
ように共に働く」のです（ローマ 8 章 28 節）。

　イエスは、紀元前4-7年頃に生まれ、ガリラヤのナザレという村で、ヨセフから大工の手ほどきを受け、大工となりました。ルカによる福音書によると、少年イエスは、信仰深く知恵にも優れており、その賢さは学者たちも驚くほどでした（ルカ福音書2章47節）。しかし、イエスは学問を学ぶ機会に恵まれることはありませんでした。当時の一般の子どもたちがそうであったように、村のシナゴーグ（会堂）で聖書を学ぶことがイエスの受けた唯一の教育でした。一説によると、養父ヨセフは比較的早い時期に他界したとも言われています。イエスには、4人の弟と幾人かの妹がいましたから、一家を支えるための重荷も背負わなければならなかったのです（マルコ福音書6章3節）。

　ところで、忘れてはならないことに、このようにして生まれたイエスのナザレにおける生活は、神によって生まれた者として村人から注目され尊敬を受けたかというと、そのようなものではなかったのです。それどころか、村人は、イエスをヨセフの子としてではなく、「マリアの息子」としか見ませんでした（マルコ福音書6章3節）。イエスは、村人たちからはマリアの産んだ私生児として蔑まれていたと思われます。したがって、おそらくイエスは、その若い時から生きる悩みと悲しみを知る人であったのです。

　旧約聖書のイザヤ書は、人々に救いをもたらす苦難の僕について次のように記しています。「彼は軽蔑され、人々に見捨てられ／多くの痛みを負い、病を知っている。彼はわたしたちに顔を隠し／わたしたちは彼を軽蔑し、無視していた。」（イザヤ書53章3節）。イエスは、まさにイザヤが語っている苦難の僕の姿において生まれ、かつ生きた人であったのです。また、それだけにイエスは、ナザレにおいて大工の仕事をしながらも、魂の深みから神に向かって叫ばないではいられなかったのです（ヘブライ5章7節）。大工として力仕事をしていたのですから、体はたくましかったかもしれません。しかしイエスは、魂においてはいつも傷を負っていた人であったのです。

キリスト教は、この苦難の僕のようなイエスの貧しさと惨めさの中に、私たちに対する神の深い愛を見いだしたのです。ですから、ヘブライ人への手紙は次のように記しています。「[イエスは]罪を犯されなかったが、あらゆる点において、わたしたちと同様に試練に遭われたのです。だから、憐れみを受け、恵みにあずかって、時宜にかなった助けをいただくために、大胆に恵みの座に近づこうではありませんか」（同4章15-16節）。さらに、「キリストは御子であるにもかかわらず、多くの苦しみによって従順を学ばれました。そして、完全な者となられたので、御自分に従順であるすべての人々に対して、永遠の救いの源となり……大祭司と呼ばれたのです」（同5章8-10節）。

また、初期の教会においては、次のような賛美が歌われていたと言われます。

> 「キリストは、神の身分でありながら、神と等しい者であることに固執しようとは思わず、かえって自分を無にして、僕の身分になり、人間と同じ者になられました。人間の姿で現れ、へりくだって、死に至るまで、それも十字架の死に至るまで従順でした。このため、神はキリストを高く上げ、あらゆる名にまさる名をお与えになりました。こうして、天上のもの、地上のもの、地下のものがすべて、イエスの御名にひざまずき、すべての舌が、『イエス・キリストは主である』と公に宣べて、父である神をたたえるのです。」（フィリピ2章6-11節）

3──バプテスマのヨハネとその時代

30歳の頃、イエスは大工を辞めてナザレの村を出ることになります（ルカ福音書3章23節）。それは、当時イスラエルの人々（ユダヤ人）に大きな影響を与えていた洗礼者のヨハネから洗礼を受けるためでした。この人はヨルダン川に近い荒れ野において神の言葉を語り、人々に激しく悔い

改めを迫っていました。神の民と自称しながら実際は神と関係のない生き方をしている同胞のイスラエルの民に向かって、真実な意味において神に立ち返るべきこと、そうでなければ先祖がどれほど優れていたとしても、あるいは神の民として誇るべき伝統を持っていたとしても、神の裁きは免れないと語ったのです。聖書によれば、大勢の人々が洗礼者ヨハネのところに押し寄せて、その教えに耳を傾け、悔い改めの印としての洗礼を受けました。そして、このことから、彼は「洗礼者ヨハネ」と呼ばれるようになります。イエスは、このヨハネの教えと活動のことを伝え聞いて共感し、彼から洗礼を受けるためにナザレの村を後にしたのです。

　ヨハネはイエスよりも6カ月ほど先に生まれた人でした。彼は祭司の子でした。当時のイスラエル社会において祭司は貴族階級でしたので、ヨハネは貴族としての特権を受け継ぐことを保証された人でした。しかし彼は、あえてその特権を捨てたのです。彼は貴族としての特権に甘んじ、快適なこの世の生活にふけるよりも、真実に神を求める道を選びました。というより、イスラエル民族が直面している危機的な状況を思うとき、真剣に神に問わないではいられなかったのです。ですから、彼はひとり荒れ野で生活し、聖書を学びながら真剣に神の御心を問うたのです。これが青年ヨハネの姿でした（ルカ福音書1章80節）。

　当時、イスラエルはローマ帝国の支配下に置かれていました。神の民と自称するイスラエルの民にとって、異邦人の王によって支配されるということは政治的・経済的な苦痛を伴ったことは言うまでもありませんが、精神的な意味においても耐えがたい屈辱でした。異邦人は天地万物の創造者なる神を知りませんし、神の律法を持っていません。ですから、神の民イスラエルの立場からは、異邦人は欲望のままに生きるほかない汚れた民族に見えたのです。それだけに、彼らはローマの人たちを軽蔑していました。そのローマの支配に従わなければならないのですから、イスラエルは耐えがたい屈辱を味わっていたわけなのです。

　こうした暗黒の状況において、イスラエルの人々にとって共通していた

ことは神への期待でした。神は、必ずメシア（「油注がれた者」すなわち神によって立てられた指導者＝キリスト、「救い主」の意）を遣わしてくださる、という期待です。神へのこうした期待は、確かに信仰的に見えます。しかし、洗礼者ヨハネは、信仰的に見える当時のイスラエル人たちの考えやあり方に深い疑問を覚えざるをえなかったのです。青年ヨハネを荒れ野へと追いやった要因は、こうした疑問と関係があったと思われます。なぜなら、それは人々の身勝手な思いから出たものであったからです。

　ところで、ヨハネの時代の主な人々とその考え方は、次のようなものでした。

1）**祭司階級**（サドカイ派）は、神殿を中心に活動していた指導者たちですが、祖先から継承した祭儀的営みの伝統を墨守することが、メシアを待つにふさわしい態度であると考えていました。しかし祭儀を守ることには熱心でしたが、真実なる意味においては神を求めてはいなかったのです。一般民衆が危機に直面し苦しんでいても、貴族である彼らはそれほどにはその苦しみを実感することがなかったのです。その意味では、ローマによる支配は彼らにとってはそれほどの悲劇ではなかったのかもしれません。それだけに、彼らは神に向かって真剣に救いを求めるということにはならなかったのです。彼らが熱心に取り組んだのは、一方においては神の民としての儀式的伝統を墨守することであり、もう一方においてはローマ帝国や国内の世俗的指導者たちと政治的な妥協をはかりながら社会的安全を得るということでした。つまり、彼らの関心は、イスラエルが神の民として伝統を保持することにあったのです。

2）**ファリサイ派**は、儀式的な伝統よりも神の律法に基づく生活を重視した人たちでした。一般民衆に影響力を持っていたのは、このファリサイ派の人たちであったのです。彼らは生活を神の律法によって律することこそ、救い主を待ち望む者にふさわしい生き方であると考えたのです。彼らは朝から晩まで神に従って生きるためのさまざまの規則、それも実際には覚えきれないほど多くの規則を定めていました。汚れたものを食べないこと、

手を洗う清めの儀式なしでは食事をしないこと、安息日を厳守すること等々、すべてを数えると600を超える数の規則があったと言われています。彼らは守り切れない規則によって縛られていたのです。

　一般の信徒からなるファリサイ派の人々にも、サドカイ派の人々と同様な問題がありました。それは、律法を学ぶことやそれを実践することには熱心でしたが、真実なる意味において神を求めてはいなかったのです。そのことは何よりも、彼らの自己満足や自己義認の姿に現れています。彼らは律法を生活の中で実践することの中で、いつの間にか自分たちが正しい人間となったかのごとく錯覚し、自分たちは神の祝福を受ける資格のある人間だという自惚れや自己義認に陥ったのです。さらに、こうした自惚れや自己義認は、律法を大切にしようとしない人々に対する徹底した差別をもたらしました。彼らは、律法を知らず律法に基づく生き方をしていない人々を汚れた人々とみなしたのです。ファリサイ派の人たちは、神の約束を信じ、神から与えられた律法を大切にするという点において、神を信じていたと言えるかもしれません。しかしながら、真実なる意味においては、神を仰いではいなかったのです。それだけにファリサイ派の人たちは、律法を知らない人々、それを守ろうとしない人々を罪深く汚れた人間とみなしたのですが、神の前における自分の罪には気づかなかったのです。

3）**エッセネ派**は、こうしたファリサイ派の考え方をさらに徹底させた人たちでした。彼らによれば、サドカイ派のように神殿を中心とするユダヤ教の儀式的な伝統を守ることも、さらにはファリサイ派のように生活の中で律法を守ることも、神の裁きには耐えうるものではないとされました。堕落した古い生活から完全に抜け出して清められた生活をするのでなければ、神の民にはなれないと考えたのです。ですから、この人々は、エルサレムを中心とした俗世界を捨て、死海周辺の洞窟に住み、そこで厳格な戒律に基づく集団を形成しました。財産の共有、厳格な入会規則、厳格な訓練、清潔規定、規則正しい洗身、共同の聖なる食事、動物犠牲の拒否、聖餐の儀式、世俗化を防ぐ説教、聖文書の秘密保持というようなことが、彼

らの集団の特色でした。彼らの理解によれば、やがて神の裁きがなされる
とき、闇の子たちは滅ぼされるが、この集団に属する光の子は救われると
確信していたのです。

4）以上の宗教的な人々と異なり、**ゼロテ党**と呼ばれる人々がいました。
彼らは、ローマに対する憎悪によって結び合わされ、政治的な意味でのロ
ーマからの独立と解放を求める人々でした。彼らも神が救い主を遣わして
くださることを信じていました。しかし、彼らの場合には、ただ宗教的な
仕方において救いを待つのではなく、ローマに対し武装蜂起をすることに
よって、神による救いを勝ち取ろうとしたのです。彼らは、自分たちが神
に信頼して立つなら、神は必ずや自分たちに味方してくださると信じたの
です。

　洗礼者ヨハネは、以上のように、神を自分たちに都合良く引き寄せて理
解しようとする同時代の人々の考えには納得がいかなかったのです。荒れ
野での祈りと思索から彼に示されたことは、イスラエル民族の選民意識の
問題でした。自分たちは神から選ばれた特別の民族であるという思い上が
りこそ、ローマによる支配という悲惨さの中で悔い改めなければならない
問題であったのです。その意味では、イスラエル民族が直面している危機
はローマによる支配ではありませんでした。そうではなく、神の民である
と自惚れていながら、正しい意味において神と向かい合っていないことが
危機であったのです。ですから、ヨハネは彼らの罪を指摘しつつ叫びまし
た。「蝮の子らよ、差し迫った神の怒りを免れると、だれが教えたのか。
悔い改めにふさわしい実を結べ。『我々の父はアブラハムだ』などと思っ
てもみるな。言っておくが、神はこんな石からでも、アブラハムの子たち
を造り出すことがおできになる」（マタイ福音書3章7-9節）。

　イエスがナザレの村を出てヨハネから洗礼を受けようとした背景には、
神との関係におけるイスラエルの問題について、ヨハネと共通した思いが
イエスの心の中にあったのです。そして、ヨハネから洗礼を受けることに
よって、イエスはより一層深く神の子としての自覚を与えられることにな

りました（マルコ福音書1章11節、マタイ福音書3章17節、ルカ福音書3章22節）。

4──イエスの宣教

　イエスは、洗礼者ヨハネから洗礼を受けた後、神の子としての自覚が試されることになります。神の子として何をすべきか、神の子として人々の救いとどう取り組むべきかをめぐって真剣な問いに直面することになったのです。「荒れ野における誘惑」として知られている出来事（マタイ福音書4章1-11節、ルカ福音書4章1-13節）の意味はここにあります。イエスはひとり荒れ野に行き、40日40夜の断食をしながらこの問いと向かい合います。そして、断食による空腹の中で、イエスは悪魔的な思いに誘惑されるのです。第一に、神の子としての力を利用し、貧しい人々の空腹を満たすべきではないか。第二に、神の子としての影響力を行使するために、人々の見ている目の前で奇跡を起こして見せることも必要ではなかろうか。さらに第三に、この世を新しくするために、神の子である自分こそがイスラエルの指導者となるべきではないのか。そのためならば、この世の勢力とのある程度の妥協はやむをえないのではなかろうか。断食による空腹の中でイエスを襲った誘惑はこうしたものだったのです。

　しかし、イエスは、そのいずれも神の言葉（申命記8章3節、同6章16節）に基づいて拒絶しました。そして、誘惑の声にさらされながらも、それを拒絶してイエスが選んだ道は、旧約聖書の預言者イザヤによって示唆されている「苦難の僕」の道でした（イザヤ42章1-4節、同53章）。

　苦難の僕は、主に旧約聖書のイザヤ書に描かれています。彼は、神から離反し神に逆らって生きている人々のために苦しみを背負います。けれども、人々は誰も、彼が自分たちのために苦しんでいるとは思わないのです。それどころか、人々には、「神の手にかかり、打たれたから／彼は苦しんでいるのだ」（イザヤ53章4節）としか見えません。彼は、「私はあなたがたを救うために苦しんでいるのです」と大きな声を上げて宣伝するような

ことをしないのです。魂に傷を受けている者たち、生きる望みを失い立ち上がる勇気を欠いている者たちを訪れ、彼らの隣り人となるのです。孤独と不安の中で挫折し自分の行くべき道を見いだせない彼らに、心を寄せ、励ましを与え、必要な助けの手を伸べるのです。イエス・キリストは、こうした苦難の僕として、その短い生涯を全うしたのです。

しかし問題は、苦難の僕としてのイエスの歩みが、当時のユダヤ教の指導者と対立せざるをえなかったことでした。1つの対立点は、ユダヤ教の立場からは罪人、汚れた者とされていた人たちとの関係にありました。その人たちは、さまざまな事情から律法の生活を守り通すことのできない人たちでした。ある人々は、徴税人としてローマ皇帝に収めるべき税金を取り立てる仕事で生計を立てなければなりませんでした。この他に、自分の体を売って暮らしを立てるほかに生きる手だてを見いだせない遊女（売春婦）たちもいました。同胞のユダヤ人たちは、こうした人々を神を捨てた者、律法を犯す者、汚れた者とみなし、徹底して差別し、当然のこととして彼らとの交わりを拒絶しました。会話を交わすこともなく、ましてや食卓を共にするということもありませんでした。それは、自分たちが汚されないためでした。

イエスは、ユダヤ教の指導者たちとは反対に、こうした人々を訪れ、彼らに神の国の福音を語りかけました。彼らの罪を赦して受け入れ、神の国の福音を分かち合ったのです。これまで一人の人間としての扱いを受けることがなかった彼らが、イエスとの出会いをとおして、それまでの古い生き方を捨てて新しく生き始めたのです。こうしてイエスの周りには、罪を悔い改めた徴税人や遊女が大勢集まって来たのです。そしてしばしば彼らと食卓を囲んだのです。

ところが、こうしたイエスを見たユダヤ教の人々は、「見ろ、大食漢で大酒飲みだ。徴税人や罪人の仲間だ」（ルカ福音書7章34節）と非難しました。ある人々はイエスの弟子たちに問いかけました。「どうして彼は徴税人や罪人と一緒に食事をするのか」（マルコ福音書2章16節）。しかし、

イエスは言いました。「医者を必要とするのは、丈夫な人ではなく病人である。わたしが来たのは、正しい人を招くためではなく、罪人を招くためである」（マルコ福音書2章17節）。これは含蓄のある言葉です。ここでイエスは、徴税人や遊女たちが病人であり罪人であることを容認し、律法を守っている人々が健康であり正しい人であると述べているようにも聞こえるかもしれません。しかし、それは大きな誤解です。神を信じ律法を学び、律法の生活をしていると誇っている人々も、病人であり罪人なのです。神の前に立つとき、人は正しさを自己主張することはできないのです。

「殺してはならない」（出エジプト記20章13節）という律法があります。この律法を目にするとき、私たちは、「自分は人殺しをしてはいない」、だから「律法に従っている」、「正しい人間だ」と思うのではないでしょうか。同様に、「姦淫してはならない」（同20章14節）という律法があります。おそらく不倫を経験したことがない人なら、「自分は罪を犯してはいない」と答えると思います。しかしながら、イエスは言うのです。心の中で他人を憎み、軽蔑することがすでに人殺しであり、異性に向かって情欲を抱くこともすでに姦淫であると。人は、このように自己中心で他人を蔑み傷つけているのに、自分は正しい人間だと錯覚しながら生きているのです。そういう意味では徴税人や遊女たちだけが「病人」や「罪人」なのではなく、すべての人間が赦されて救われなければならない罪人なのです。

人間は律法を守ったからといって正しい人にはなれないのです。律法の生活は、かえって自己欺瞞を生じさせるだけなのです。心の中では神の御心に反する思いに満ちていながら、表面的に律法を守ったということから自分は正しい人だと思い込んでしまうのです。したがって、律法に熱心であったユダヤ人たちの多くは、「神様、罪人のわたしを憐れんでください」と懺悔の祈りを捧げる代わりに、他の人々を蔑みながら、「神様、わたしはほかの人たちのように、奪い取る者、不正な者、姦通を犯す者でなく、また、この徴税人のような者でもないことを感謝します」と自己欺瞞的な祈りを捧げていたのです（ルカ福音書18章9–14節）。彼らは自分自身が

裁かれるべき者であることを知らず、他者を裁く偽善に陥ったのです（マタイ福音書7章1節）。こうした自己欺瞞に対して、イエスは厳しい言葉を語りました。「イザヤは、あなたたちのような偽善者のことを見事に預言したものだ。彼はこう書いている。『この民は口先ではわたしを敬うが、その心はわたしから遠く離れている。人間の戒めを教えとしておしえ、むなしくわたしをあがめている』。あなたたちは神の掟を捨てて、人間の言い伝えを固く守っている」（マルコ福音書7章6-7節）。

　この他にも、律法の生活は人々の心を歪めることになりました。カファルナウムでの宣教活動をしていたある安息日のこと、会堂に片手の不自由な人がいました。イエスは憐れんでこの人を癒やしたのです。ところがこれを見ていたパリサイ派の人々は、ヘロデ派の人々と組んでイエスを殺す相談を始めました（同3章6節）。なぜなら十戒に「安息日を心に留め、これを聖別せよ」（出エジプト記20章8節）と書いてあるからです。「聖別する」ということは神の聖に与ること以外のことではありません。罪深い人間が神の聖に与って罪が裁かれ、悔い改めへと導かれ、神との正しい関係へと立ち返り、これによって人は真実に生きる者となる。この意味において、イエスは、「安息日は、人のために定められた。人が安息日のためにあるのではない」（マルコ福音書2章27節）と考え、片手の不自由な人を癒やされたのです。ところがユダヤ人たちは安息日を厳守するということだけを自己目的化してしまいました。そのために神による栄光の出来事を目前にしながら、神をほめたたえるのではなく、神の栄光を現したイエスを殺そうとしたのです。ここに律法の生活がもたらした心の歪みがあります。

　こうしてイエスは、一方においては救いを必要とする人々の隣り人になりながら、貧しい人々の間に神の国をもたらしました。そして、それは多くの人々に影響を与えることになったのです。しかし他方において、ユダヤ教の偽善と誤りに対しては厳しく立ち向かいました。このように民衆に影響力を持っているイエスがユダヤ教の指導者に厳しい態度を取ったこと

から、イエスはユダヤ教の指導者たちからその命を狙われることになり、最後には十字架上で処刑されることになったのです。しかし十字架における死はイエスの命の終わりではありませんでした。それは「多くの人の身代金」であり、多くの人々はイエスの十字架の死とその復活をとおして本当の命を与えられることになったのです（マルコ福音書 10 章 45 節）。

5──イエスの死と復活

　キリスト教は、仏教、イスラム教と並んで世界三大宗教の 1 つとされていますが、イエスの十字架の死と復活は他の宗教にない特徴です。一般的に宗教には教祖が存在し、教祖の開いた教えがその宗教の基盤になっています。仏教であれば釈迦の悟り、イスラム教であればムハンマドに啓示された神の教えということになります。しかし、キリスト教は、イエスが語った教えによってのみ成り立っている宗教ではありません。その意味においてイエスは「教祖」ではないのです。

　もちろん、聖書にはイエスの教えや働きが記されています。その教えを聞きまた働きに学ぶことは大事なことです。もしイエスの教えや働きに無関心であるとするなら、そうしたキリスト教信仰は内実のないものになってしまいます。それにもかかわらず、キリスト教はイエスの教えや働きのみを起源とする宗教ではないのです。イエスの教えには一般の人々の心にも訴えるものがあり、彼の働きも人々の心を引きつけるものがあります。しかし、キリスト教はイエスの教えを尊重し彼の働きを模範として生きるべく成立した宗教ではありません。大事なことは、イエスの十字架の死とよみがえりの出来事なのです。この出来事がなければ、キリスト教はこの世に存在しませんでした。仮に私たちがイエスの教えを十分に理解し、彼の働きを模範として実践をしているとしても、それによってイエス・キリストを正しく理解したことにはならないのです。

　伝道者パウロは次のように記しています。「最も大切なこととしてわたしがあなたがたに伝えたのは、わたしも受けたものです。すなわち、キリ

ストが、聖書に書いてあるとおりわたしたちの罪のために死んだこと、葬
られたこと、また、聖書に書いてあるとおり三日目に復活したこと、ケフ
ァに現れ、その後十二人に現れたことです」（Ⅰコリント15章3－5節）。
ここで、「キリストが……わたしたちの罪のために死んだ」という点に注
目しなければなりません。イエスは、ユダヤ教の指導者たちの策略によっ
て十字架刑に処せられました。それは、ユダヤ教の指導者たちの目からす
れば、イエスは神の律法を破る者であり、さらには自分を神の子とするこ
とによって神を冒瀆する者に見えたからです。ですから、ユダヤ教の最高
指導者であった大祭司は、イエスに死刑を宣告したのです。しかし、イエ
スは実際に律法を破ったわけではありませんし、自分のことを偽って神の
子と公言して歩いたわけでもなかったのですから、神を冒瀆したわけでも
ないのです。ユダヤ教の指導者たちがイエスに死刑を宣告したのは、本当
のところは、聖書によれば、イエスに対する「ねたみのため」（マルコ福
音書15章10節）であったのです。聖書は、イエスのこうした十字架の死
を、「わたしたちの罪のため」であったと言うのです。

　「わたしたちの罪」というのは、法律的な意味において犯した罪のこと
ではありません。それは、神によって造られた存在としての私たちの神に
対する罪のことなのです。誰であれ、神について考えないことはないと思
います。しかし、考えることはあっても、神を見ることはできないのです。
ですから、私たちは、神について無知であるというだけでなく、神を無視
し、神に敵対して生きているのです。ときには、神ではないものを神とし
て拝んだり、自分自身を絶対化し、あたかも自分が神であるかのように錯
覚して高ぶり、力を振りかざして他人を蔑み、ときには自分の利益のため
に隣人の人権を踏みにじる。これが私たち人間の姿です。反対に、自分の
弱さ、惨めさ、脆さに打ちのめされ、自分を恥じ、他人を妬みながら生き
るということもあります。さらに厳しい運命に押しつぶされ、自分の人生
を呪いながら生きるということもなくはないのです。こうした私たちの姿
は、被造物でありながら創造者である神を否定することからくる堕落であ

り、かつ破れた姿なのです。そして、この堕落と破れからの救済こそ、キリスト教がイエスの十字架の死とよみがえりにおいて見いだしたものなのです。

　神は堕落と破れの中にある私たちを救うために、イエスの十字架の死とよみがえりにおいてご自身を啓示してくださいました。ご自身の独り子であるイエスを十字架にかけ、死からよみがえらせるという仕方において、神はご自身を私たちに示してくださったのです。私たちは、この出来事において、「死者に命を与え、存在していないものを呼び出して存在させる神」（ローマ4章17節）を知るに至りました。これによって、私たちは、神を知らない罪人の生活から贖い出されたのです。神なき人生から神と共に生きる人生へと贖われたのです。神に向かってつぶやき敵対しながら生きていた人生から、神に聞きそして信頼して生きる人生へと導き入れられたのです。

　聖書はこれを「和解」と呼んで、次のように記しています。「あなたがたは、以前は神から離れ、悪い行いによって心の中で神に敵対していました。しかし今や、神は御子の肉の体において、その死によってあなたがたと和解し、御自身の前に聖なる者、きずのない者、とがめるところのない者としてくださいました」（コロサイ1章21－22節）。ここで大事なことは、私たちが主体的に自分の努力で神と和解をしたというのではなく、神が私たちをご自身へと和解させてくださったということです。私たち人間は、自分の決断や努力によっては神と和解することはできないのです。そういう私たちをご自身に和解させてくださるために、イエスをキリストとしてこの世にお遣わしくださったのです。このようなわけですから、イエスは、キリスト教の「教祖」なのではなく、私たちの救い主（キリスト）なのです。ですから、聖書は次のように述べるのです。「ほかのだれによっても、救いは得られません。わたしたちが救われるべき名は、天下にこの名のほか、人間には与えられていないのです」（使徒言行録4章12節）。

2 神の国の福音

1──律法主義の克服：愛の教え

「時は満ち、神の国は近づいた。悔い改めて福音を信じなさい。」
（マルコ福音書 1 章 15 節）

救い主イエス・キリストは、この第一声をもって宣教を始めました。お
よそ 30 歳の頃でした。イエスの語る「神の国」とはいったいどのような
ものでしょうか。当時のイスラエルの人々にとって「神の国」とは、ダビ
デ王国の再建でした。しかもそれは当時の人々によれば、律法を厳守する
王の支配する地上の王国でした。しかしイエスの語る「神の国」とは地上
の特定の国のようなものではなく、「神が支配される世界」のことでした。
それは時間・空間において、また歴史において確かに現れますが、地上の
国のように国境を伴うようなものではありません。そうではなく、神が直
接支配者となり、私たち人間を導かれる世界の到来が近づいたということ
なのです。しかもそれは切迫している、だから私たちは古い生き方を悔い
改めて神の支配を受け入れる用意を急いでしなさいということなのです。
それでは、その「神の国」の支配とは、内容的にどのような世界なのでし
ょうか。イエスはその福音の開始において、どのようなメッセージを込め
たのでしょうか。それはまず、律法主義との戦いでした。

「穀物を収穫するときは、畑の隅まで刈り尽くしてはならない。収
穫後の落ち穂を拾い集めてはならない。ぶどうも、摘み尽くしてはな
らない。ぶどう畑の落ちた実を拾い集めてはならない。これらは貧し
い者や寄留者のために残しておかねばならない。わたしはあなたたち
の神、主である。」（レビ記 19 章 9 – 10 節）（図版⑨「落ち穂拾い」参照）

図版⑨　「落ち穂拾い」
（ジャン＝フランソワ・ミレー、1857 年）

　この聖句は、私たちがよく知っているミレーの「落ち穂拾い」の絵のも
とになった旧約聖書の律法のひとつです。現在の社会福祉の精神を先取り
する思いやりに満ちた教えではないでしょうか。律法にはさまざまな戒め
がありますが、イエスは、旧約聖書の律法を要約するなら、2 つの究極の
戒めに尽きると言いました。第一は「あなたは心を尽くし、魂を尽くし、
力を尽くして、あなたの神、主を愛しなさい」（申命記 6 章 5 節）であり、
第二は「自分自身を愛するように隣人を愛しなさい」（レビ記 19 章 18 節）
であるとしました（ルカ福音書 10 章 27 節）。すなわち、律法の本質は、神
を真に愛すること、そして隣人を自分と同様に愛することなのです。

　しかしイエスは、当時の律法学者たちを大変厳しく批判しました。律法
学者は、旧約聖書の律法を教える学者です。律法は本来愛に満ちたもので
あるはずです。それなのに、イエスはなぜ律法学者たちを次のように厳し
く批判したのでしょうか。

　「あなたたち律法の専門家も不幸だ。人には背負いきれない重荷を負わせながら、自分では指一本もその重荷に触れようとしないからだ。あなたたちは不幸だ。自分の先祖が殺した預言者たちの墓を建てているからだ。こうして、あなたたちは先祖の仕業の証人となり、それに賛成している。先祖は殺し、あなたたちは墓を建てているからである。だから、神の知恵もこう言っている。『わたしは預言者や使徒たちを遣わすが、人々はその中のある者を殺し、ある者を迫害する。』こうして、天地創造の時から流されたすべての預言者の血について、今の時代の者たちが責任を問われることになる。それは、アベルの血から、祭壇と聖所の間で殺されたゼカルヤの血にまで及ぶ。そうだ。言っておくが、今の時代の者たちはその責任を問われる。あなたたち律法の専門家は不幸だ。知識の鍵を取り上げ、自分が入らないばかりか、入ろうとする人々をも妨げてきたからだ。」（ルカ福音書11章46－52節）

　福音書を読むと、イエスが旧約聖書をモーセの律法を含めて大変よく読み、日々親しんでいたことが分かります。イエスは、旧約聖書の律法について、次のようにはっきり語ります。

　「わたしが来たのは律法や預言者を廃止するためだ、と思ってはならない。廃止するためではなく、完成するためである。はっきり言っておく。すべてのことが実現し、天地が消えうせるまで、律法の文字から一点一画も消え去ることはない。だから、これらの最も小さな掟を一つでも破り、そうするようにと人に教える者は、天の国で最も小さい者と呼ばれる。しかし、それを守り、そうするように教える者は、天の国で大いなる者と呼ばれる。言っておくが、あなたがたの義が律法学者やファリサイ派の人々の義にまさっていなければ、あなたがたは決して天の国に入ることができない。」（マタイ福音書5章17－20節）

　イエスが攻撃しているのは、律法学者に代表される「律法主義」に対し

てであって、律法そのものにではないのです。それでは律法主義とはどのようなものでしょうか。どのような理由で、イエスは攻撃しているのでしょうか。

　ひとつの例として、イエスと「富める青年」との対話を取り上げましょう。マタイによる福音書19章16−22節を読みます。ここで、1人の富める青年がイエスに近づいて「永遠の命を得るには、どんな善いことをすればよいのでしょうか」と尋ねます。イエスはまず、「なぜ、善いことについて、わたしに尋ねるのか。善い方はおひとりである」と言います。自分を捨て神の前に絶対服従をする生き方でなく、「善いことと悪いこと」を自分で判断して選び取っていこうとするこの青年の生き方の中に、大変大きな問題を指摘します。そしてイエスは、「もし命を得たいのなら、掟（律法）を守りなさい」と言います。しかしこの青年は律法を守ってきたという自負があったのでしょう。「どの掟ですか」と問います。それに対し、イエスは十戒の後半部分を示します。また自分を愛するように隣人を愛すべきことを告げます。しかし、この青年はすぐ、「そういうことはみな守ってきました。まだ何か欠けているでしょうか」と言い放ちます。するとイエスは、「もし完全になりたいのなら、行って持ち物を売り払い、貧しい人々に施しなさい。そうすれば、天に富を積むことになる。それから、わたしに従いなさい」と言いました。おそらく、この青年は育ちも良く、教育も行き届いていたのかもしれません。しかし、律法をきちんと守りながらも心に何か満たされない思いがあったのでしょう。現在の私たちに何とよく似ていることでしょう。私たちの問いも究極において、永遠の生命の問いなのです。

　しかしイエスは、この青年は、自分を捨て、自分を捧げるほどに神を愛し、また隣人を愛しているであろうか、と問題を指摘するのです。この青年にとって、掟を守ることは、自分を磨き、自分が永遠の生命を得るためでした。それは、宗教的、精神的エリートの道です。自分を向上させていく道であり、自分が究極的関心事なのです。そこには、隣人が愛の対象と

して視野に入っていないのです。そして実は神も真に仕える対象として入っていないのです。イエスがあえて言わなかった十戒の前半部分が、この青年の根本問題なのです。神は人間を愛されます。神の人間への愛、そこに永遠の生命の入り口が開けています。イエスもこの富める青年を愛しました。この青年にからみつく財産を愛の道具として捧げ、ご自身に従ってきなさいと言いました。神に従い、神を仰ぎ、人に仕えていく道、そこに本当の自由への道があります。イエスはこの富める青年にその道を何とか分かってほしかったのです。しかし、多くの財産を持つこの青年は、悲しみながらイエスのもとを去りました。そのとき、イエスは言います、「金持ちが神の国に入るよりも、らくだが針の穴を通る方がまだ易しい」と。すると弟子たちは、「それでは、だれが救われるのだろうか」と漏らしました。それに対し、イエスは言います、「それは人間にできることではないが、神は何でもできる」と。イエスは、富める青年のような人々をも神は救い、導かれると言うのです。

　この富める青年に見られるとおり、律法を守ることを、神に仕え人々を愛する教えとしてでなく、自分を高めることと考え、律法を守ることのできない他者を見下げるエリートの道として生きようとするとき、それはイエスが厳しく戒めた律法主義の道となります。律法は良いものです。しかし律法主義は非常に問題です。それは一見正しい道のようでありながら、信仰と愛とは正反対の道であり、自分に強く固着する最大の罪の道となりうるのです。この問題を深く体験した人が使徒パウロでした。パウロはまさにこの富める青年のように、厳格な律法のもとで、行き届いた教育を受けて育ちました。しかしパウロには、心の奥深くに苦しみがありました。次のように告白しています。

　　「わたしたちは、律法が霊的なものであると知っています。しかし、わたしは肉の人であり、罪に売り渡されています。わたしは、自分のしていることが分かりません。自分が望むことは実行せず、かえって

憎んでいることをするからです。……そして、そういうことを行っているのは、もはやわたしではなく、わたしの中に住んでいる罪なのです。わたしは、自分の内には、つまりわたしの肉には、善が住んでいないことを知っています。善をなそうという意志はありますが、それを実行できないからです。わたしは自分の望む善は行わず、望まない悪を行っている。もし、わたしが望まないことをしているとすれば、それをしているのは、もはやわたしではなく、わたしの中に住んでいる罪なのです。それで、善をなそうと思う自分には、いつも悪が付きまとっているという法則に気づきます。……わたしはなんと惨めな人間なのでしょう。死に定められたこの体から、だれがわたしを救ってくれるでしょうか。」（ローマ7章14-24節）

パウロは、律法を厳格に守れば守るほど、自分のエゴイズム（＝罪）に気づいたのです。その結果、彼はキリストの十字架の贖いのわざに深く捕らえられ、キリストに仕えていく愛の伝道に献身していったのです。

2──山上の教え

マタイによる福音書5-7章までのイエスの教えを「山上の教え」と言います。山の上で弟子たちに教えられたからです。この内容は大変豊かで、しかも厳しいものですが、多くの人々に大きな影響を与えてきました。

日本でも明治時代に聖書を読み始めた青年たちから、この山上の教えには特に驚きの声が上がったと言われています。まったく新鮮で輝かしい教えであるとして、感動をもって受け止められたのです。しかし同時に、実行不可能な教えであるという批判も出ました。

「『愚か者』と言う者は、火の地獄に投げ込まれる。」（5章22節）
「みだらな思いで他人の妻を見る者はだれでも、既に心の中でその女を犯したのである。」（5章28節）

　「悪人に手向かってはならない。だれかがあなたの右の頬を打つなら、左の頬をも向けなさい。」（5章39節）

　「施しをするときは、右の手のすることを左の手に知らせてはならない。」（6章3節）

　「狭い門から入りなさい。」（7章13節）

　「あなたがたの天の父が完全であられるように、あなたがたも完全な者となりなさい。」（5章48節）

　これらは、一つひとつを誠実に実行しようとするならば、すぐに人間の不可能性につき当たることでしょう。しかし、まったく人間社会とは無縁の不可能な教えなのでしょうか。

　5章39節の「悪人に手向かってはならない。だれかがあなたの右の頬を打つなら、左の頬をも向けなさい」という教えは、まったく適用不可能で荒唐無稽な教えでしょうか。まずイエス自身が、この教えのとおり生きました。また、アフリカン・アメリカン（黒人）の牧師マーティン・ルーサー・キング・ジュニアが、指導したアメリカの公民権運動において、暴力をふるう白人の人種差別主義者に対して、徹底して非暴力運動を実施しました。人種差別主義者との戦いは、反撃テロでも対抗暴力でもなく、信仰的・倫理的に勝たねばならないことを指導していったのです。キング牧師は、迫害や差別に対して「左の頬を向け」た結果、暗殺されました。しかし、その運動は1964年、アメリカ合衆国の公民権法として結実しました。（図版⑩「目の不自由な少女を励ますキング牧師」参照）

　日本においても敗戦後、1946年の日本国憲法第9条が制定された際、その基本精神としてこの山上の教えが引用されたことがあります。種々議論があるにせよ、「武力行使の放棄」（第1項）と「交戦権を認めない」（第2項）旨を有するこの条項が70年以上も世界に通用している事実は、暗示的ながら山上の教えが人類の歴史に少しずつ影響を及ぼしてきている事実を物語るものです。

山上の教えは、この教えを聴く者に、現実の中で、この教えを無視することを許しません。厳しく従うことを要求します。そして人間の不可能性、限界を知らせることにより、人間に罪の自覚を促し、祈りへと導きます。そして、従おうとする者に、おのずとこの教えを語った方を仰がしめるのです。すなわち、イエス・キリストを仰がせ、イエス・キリストに従うようにさせるのです。この山上の教えのどこをとっても、イエス・キリストの精神が満ち満ちています。そして現代の歴史においても、アフリカン・アメリカンの人々の公民権運動や日本国憲法第9条が誕生したように、山上の教えが私たちの生活の中に深く浸透しているのです。

図版⑩　目の不自由な少女を励ますキング牧師
（M. L. キング、蓮見博昭訳『汝の敵を愛せよ』、新教出版社、1965年より）

最後に、山上の教えの代表的な項目の1つ、イエスが語った「八つの幸い」に触れておきましょう。

1. 「心の貧しい人々は、幸いである」。人間は生まれながら罪を負っています。生まれながら神を愛することなどできず、したがって心が貧しいゆえに隣人もそして自分自身さえも愛せなくなっています。しかしイエスは、天国はそういう心の貧しい人々のためにこそ開かれている、と言います。神の前に、自分の心の貧しさを知ることこそ、幸いへの第一歩なのです。

2. 「悲しむ人々は、幸いである」。「生まれ、苦しみ、かつ死せり」（サマセット・モーム『人間の絆』）という言葉があります。人生において悲しみは避けられません。しかし、悲しむ人に寄り添って、共に悲しんでく

だささる方がいます。イエス・キリストです。神の子であるイエスは、人となり、人間として多くの悲しみを味わいました。そのイエスが悲しむ者の傍らに寄り添うのです。そのときから、その悲しむ者の悲しみの性質が変わっていきます。自分のためや失ったものへの悲しみではなく、自分の罪を悔いる悲しみとなり、さらに人々のために痛む悲しみとなります。そしてイエスの悲しみを共有するようになり、神からの慰めを知るようになるのです。

3. 「柔和な人々は、幸いである」。神によって、自我が打ち砕かれる体験を与えられた人こそ、真に柔和な人です。怒り、いらだち、怨念に身を任せず、大きな広い優しさの中に生きていく人、このような人こそが地を受け継ぐ人です。そのように生きた人が、この言葉を語るのです。それは、自分の意志を乗り超え、神の意志に常に従った人、イエス・キリストです。

4. 「義に飢え渇く人々は、幸いである」。それは、正義が勝つことにあまりに飢え渇いている人々が、真実に神の義が支配してきていることを知るようになるからです。しかしながら、イエスが十字架にかけられたとき、暗闇が地を覆いました。それは、神の義がまったく見えなくなった時でした。イエス・キリスト自身、義に飢え渇いた人であったと言えるでしょう。しかし、実は十字架こそ、最も明確に神の義が現れた時であったのです。それは、すべての人々の救いのためなされた神の大いなる義のわざであったのです。義に飢え渇く者が十字架のもとに集まるとき、真に神の義を見いだすのです。

5. 「憐れみ深い人々は、幸いである」。前段の義と憐れみは一見対立します。罪を憎むことが義であるとするなら、憐れみは罪を赦し罪人を愛することです。しかし、神の義は、神ご自身のために人間の罪を消す（イザヤ書 43 章 25 節）ものです。この神の義としての憐れみを注ぐ人、すなわち他者を愛し、他者の罪を赦し、他者の痛みを支えようとする人は、自分が神から愛され、自分の罪が赦され、自分の痛みが支えられている

ことを知らされていくのです。

6. 「心の清い人々は、幸いである」。それは、神を見るようになるからであると言われます。神はイエス・キリストにおいて、ご自身を人間から見られることができるようにしました。イエス・キリストにおいて、私たちは神の御心に触れ、神を見るのです。しかしイエスの前に立つとき、それは私たちがイエスを見るよりももっと鋭く、深いイエスのまなざしにさらされることになります。このイエスの前に立つとき、私たちは捧げられた小羊のように素直にイエスの視線にさらされ、何の着飾ることもせずまっすぐにありのままの心で立ちます。それを「清い心」と言います。そのとき私たちは、私たちの罪を赦されるイエスを見上げ、神を見いだすのです。

7. 「平和を実現する人々は、幸いである」。世界中で、戦乱が絶えません。また私たちの身近なところでも、小さないさかいや対立が絶えません。神への感謝がなく、神への怒りや失望のみがあるとき、そこには神との平和も平安もありません。しかしイエス・キリストは、私たちとの和解のわざを実現しました。神との和解、そして人々との間の和解を実現するために十字架にかかりました。イエスこそ、真実に平和をつくり出し、また私たちの心に平安を与える方なのです。そしてイエス・キリストと共に、神との和解を感謝し、地に平和を祈り、人々の平安を願い、そのために犠牲をいとわない者は、イエスに似る者となり、神の子らと呼ばれるようになるのです。

8. 「義のために迫害される人々は、幸いである」。それは、天国は彼らのものだからです。義のために迫害されるとはどのようなことでしょうか。それは、苦しむ者を癒やし、悩める人々の罪の赦しを宣言し、すべての人々を愛しぬき、枕するところのない生活を喜んで生き、神の義と愛を語り教えながら、やがて十字架の上にあげられたイエス・キリストの姿です。このイエス・キリストの生きる姿を受け入れ、その後に従う生活、そこに本当の人生があり、素晴らしい人生の宝がある、すなわちこの地

上で天国が開かれるような祝福があるのです。

この「八つの幸い」には、イエス・キリストの生きる姿が深く語られています。そしてそこに、私たちの人生のあるべき姿も示されているのです。

3──たとえ話集

1) イエスのたとえ話の特徴

イエス・キリストは、実に多くのたとえ話を語られました。イエスのたとえ話として伝承されてきたものは 40 以上あります。マルコによる福音書 4 章 34 節では、イエスは人々にたとえを用いないでは語ることはなかったと言われているほど、実際に福音書によって伝えられているイエスのたとえ話は数多く、そしてそれぞれが豊かなイメージを喚起します。まさにたとえ話は、イエスの語られた言葉として最も顕著な特徴であると言うことができます。

イエスは誰にたとえ話を語られたのでしょうか。イエスは彼の周りに集まり、イエスの教えに耳を傾けたすべての人々に向かって語りかけられました。多くの場合、当時「地の民」（ヘブライ語でアム・ハー・アーレッツ）と呼ばれていた貧しい民衆を中心としたユダヤの民でした。

イエスのたとえ話では、当時のイスラエル地方の生活に密着した日常的な題材が用いられています。農夫たちが育てる作物の成長や収穫、羊飼いたちによる羊の世話、民衆の日々の暮らしなど、人々が慣れ親しんでいる情景を盛り込んだたとえ話によって、イエスは福音を宣べ伝えたのです。

マルコによる福音書の冒頭では、イエスの福音伝道の開始を次のように伝えています。「ヨハネが捕らえられた後、イエスはガリラヤへ行き、神の福音を宣べ伝えて、『時は満ち、神の国は近づいた。悔い改めて福音を信じなさい』と言われた」（マルコ福音書 1 章 14 - 15 節）。ここでいう「神の国」とは、領土や国土といった「場所的空間」ではありません。「神の国」とは、「神の支配」を意味しています。イエスは、「神の支配が近づいた」という表現で、これまでの古い時代は終わり、今や新しい時が近づい

たことを宣言し、この「神の支配」がイエスと共に到来したことを告げているのです。これは喜びのおとずれ（福音）でした。イエスは、喜ばしいこの神の義と愛の支配に私たちが招かれているということ、そしてこの招きに応じる「生の転換」（悔い改め）が私たちに求められていることを呼びかけられたのです。「悔い改め」（ギリシア語のメタノイア）とは、「立ち返ること」を意味する言葉であり、人間の生き方の転換に迫る言葉です。神の支配の到来の宣言は、人々の生き方を揺さぶり生の転換を迫る事柄でした。イエスの「神の国の到来」の教えは、当時のさまざまな困難に直面していたユダヤの民にとって、彼らを慰め励ますものであったのです。

　なぜイエスはたとえを用いられたのでしょうか。この「神の支配の到来」という終末的な出来事が、日常を超えたものとして、人間の説明的な言葉では言い尽くせないものであったからです。イエスはたとえを用いることによって、たとえでしか語ることのできない事態を人々に伝えたと言うことができるでしょう。たとえを聴いた聴衆や、たとえを読む読者は、たとえの中の人物と感情的交渉や同一化を行なうことによって、たとえ話が自分の生き方に関わる事柄となります。たとえが自分に語りかけられているものとなるのです。

　では実際にいくつかのたとえ話を取り上げて、イエスのたとえ話に託されたメッセージを考えてみましょう。

2）種を蒔く人のたとえ（マルコ福音書4章1−9節）

　イエスはガリラヤ湖で舟に乗り込んで、岸辺に押し寄せた群衆に向かって「種を蒔く人のたとえ」を語りました。「種を蒔く人のたとえ」では、農夫が種をまいたところ、4通りの結果となったことが語られています。道ばたに落ちた種は鳥に食べられてしまい、土の薄い石地に落ちた種はすぐに芽を出しても根がないために枯れてしまい、いばらの中に落ちた種はいばらによってふさがれて育ちませんでした。それに対して良い地に落ちた種は、30倍、60倍、100倍の実をもたらしたというものです。30倍、

60倍、100倍もの収穫とは、当時の日常世界の農業の現実からはかけ離れた多大な実りです。ここに神の支配が到来した時に期待される大いなる恵みが示されています。種がまかれ、道ばたや石地やいばらの中に落ち無駄になったと思われることが多いと感じられても、実際にはこの種まきの営みは素晴らしい収穫に至ったというたとえ話を通して、「神の支配の到来」というイエスと共に始まったよきおとずれが、ここでは告げられているのです。

3) 善いサマリア人のたとえ（ルカ福音書10章25－37節）

「善いサマリア人のたとえ」は、イエスに対して「わたしの隣人とはだれですか」と尋ねる律法学者に対するイエスの応答として語られています。律法学者は、自分が隣人愛を行なう対象としての隣人とは誰かとイエスに聞いていますが、「イエスを試そうとして言った」（25節）とありますように、実は律法学者はこの答えを知っていました。「自分自身を愛するように隣人を愛しなさい」というレビ記19章18節で言われていた隣人とは、「ユダヤの同胞である」と、当時の敬虔なユダヤ人は考えていたのです。しかしイエスの答えは、律法学者が考える答えとは異なっていました。

「善いサマリア人のたとえ話」で語られている内容は、強盗に襲われて瀕死の状態で倒れている旅人に対して、祭司とレビ人が見て見ぬ振りをして通り過ぎてしまったのに対して、サマリア人は近寄って介抱し、費用を払って宿屋に泊まらせて、旅人を助けたというものです。このたとえ話の最後にイエスは律法学者に対して「この三人の中で、だれが追いはぎに襲われた人の隣人になったと思うか」と問うと、律法学者はサマリア人が隣人となったことを認めます。ユダヤ人は、サマリア人の宗教はユダヤ教の堕落したものだと考えており、サマリア人と交渉を持つことを拒んでいました。ユダヤ人はサマリア人を軽蔑していました。したがってユダヤ人の常識によれば、神殿に仕えている祭司やレビ人（下級祭司）が隣り人であるはずでした。

　イエスはこのたとえ話を語った後に、「この三人の中で、だれが追いはぎに襲われた人の隣人となったと思うか」と、律法学者の問いを逆転させるような問い返しをしています。律法学者は、隣人となったのは「その人を助けた人です」と答えます。イエスは、隣人とは隣人愛の対象としてではなく、逆に隣人愛を行なう主体として捉えています。ここでイエスはたとえ話を用いて、隣人愛の対象をユダヤ人に限定してかかろうとする律法学者のとらわれた発想そのものに修正を迫っているのです。同胞でないサマリア人が、ユダヤ人であると思われるこの襲われた旅人の隣人となったということを律法学者も認めざるをえなかったのです。このたとえ話を聞く前にレビ記の律法から理解していた隣人に対する愛とはまったく違う隣人愛の理解が、このたとえ話をとおして浮かび上がってきます。サマリア人がユダヤ人の隣り人となるという、常識をくつがえすような驚くべき逆転を聞いたユダヤの民は、衝撃を受けたでしょう。「善いサマリア人のたとえ話」は、この律法学者に対して、そして私たちに常識にとらわれない、開かれた理解の可能性を示しています。イエス・キリストの福音に根ざす愛の行為は、民族や人種の境界のない自由なものであるのです。

4）見失った一匹の羊のたとえ（ルカ福音書 15 章 4 － 7 節）

　ルカ福音書 15 章には、「見失った羊のたとえ」（4 節以下）、「無くした銀貨のたとえ」（8 節以下）、「放蕩息子のたとえ」（11 節以下）と、3 つのたとえ話がまとめられています。この 3 つのたとえ話は、どれも失われたものが見つかることの喜びについて伝えています。「見失った羊のたとえ」は、100 匹の羊を持っていた羊飼いが、そのうちの 1 匹がいなくなったときに、残りの 99 匹の羊を残しておいて見失った 1 匹の羊をどこまでも探し求め、見いだしたときに非常に喜んだ、という羊飼いの姿が描かれています。

　このたとえ話では、神様が羊飼いにたとえられ、私たち人間が羊にたとえられています。羊飼いが途方もない愛をこの 1 匹の羊に注いでいることを描くことによって、神様が私たち一人ひとりをかけがえのない大切な存

在として愛しておられることが示されているのです。見失った羊の中に自分自身の姿を見いだした者は、この福音を聞いて喜びの気持ちで満たされたことでしょう。

5）私たちに語りかけるたとえ

　イエスはここで検討したたとえ話以外にも、多くのたとえ話を語っています。たとえで用いられた題材はさまざまですが、ほとんどのたとえ話は神の国や神の愛を指し示す点で一致しています。イエスのたとえ話は、福音書に登場する律法学者や弟子たちや民衆などに対してのみ向けられているのではありません。ここで具体的に検討したたとえ話の中で問題となっている民族的な偏見（善いサマリア人のたとえ話）や、一人ひとりの価値を見失いがちであること（見失った羊のたとえ話）などは、現代人にもあてはまることです。イエスのたとえ話を読む読者は、物語の中の状況を自分に適用することを迫られるのです。イエスのたとえ話は、私たちがかたくなさと偏見から自由になり、神の義と愛の支配の中に自分が置かれていることを悟り、私たちの本来のあるべき姿へと立ち返ることを、私たちに迫っているものであると言うことができるでしょう。

3 イエスの働き——神の国のしるし

1——弟子の召命

1）イエスと神の国

　イエス・キリストは、「時は満ち、神の国は近づいた。悔い改めて福音を信じなさい」と語り、その公の活動（「公生涯」）を始めました。「神の国」とは、この世における神の支配、神の統治を語るものですが、イエスはその時がまさに今、到来したと語り出したのです。もちろん、イエスに先立つ時代（旧約聖書の時代）においても、神の働きはありました。しか

し、イスラエルの国が滅亡する中で預言者たちの活躍の時期が過ぎ、さらに捕囚の地から帰還してユダヤ教が成立してからは、その活動が律法を中心としたものへと変わり、次第に「霊（神の力）」の枯渇した時代になっていきました。そして、そうした状況が、イエスが出現するまで長い間続いたのです。ですから、イエスが「神の国は近づいた」と大胆に語ったとき、それは当時の心ある人々には大変新鮮に響くことになりました。後の教会は、このイエスの出現とともに神の国が到来したことを信じていますが、この「神の国」こそが、イエスの教えと活動の中心であったのです。

2）弟子の召命

　イエス・キリストは「神の国」の到来を宣言することによって、その公生涯を始めましたが、それはまた「神の国」の実現のために生涯を捧げることでもありました。そして、そのためにまず行なったことは、弟子たちを集める（召命）ということでした。

　マルコによる福音書には、シモンとアンデレという2人の兄弟が、最初の弟子として召されたことが記されています。そのとき、イエスは次のように呼びかけました。「わたしについて来なさい。人間をとる漁師にしよう」（マルコ福音書1章17節）。シモンもアンデレも、ガリラヤ湖で漁をしていた漁師でした。その彼らに向かってイエスは、「わたしについて来なさい。人間をとる漁師にしよう」と招いたのです。この招きには、それに先立つ要因は何も記されていません。イエスの教えに感動したからとか、イエスの運動に共感したからといった話は、一切記されていません。彼らは、いわばいきなり、「わたしについて来なさい」と呼びかけられたのです。そして、その呼びかけに従ったのです。しかも、直ちに、一切を捨てて、従ったのです。聖書には、「二人はすぐに網を捨てて従った」と記されています。シモンもアンデレも、生業としての漁師の生活を捨て、家族も捨て、一切を捨てて、直ちにイエスに従ったのです。そして、それが「従う」ということなのです。

　それでは、なぜ彼らはイエスに従ったのでしょうか。聖書には、その説明はありません。しかし、福音書全体をとおして言えることは、それはイエスに権威があったからだということです。そもそも、「わたしについて来なさい」という言葉自体が、権威に満ちた言葉です。それは、真実に権威のある者によってしか語りえない言葉です。そうした権威がイエスにはあったのです。もしかすると、それ以外の要因もあったかもしれません。この召命を受ける以前から、彼らはイエスを知っており、その教えに共感を覚えていたのかもしれません。しかし、たとえそうであったとしても、それだけではイエスの弟子になることはできなかったでしょう。なぜなら、弟子となるということには、それに先立つ招きの言葉、権威ある言葉が不可欠だからです。「わたしについて来なさい」という権威ある言葉なくして、それまでの旧い生活から引き出されるということは起こりえないのです。しかし、そうした権威ある招きの言葉がいったん発せられると、人はそれまでの生き方を一変させることができるのです。むしろ、一変せざるをえないのです。そして、直ちに、一切を捨てて、その権威ある方に従うという生き方へと向かわしめられるのです。しかし、それは、いわゆる狂信的な生き方というのとは、まったく異なります。

3）信仰と服従

　イエス・キリストは、この「従う」ということに関して、次のような言葉を語っています。それは、「わたしの後に従いたい者は、自分を捨て、自分の十字架を背負って、わたしに従いなさい。自分の命を救いたいと思う者は、それを失うが、わたしのため、また福音のために命を失う者は、それを救うのである」（マルコ福音書8章34-35節）という言葉です。これは、イエス・キリストが語った言葉の中でも、最も厳しい言葉の1つではないかと思います。それは、簡単に言えば、イエス・キリストとその働きのために、命を捨てなさいということです。しかしそれは、たとえば、以前アメリカで起こった同時多発テロ事件でテロリストたちが行なったよう

な自爆行為といったものとは、まったく異なるものです。イエスが語った、自分の命を捨てなさいという教えは、テロリストたちのように自分の命を殺害し、他人の命をも殺害するといったこととは違います。むしろ、それは、自分の命をも、他者の命をも、本当の意味で生かすことを語った言葉なのです。イエスは、この言葉に続けて、「人は、たとえ全世界を手に入れても、自分の命を失ったら、何の得があろうか。自分の命を買い戻すのに、どんな代価を支払えようか」と語っています。命を捨てるのは、本当の命を得るためなのです。しかも、今生きている、人生のこのただ中においてです。

　それでは、その本当の命とは何でしょうか。イエスは、「わたしの後に従いたい者は」と語ります。それは、イエスと共にいること、さらに言えばイエスと共に神の国に生きることを意味しています。そして、そのことが、何よりも、本当の命に与ることなのです。聖書は、人間は神によって造られた存在であるにもかかわらず、神を忘れ、身勝手に生きているということを、絶えず問題としています。本来のあるべき生き方をしていないというのです。そうした身勝手な生き方をしている自分を捨てなさい、そして本来のあるべき生き方へと立ち返りなさいと、イエスは語ります。そして、それは、このイエスを受け入れること（＝信仰）の中ではじめて実現する新しい生き方なのです。なぜなら、このイエスこそ、神と一つである存在だからです。イエス自身、「わたしは道であり、真理であり、命である」（ヨハネ福音書14章6節）と言っています。イエス自身が神へと至る道そのものなのです。

4）十字架を負って

　このイエスと共にあるとき、私たちは本来のあるべき生き方へと立ち返ることができるのです。そして、その具体的姿が、この聖書のところでは、「自分の十字架を背負って」と語られているのです。なぜなら、十字架を負う歩みにおいてこそ、イエスは神と一つであったからです。それでは、

「自分の十字架を背負う」とはどういうことなのでしょうか。それは、た
だ単に人生の重荷を負うということとは違います。十字架とは、イエスが
人々の罪を代わりに負い、釘付けにされたところです。ですから、それは
人々の負債を代わって担う生き方を表しています。それが、十字架を負う
ということです。ですから、自分の十字架を負うということは、一人ひと
りがそうした人々の負債や重荷を代わりに担い、人々の贖いとなるという
ことなのです。

　イエスが鞭打たれた後、重い十字架を背負って処刑場に向かうとき、キ
レネ人のシモンという男が無理やりその十字架を代わって担わされました。
ちょうどそのように、十字架を負うということは、人々の重荷を代わって
担い、人々の贖いとなることなのです。そして、それこそが、神と一つで
ある愛のわざなのです。なぜならば、神こそが、その独り子であるイエ
ス・キリストにおいてわたしたちの負債を負い、わたしたちを赦しへと招
いてくださった愛そのものであるからです。そして、その愛なる神ご自身
へと、私たち一人ひとりも招かれているのです。すなわち、イエスを受け
入れる信仰は、そうした愛のわざを生み出していきます。そして、そのと
き、私たちは、自分自身の命をも、また人の命をも、本当の意味で生かす
者とされていくのです。

5）十二弟子

　このような仕方で、はじめに 12 人の弟子たちがイエスによって召され
ました。その 12 人とは、シモン（イエスによってペトロ［「岩」の意］とい
う名を与えられる）とその兄弟アンデレ、ゼベダイの子ヤコブとその兄弟
ヨハネ（彼らはイエスによってボアネルゲス［「雷の子ら」の意］という名を与
えられる）、フィリポ、バルトロマイ、マタイ、トマス、アルファイの子
ヤコブ、タダイ、熱心党のシモン、そしてイエスを裏切ることになったイ
スカリオテのユダです。イエスは、彼らを、「派遣して宣教させ、悪霊を
追い出す権能を持たせるため」（マルコ福音書 3 章 14 － 15 節）、弟子として

立てたのです。しかし、それ以外にも、多くの弟子たちがいました。一説によると、それ以外に72人の弟子がいたと聖書には記されています。しかし、この十二弟子がその中心をなし、イエスの神の国運動を支えることになったのです。そして、この12という数字は、イスラエル十二部族を連想させるもので、イエスがこの12人の弟子を招いたということは、その運動において「新しいイスラエル」が目指されていたということでもあったのです（なお、「十二弟子」はまた「十二使徒」とも呼ばれました）。

【職業としての召命】

　召命とはイエス・キリストの弟子へと召かれることですが、キリスト教の歴史においては、長い間、特に聖職者になることを意味していました。しかし、プロテスタント教会を始めることになった宗教改革者のマルティン・ルターは、この召命を職業に結び付けて考えました。すなわち、職業こそ、一人ひとりがそこで神に仕えるべく召し出されたところの召命であると考えたのです。そのため、英語のコーリング（calling）という言葉やドイツ語のベルーフ（Beruf）という言葉には、召命という意味と同時に職業という意味があります。

2──罪人のゆるし

1）新しい救い

　「神の国は近づいた」というイエスの言葉は、それまでの救済観を一変させるような革命的響きを持っていました。というのも、それまでの旧約聖書の教えは、人間が律法をとおして神の許へと立ち返ろうとした歩みであったからです。

　旧約聖書も新約聖書も、人間が罪人であるという点においては、同じ理解に立っています。創世記3章に神話的に示された堕罪の出来事が、人間の本性を形づくっていると考えています。それは、人間は、人間を創造し

た神から離反しているという考えです。聖書はそのことを「罪」という言葉で呼んでいます。この「罪」という言葉は、ギリシア語では「ハマルティア」という言葉ですが、その原意は「的を外す」という意味です。すなわち、言ってみれば、人間は本来神という的の中心にしっかりと突き刺さり、そこに留まっているべきであるのに、その的の中心を外れ、どこか別のところ、本来あるべきところではないところにいることを語ったものです。ですから、この創世記3章の物語は、しばしば「失楽園」と呼ばれたりしていますが、神の目から見れば、本当のところ、失われたのは楽園ではなく人間なのです。人間こそが神と一つである楽園から「失われた存在」なのです。そして、そのことが罪の実態なのです。

　この「失われた存在」としての人間の姿は、新約聖書にも繰り返し語り出されています。特にルカによる福音書には、多くの記述が見られます。たとえば、放蕩息子の話とか、見失った1匹の羊の話とか、あるいはザアカイの話など、多くの記述があります。そして、そのすべてにおいて、本来あるべきところから迷い出てしまい、身勝手に生きている人間の姿が描かれています。しかし、それは同時に、そうした失われた存在である人間が、まったく新しい仕方で救済されたことを語る話でもあるのです。すなわち、それは、そうした失われた存在である人間が何とかして（律法を実現することによって）神の許に立ち返るというのではなく、神ご自身が、その独り子であるイエス・キリストをとおして、この失われた存在のところに来られ、その存在を再びご自身の懐へと回復されることを語っているのです。イエス・キリスト自身、「人の子［イエス・キリスト］は、失われたものを捜して救うために来たのである」（ルカ福音書19章10節）と語っています。私たちは、そこに、旧約聖書の世界とは180度異なる、まったく新しい救いの世界を見ることができるのです。

2) 罪人たちの救い

　聖書は、すべての人は罪のもとにいることを語っています。パウロは、

「正しい者はいない。一人もいない」という旧約聖書の言葉を引用し、このことを強調しています（ローマ3章10節）。しかし、イエスが生きていた時代には、人々から特に「罪人」とみなされ、蔑まれていた人たちがいました。そして、その代表格とも言えるのが遊女と徴税人でした。遊女は、淫らな者として人々から蔑まれ、徴税人はローマに収める税金を不正に取り立て、私腹を肥やしているとして人々から嫌われていました。しかし、イエス・キリストによって、真っ先に救い出されたのは、実は人々から「罪人」と蔑まれていたこうした人たちであったのです。

　たとえば、先ほど触れたザアカイは徴税人の頭でした。聖書には、「この人は徴税人の頭で、金持ちであった」（ルカ福音書19章2節）と記されています。おそらく、徴税人の頭として、人々から一層憎まれ、嫌われ、蔑まれていたのではないかと思います。そして、おそらく本人もそのことを肌で感じながら、むしろ開き直って私腹を肥やすような悪徳に走っていたのではないかと思われます。しかし、あるとき、このザアカイの住んでいる町にイエスがやって来ました。そして、こともあろうに、イエスはこのザアカイの家に泊まることにしたのです。それを見ていた人々は、大変驚きました。そして、それ以上に怪しみました。そして、「あの人は罪深い男のところに行って宿をとった」とささやきあったのです。罪人の家に入り、その客となるということは、自分自身を罪人と同じ者と自他ともに認め、その友となるということです。それは、人々が最も嫌い、そして恐れていたことでした。人々は、自分と罪人の間に明確な一線を引き、容易には乗り越えることのできない隔ての中垣を築いていました。しかし、そうした人々の中にあって、イエスは大胆にもそれを乗り越えたのです。そして、ザアカイの家に入り、その客となりました。このことは、ザアカイにとっても大きな驚きであり、またそれ以上に大きな喜びであったに違いありません。ザアカイは、このことによって孤独でかたくなになっていた心が深く慰められ、癒やされることになったのです。このとき、ザアカイは次のようにイエスに語っています。「主よ、わたしは財産の半分を貧し

い人々に施します。また、だれかから何かだまし取っていたら、それを四倍にして返します」。この言葉に対して、イエスは、「今日、救いがこの家を訪れた。この人もアブラハムの子なのだから。人の子は、失われたものを捜して救うために来たのである」と語っています。

イエスは、自ら隔ての中垣を越え、罪人の中に立ち、その友となることにおいて、人々の癒やしとなり救いとなったのです。しかし、こうした恵みは、自分こそ義人だと自負する人たちにはまったく理解のできないことでした。むしろ、人々から罪人と蔑まれ、自らもそうした罪の痛みを感じていた人たちこそ、イエスの愛を心から受け入れ、その救いに与っていったのです。

3──奇跡

1) 奇跡の種類

イエスの救いは、しばしば奇跡という形をとって実現されました。それは大まかに見て、大体3つに分類することができます。1つは病気が癒やされる奇跡で、これが一番多い奇跡です。この中には悪霊に憑かれた人の癒やしも含まれています。次に自然に関係する奇跡があります。たとえば、イエスが風雨を鎮めたとか、あるいは水をぶどう酒に変えたといった奇跡です。そして、こうした奇跡の話は、新約聖書だけではなく旧約聖書にも見られます。しかし、こうした奇跡に加え、もう1つ特異な奇跡があります。それは、イエスの復活という奇跡です。新約聖書には、イエスの復活以外にも、死んだ者が再び息を吹き返したという話がいくつか記されていますが、基本的には、これらはいわゆる「蘇生」であって、復活とは区別されるべきものです。イエスの復活は、霊の体をもってよみがえったことを語るもので、それは再び同じ肉体をもって息を吹き返すこととは区別されます。この復活についての記述は、旧約聖書エゼキエル書37章にそれを先取りするような記述はありますが、復活そのものの話はありません。また新約聖書では、この復活が終末において、キリストに属するすべての

者に起こることが約束されています。

　このように、聖書には多くの奇跡の記述がありますが、ひとつ注意しなければならないことは、そういった奇跡はすべて、基本的には救いを語るものであるということです。新約聖書に記されているイエスが行なった奇跡も、決して自分の存在や力を誇示するために行なったものではなく、それはすべて、それぞれの必要に応じて行なわれた救いのわざでした。

2）2つの誤った解釈

　聖書に記されたさまざまな奇跡の話に遭遇して、私たちはこれをどのように理解したらよいのでしょうか。

　まず、こうした奇跡の話は古代人特有の考え方であって、現代人にはそぐわないものだと、簡単に退けてしまうことはできません。というのも、当時の人たちも、こうした奇跡の話をすべて当然のこととして受け入れていたわけではないからです。たとえば、最大の奇跡とも言えるイエスの復活に関して、弟子のトマスはその話を聞いても信じようとはしませんでした。また使徒パウロがアテネでイエスの復活について語ったときも、ある者たちはあざ笑い、またある者たちは「それについては、いずれまた聞かせてもらうことにしよう」（使徒言行録 17 章 32 節）と言って、相手にさえしませんでした。ですから、奇跡は単純に古代人の考え方であるとは言えないのです。そのことはまた、現代においてもしばしば奇跡が話題とされる（たとえば、「ルルドの奇跡」）ことによっても反証されるのではないでしょうか。

　それでは、どのような理解が可能なのでしょうか。教会の歴史を振り返ってみると、そこには奇跡（聖書）の理解をめぐって 2 つの極端な見方があることが分かります。1 つは、一般にファンダメンタリズム（fundamentalism）という立場に立つ人たちが主張するもので、それは聖書は一字一句神の霊感によって書かれたものである（「逐語霊感説」）から、そこにはいかなる過ち（誤謬）もないとする考え方です。そのため、この立場によると、聖

書に対する人々の唯一のふさわしい対応は「同意」だけであり、同意しない者は不信仰者であるということになります。これは、神の絶対性に対する敬虔さを明確にすることでは優れていると言えますが、反面、人間の理性を犠牲にする点で問題があります。というのも、聖書は神の霊に導かれて書かれたとはいえ、ファンダメンタリズムの人たちが主張するように人間が機械的にそれを書きとめたのではなく、それぞれの著者の個性を反映しながら書いたもので、そこには当然矛盾や誤謬があるからです。

　それに対して、もう1つの極端な立場は、聖書をすべて合理的に解釈しようとする考え方です。聖書を科学の視点から合理的に解釈し、たとえ現時点では不可能であるとしても、将来すべて解明できるとする立場です。これは、人間の知性や経験に合致するという利点はありますが、反面、聖書が最も大切にしている人間を超えた神の支配・超越性という点を犠牲にすることになり、これも致命的な問題を残すことになります。そこで大切になってくるのは、もっと聖書そのものに即して聖書を読むということではないかと思います。

3)「しるし」としての奇跡

　以上のような極端な聖書の読み方を振り返りながら、ひとつ疑問として湧き上がってくることは、そもそも聖書の中に見られる特異な現象をすべて「奇跡」という言葉で語ることは、果たして適当なのかどうかということです。私たちが普段使っている奇跡という言葉には、自然法則に反する現象といった意味があるように思います。しかし、聖書で扱っている奇跡の話は、そういった現象が伴っているとはいえ、そのことを真っ先に語ろうとしているのではありません。こんな不思議なことが起こったんだということを、第一義的に語ろうとしているのではないのです。そうではなく、それは何よりもそうした出来事を生み出した神の力、神の救いのわざを語るものなのです。それは、イエスの行なった奇跡についても同じです。そこで語られていることは、イエスをとおして起こった神の救いのわざなの

です。もっと端的に言えば、それはイエスとともに始まった神の国の到来を語るものなのです。ですから、聖書に記されている奇跡の話を読んで、そこに自然法則に反する特異な現象を見るだけでは、その話を読んだことにはなりません。むしろ、そうした出来事をとおして、その背後にある神の国の到来を知ることが大切なのです。それこそが、不思議な現象にまさって重要なことなのです。

　聖書では、この出来事をしばしば「しるし」という言葉で表現しています。それは、現象そのものよりも、その背後にあるものを意識した言葉です。そうした現象を生み出す神の存在、神の国を意識し、それを指し示すものという意味で使われている言葉です。ですから、聖書の本来の目的からしますと、「奇跡」という言葉よりも「しるし」という言葉のほうがふさわしいと言えます。しかし、聖書の中にも、「奇跡」（英語では「ミラクル」）と訳されている言葉（ギリシア語では「デュナミス」）がありますので、「奇跡」という言葉を避けることはできません。ただ、聖書のさまざまな奇跡の話を読むとき、それは何よりも神の国の「しるし」として語られているということを念頭に置いておくことは、大切なことであると言えます。

　そうしますと、こうした不思議な現象である奇跡を、科学的に、あるいは歴史学的に論証しようとする試みは、その立場にだけ固執することになれば無意味なことになります。というのも、そういった奇跡は、そもそもそういった学問の対象ではないからです。確かに、キリスト教の歴史の中でも聖書を歴史学的に研究し、歴史上のイエス（「史的イエス」）に肉薄しようとした時期がありました。確かにそれはさまざまな学問的成果をもたらしましたが、反面そうした歴史研究は蓋然性を高めることはできても、史的イエスそのものには到達できないことが分かりました。それは、聖書自体がそもそもそういった歴史学の対象となるような歴史書ではなく、言ってみれば歴史を踏まえた信仰告白であるからです。すなわち、聖書は、神の国の到来を真摯に受け止める信仰がなければ、正しく読むことはできないのです。しかし、一度その信仰の目をもって読むとき、奇跡という特

異な出来事も、神の国のしるしとして受け止めることができるのです。それが、信仰を媒介として成立する聖書の世界なのです。

　ですから、この奇跡（しるし）をめぐって最後に語られなければならないことは、奇跡は信仰に結び付くということです。すなわち、奇跡に対するふさわしい応答は、その救いの出来事をもたらした神の国を受け入れる信仰に至ることなのです。したがって、そういった信仰に至るという出来事を起こすのが、奇跡であるとも言えます。その意味で、信仰は奇跡の実であり、また信仰こそ奇跡そのものでもあると言えるのです。

4 | メシアの十字架の死

1 ──十字架への道：受難予告

　イエスには 12 人の弟子がいました。彼らは皆、自分の仕事を捨ててイエスに従ったのです（マタイ福音書 4 章 18 － 22 節、マルコ福音書 1 章 16 － 20 節、ルカ福音書 5 章 2 － 11 節、ヨハネ福音書 1 章 40 － 42 節）。この中の 4 人はガリラヤの漁師でした。その他の弟子たちがどういう仕事をしていた人たちであったかは、一部を除いて分かりません。また、彼らがどういう目的でイエスの弟子になったのかについても、聖書は直接的には何も記していません。ただ、いくつかの記述から推定される限りでは、イエスはやがてイスラエル（ユダヤ）の独立と繁栄をもたらす指導者メシア（＝キリスト、救い主）になるべき人物だと彼らは期待していたようです。

　当時イスラエルはローマ帝国の植民地とされ、さまざまな屈辱を経験していました。イスラエルは神の民であることを自負する民族でした。しかし彼らは、神を知らないローマ皇帝の支配に服さなければならなかったのです。そうした精神的な屈辱に加え、ローマ皇帝への服従の具体的な現れとして税金を収めなければなりませんでした。それだけではなく、エルサレムで神を礼拝する大きな祭りのときなどには、ローマ兵たちが監視して

いました。それは暴動を抑えるための監視でした。もしローマに反抗する
動きが起こるような場合には、直ちにローマ兵が出動し鎮圧にあたったの
です。また不幸にして家族の大事な働き手が検挙されたり殺害されるとい
うこともあったようです。さらに、若い女性たちがローマ兵の暴行の犠牲
となり、不本意にも子どもを孕ませられるということもあったのです。

　このような暗黒の時代にあって、イスラエルの人々は神の約束に望みを
かけたのです。旧約聖書には次のような約束が記されています。「その日
には／わたしはダビデの倒れた仮庵を復興し／その破れを修復し、廃虚を
復興して／昔の日のように建て直す」（アモス書9章11節）。ここに記され
ているダビデは、イスラエル王国の第2代目の王（紀元前1000 - 961）で
した。この王によってイスラエルは1つのまとまった国家として統一され
たのです。ダビデは信仰深い王であり、宮殿が完成したとき、自分が神よ
りも立派な家に住むことになったことで心を痛めました。当時、神を礼拝
する場所は仮庵もしくは幕屋（テント）だったからです。そこで、彼は神
殿を建立しようとしました。しかし、神はその必要がないと語られただけ
ではなく、反対にダビデに対して次のように祝福を約束されました。「あ
なたが生涯を終え、先祖と共に眠るとき、あなたの身から出る子孫に跡を
継がせ、その王国を揺るぎないものとする」（サムエル記下7章12節）。ダ
ビデに対するこの神の約束が、その後のイスラエル民族の歴史における希
望の原点になったのです。

　しかし、ダビデ、ソロモンと続いた王朝は紀元前922年には北王国のイ
スラエルと南王国のユダとに分裂し、722年にはイスラエルはアッシリア
帝国によって滅ぼされてしまいました。そして、南王国のユダも587年に
バビロニア帝国によって滅ぼされてしまいました。このとき、南王国の有
力な人々は首都のバビロンに連行され、捕虜としての生活を余儀なくされ
たのです。もはや解放されてユダを再興する望みはまったくありませんで
した。預言者たちはこうした絶望的な状況の中で神による解放の希望を語っ
たのです。そして、彼らの希望の根拠はまさにダビデに対する神の約束

に基づくものだったのです（イザヤ書9章2-7節、同11章1-9節、エレミ
ヤ書23章5-6節、同30章9節、同33章17-22節、エゼキエル書34章23-
24節、同37章24節、ホセア書3章5節）。しかも50年後の紀元前538年に
彼らは解放され、エルサレムは再興されました。このようなわけで、イス
ラエル民族にとってダビデに対する神の約束は、その後の歴史において、
常に希望の根拠となったのです。

　イスラエル民族のこうした信仰的伝統の中で、弟子たちはイエスこそが
約束されたダビデの子孫であり、民族を再興する指導者メシア（＝キリス
ト、救い主）として約束された人だと期待したのです。それにしても、イ
エスは確かにダビデの家系に生まれたとはいえ、ガリラヤのナザレという
田舎の大工であり、指導者となるための学問も武芸も身につけてはいませ
んでした。このようなイエスを、弟子たちがどうしてイスラエルを再興す
るメシアと見るに至ったのでしょうか。聖書はこれについて何も記しては
いません。しかし彼らはイエスの言葉と働きをとおして、神の恵みの現実
に招き入れられる経験をしたに違いありません。マルコによる福音書は、
イエスが宣教を開始した頃、ある安息日にカファルナウムの会堂で教えを
宣べ伝えた様子を記しています。それによりますと、この時、会衆は、
「これは、いったいどういうことなのだ。権威ある新しい教えだ。この人
が汚れた霊に命じると、その言うことを聴く」（マルコ福音書1章27節）
と驚いています。会衆の中に「汚れた霊に取りつかれた男」がいました。
悪しき霊によって心がふさがれ、神との交わりを失い、神にある恵みと平
安を見いだせず、不安、焦り、苛立ちの中で叫んでいたに違いありません。
ところが、イエスの語る言葉を聞く中で彼の心は変えられたのです。

　イエスの語る言葉は、このようにその当時の律法学者たちの言葉とは異
なり、権威があったのです。権威とは、人々をもう一度神に立ち返らせ、
神の恵みの現実へと引き入れる力のことです。まさに、「目の見えない人
は見え、足の不自由な人は歩き、重い皮膚病を患っている人は清くなり、
耳の聞こえない人は聞こえ、死者は生き返り、貧しい人は福音を告げ知ら

されている」（マタイ福音書 11 章 5 節、イザヤ書 29 章 18 節、同 35 章 5 - 6 節、同 42 章 7 節）という出来事が、イエスの教えと働きをとおして起こったのです。人は神の恵みの言葉を聞くことができず、罪と悪霊に支配され、神の恵みが分からなくなっていたのです。それゆえに信頼すべき神を見失い、その魂は弱まり、生きる力や希望もなく、手も足も萎えて何もできなくなっていたのです。しかしイエスの人格に触れて、その言葉を聞いた者たちは、その病が癒やされ、これまでの虚しく無意味な人生から解放され、新たなる命に生きる力を与えられたのです。その結果、イエスのところには実に大勢の人々が恵みの言葉や癒やしを求めて集まって来たのです。弟子たちはおそらくイエスのこうした働きの中に、「時は満ち、神の国は近づいた」（マルコ福音書 1 章 15 節）という現実を見、それゆえにこのイエスこそ約束された指導者メシア（＝キリスト、救い主）であると確信したのだと思います。

　さて、イエスと弟子たちは、あるときフィリポ・カイサリヤという地方に行きました。そこでイエスは、人々は自分のことをどのように見ているかと弟子たちに質問をした後で、「それでは、あなたがたはわたしを何者だと言うのか」（同 8 章 29 節）と尋ねました。そのときペトロは、他の弟子たちを代表して、「あなたは、メシアです」（同上）と答えます。するとイエスは、「自分がメシアであることをだれにも話さないように」（マタイ福音書 16 章 20 節、マルコ福音書 8 章 30 節、ルカ福音書 9 章 21 節）と語ったのです。これまでもしばしばこうした沈黙命令がありましたが（マルコ福音書 1 章 44 節、同 3 章 12 節、同 5 章 43 節、同 7 章 36 節）、このとき弟子たちは、イエスが最後にエルサレムにおいて指導者としての地位に就く時まで、イエスがキリストであることをはしゃいで語ってはならないと命じられたと考えたに違いありません。

　ところが、この後、イエスは弟子たちにこう語ったのです。「人の子は必ず多くの苦しみを受け、長老、祭司長、律法学者たちから排斥されて殺され、三日の後に復活することになっている」（マルコ福音書 8 章 31 節、マ

タイ福音書 16 章 21 節、ルカ福音書 9 章 22 節）。イエスが自分の運命につい
て「はっきりと」（マルコ福音書 8 章 32 節）語るのは、これがはじめてで
した。弟子たちをはじめ群衆の間で、イスラエルを再興するメシアとして
の期待が高まっていたことをイエスはすでに知っていたのです（ルカ福音
書 3 章 15 節）。しかしイエスは彼らが期待するような意味でのメシアでは
ありませんでした。民族再興のために立つメシアではなく、神との関係を
失っている者たちを回復するために命をかけようとするメシアなのです。
イエスは、メシアとしての自分に隠されている秘密を明らかにするために、
この静かなフィリポ・カイサリヤをあえて選んだのです。普段大勢の人々
が群がる中では、自分について本当のことを語ることはできなかったから
です。

　驚いたのは弟子たちです。彼らは、イエスがメシアとしてイスラエルを
再興する人と期待したからこそ、自分の仕事を捨ててまで従ってきました。
それなのに自分たちの期待に反して、イエスは苦しめられ捨てられ殺され
ると言うのです。弟子たちの耳には、「三日の後に復活することになって
いる」という言葉は残らなかったに違いありません。たとえその言葉が耳
に残ったとしても、イエスが殺されるならもうすべては終わりなのです。
その後に何が起ころうとも、弟子たちが期待したイスラエル民族再興の夢
は露と消えてしまうのです。

　それでペトロは、「イエスをわきへお連れして、いさめ始め」ました
（マルコ福音書 8 章 32 節）。「いさめる」というのは、厳しくとがめること、
またあることを妨げるために警告をすることです。断じてイエスの弱気を
阻止しなければならない。これが、ペトロやその他の弟子たちの思いだっ
たに違いありません。イエスの死は、すべてを捨てて従ってきた自分たち
の名誉に関わることであり、またそれ以上にイスラエル民族の希望の消失
でもあったのです。それだけに、イエスの弱気を何としてでも打破したか
ったのです。

　ところが、予想もしない厳しい叱責の言葉がペトロに向けて告げられま

した。「サタン、引き下がれ。あなたは神のことを思わず、人間のことを思っている」（同8章33節）。それは、イエスは神によって定められていた行くべき道を示したのに、ペトロがこれをイエスの弱気の問題と誤解したからです。また神による救済が何であるかを思わず、自分たちの願望にこだわったからです。しかし、このような厳しい叱責を受けても、ペトロも他の弟子たちも最後までイエスの思いを理解することはできなかったのです。受難予告はこの後も二度三度と繰り返されます（同9章31節、同10章33-34節）。しかし彼らは理解できませんでした。彼らは質問することを恐れるだけで（同9章32節）、イエスの思いを真実に理解しようともしなかったのです。それもやむをえないことだったかもしれません。受難を覚悟でエルサレムへと向かうイエスの姿から、弟子たちは不思議な緊張感を感じさせられていたからです（同10章32節）。あるいは、かえって弟子たちはこうした姿から、イエスはいよいよエルサレムでの今度の過越祭に、何か事を起こす覚悟でいるのだろうと予感したのです（同10章37節）。そのために、予想もできない苦難に直面させられるかもしれない。しかし、その後に、期待していた時が来る。イエスが受難予告を繰り返すたびごとに、弟子たちはイエスがエルサレムで民族再興の指導者として立つ時が近づいていると勘違いしたのです。その様子はゼベダイの子ヤコブとヨハネという2人の兄弟がイエスの耳元で、「栄光をお受けになるとき、わたしどもの一人をあなたの右に、もう一人を左に座らせてください」（同上）と囁いた出来事に現れています。こうした期待がこの2人に限ったことではなかったことは、このことを伝え聞いた他の弟子たちの間で論争が生じたということからも分かります。

2──ユダの裏切り

　イエスの使命は、ユダヤ教を批判することではありませんでした。「イスラエルの家の失われた羊」（マタイ福音書10章6節、同18章12節）を探し出し、「罪人を招く」（マルコ福音書2章17節）ことでした。それは神と

の関係を結ぶことができず、律法の生活から逸脱して罪の生活に陥っていた人々、病気や貧困によって生きる力も希望も断たれてしまった人々、そういう人々を助け導いて神の恵みの現実へと立ち返らせることでした。しかしイエスの教えと行動は、ユダヤ教の指導者たちには、ユダヤ教の伝統を破るものと映ったのです。

　カファルナウムの町のある家で教えていたときのことです。数名の者たちが中風（脳卒中の後遺症）の人を運んで来ました。ところが、大勢の人がいて玄関から中に入ることができないため、彼らはその家の屋根に上がり穴を開けてそこから病人をイエスの前につり降ろし、病気の癒やしを願ったのでした。そのとき、友人たちの熱心な信仰を見たイエスは、「あなたの罪は赦される」（同2章5節）と中風の男性に向かって宣告しました。ところが、それを聞いた律法学者たちは、口には出さないまでも、「神を冒瀆している。神おひとりのほかに、いったいだれが、罪を赦すことができるだろうか」（同2章7節）、と心の中で論じたのです。また、ある徴税人の家での食事会に招かれたときのことです。そこには徴税人や遊女たちがたくさん集まっていましたが、これを見ていた律法学者たちは、「どうして彼は徴税人や罪人と一緒に食事をするのか」（同2章16節）と疑問を投げかけました。徴税人や遊女は汚れた人であり、ユダヤ人たちは自分が汚れるのを恐れて交わりを避けていたのです。

　また、ある安息日に片手の不自由な人がカファルナウムの会堂に来ていました。イエスは彼を会堂の真ん中に呼び、「安息日に律法で許されているのは、善を行うことか、悪を行うことか。命を救うことか、殺すことか」（マルコ福音書3章4節）と会衆に問いかけました。会衆は何も答えませんでした。安息日に治療を施すことは安息日規定に反することがはっきりしていたからです。このとき、イエスは、本当の意味で神を礼拝し神のために働くことを忘れて、規則にだけ縛られている人々への怒りと嘆きを覚えつつ、彼らの見ている目の前で、その人の不自由な手を癒やしたのです。ところが、これを見たファリサイ派やヘロデ派の者たちは、一緒にな

ってイエスを殺す相談を始めたのです（同3章6節）。彼らにとっては1人の人が癒やされることよりも、規則を守ることのほうが第一だったのです。安息日は人々が神を礼拝することによって新たに生かされる時であるのに、そのことよりも安息日規定の厳守が重視されていたのです（同2章27節）。

このようにイエスに対する殺害の危機は宣教のはじめから存在していました。この危機がさらに緊迫性を帯びてくるのは、フィリポ・カイサリヤからエルサレムに上ったときのことでした。到着の翌日、過越祭の数日前、イエスは「宮潔め」とも呼ばれている激しい行動に出ました。神殿の庭で売り買いしていた人々を追い出し、両替人の台やハトを売る者の腰掛けをひっくり返し、また神殿の庭を通路として利用するのを禁じたのです。そして言いました。「こう書いてあるではないか。『わたしの家は、すべての国の人の／祈りの家と呼ばれるべきである。』ところが、あなたたちは／それを強盗の巣にしてしまった」（マルコ福音書11章17節）。このことが、にわかに神殿指導者たちのイエス殺害の意気を高めることになったのです（同11章18節）。

しかし彼らは、イエスのこのような重大な行動にもかかわらず、すぐには手を出すことができませんでした。エルサレムには過越祭のために各地から大勢の人が集まって来ていました。もしイエスを逮捕することによって支持者たちが暴動を起こすことにでもなれば、それを口実にローマ帝国の締めつけはさらに厳しいものになることが明らかであったからです。そのため、彼らは直接には手を打つことができなかったのです（同11章18節、同14章1-2節）。

そこに彼らにとっては願ってもみなかったチャンスが訪れました。弟子の1人のユダがイエスを引き渡そうと相談に来たからです（同14章10節）。ユダがどうしてこのような行動に出たのか、これについてはいくつかのことが考えられています。その1つは、ユダは貪欲な男で、お金に目がくらんでイエスを売ったというものです。マタイは、ユダがイエスを引き渡したのはお金が目当てであったことを感じさせる表現をしています（マタイ

福音書26章15節）。また、ヨハネによる福音書では、ユダが財布を預かっ
ていてお金をごまかしていたと伝えています（ヨハネ福音書12章6節）。
また、ヨハネによる福音書は、ユダが最初から悪魔であったことを強調し
ています（同6章70節）。

　しかし、ユダを最初から悪者と決めつけることは、ここでの大事な問題
を見失うことになります。「裏切り」と訳されているギリシア語は、「引き
渡す」という言葉が用いられています。聖書は、裏切りという道徳性より
もイエスを神殿側に引き渡す行為に注目しているように思います。確かに、
先に述べたような状況でイエスを神殿側に引き渡すという行為は裏切りと
しか言いようがないかもしれません。しかし、ユダの立場から考えたとき、
イエスに敵対する意味において彼がこの引き渡しを計画したとは思えない
のです。

　最後の晩餐の席上、イエスが、「あなたがたのうちの一人で、わたしと
一緒に食事をしている者が、わたしを裏切ろうとしている」（マルコ福音書
14章18節）と言われたとき、ユダも同席していたのです。そのとき、弟
子たちは一人ひとり、「まさかわたしのことでは」（同14章19節）と答え
ています。裏切りの計画を心に秘めながら、このように答えることもでき
たでしょう。けれども、ユダは自分の企てがイエスのためであって、それ
が悪い結果を招くとは思っていなかったと見ることも不可能ではないので
す。もし彼が偽っていたのであれば、彼の自殺は説明しにくくなります。
マタイによる福音書によれば、ユダは、議会でイエスの死刑が確定された
翌朝、「イエスに有罪の判決が下ったのを知って後悔し、銀貨三十枚を祭
司長たちや長老たちに返そう」（マタイ福音書27章3節）としました。し
かし、時はすでに遅く、イエスについての決定を破棄することはもはやで
きなかったのです。かくしてユダは、後悔と自責の念から「首をつって死
んだ」（同27章5節）のです。

　ユダの名前についている「イスカリオテ」は名前ではなく、彼を他のユ
ダから区別するためのものです。スコットランドの新約学者バークレーに

よると、これはユダがシカリ集団に属するものであったことを示していると言われます。それは短刀を持った刺客者（シカリオス）の集団であり、狂信的なユダヤ民族主義者を意味すると言われています。彼らは、「イスラエルは神によって世界を支配するように意図されているのだ。しかし、イスラエルの人々が自分の力で立とうとしない限り、神はイスラエルを助けることはない」と信じていたのです。ですから、「彼らはローマ人に反対して殺人・攻撃・暗殺・変死を企てる誓いを立て」、上着の下に短刀を忍ばせ、ローマ人なら誰であっても殺せるように準備していたと言われています（ウィリアム・バークレー、大島良雄訳『イエスの生涯　II』新教出版社、1972年、p. 44）。

　ユダがそういう背景を持った人物であったとするなら、彼はイエスが立ち上がる機会を用意しようとしたとも考えられます。イエスを引き渡す相談（マルコ福音書14章10－11節）は、ベタニアの重い皮膚病の人シモンの家におけるナルドの壺（つぼ）の出来事（同14章1－9節）の後でなされています。ユダの決断は、このベタニアでの出来事と関係があったかもしれません。1人の女性が食事の時に突然に入って来て、持っていた高価なナルドの香油の壺を壊しイエスの頭に注いだのです。それは無駄使いも甚（はなは）だしいことでした。そこで、弟子の幾人かが、「この香油は三百デナリオン以上に売って、貧しい人々に施すことができたのに」と咎（とが）めました（同14章5節）。ところがイエスは、「この人はできるかぎりのことをした。つまり、前もってわたしの体に香油を注ぎ、埋葬の準備をしてくれた」と言って、この女のするままにさせたのです（同14章8節）。ここでユダは、立ち上がろうともしないで最初から死ぬつもりでいるイエスを見たのかもしれません。

　バークレーによれば、ユダは、イエスを「話術に長じた、奇跡的な力を持っている、ユダヤ人が待ち望んでいたような人として、またその人をパレスチナの忠義者たちの先頭に立てて、彼らの土地からローマ人を一掃し、世界を支配し、世界的な強国になる行動を始めるために、天からつかわされた指導者」と見ていました。「ユダは、イエスを彼の熱狂的な仲間たち

の待ち受けていた指導者とみたのであろう。彼がそう思っていたにもかかわらず、イエスがその目的を達するのを躊躇し始めたと見た。それゆえ、彼はイエスを敵の権力の中にわたしたのだが、それはイエスの死をはかったのではなく、イエスが自己防衛のために行動に移ることを余儀なくされ、ついには人々が長年待ち望んでいた行動を始めなければならないところに、彼を追いこもうとしたのである」。だからゲツセマネの園での「先生」という接吻の挨拶も、「さあ！ 行動を起こされる機会が来ました、あなたの力で彼らを滅ぼして下さい」という意味だったとバークレーは書いています（『イエスの生涯 Ⅱ』、pp. 45 - 46）。

　ところで、興味深いことに、ルカによる福音書は、ユダが祭司長たちのところに行き、引き渡しについての相談を始めたことを、「十二人の中の一人で、イスカリオテと呼ばれるユダの中に、サタンが入った」（ルカ福音書 22 章 3 節）と説明しています。ユダがここで何を意図して祭司長たちとの取り引きをしたにしても、それはサタンの策略によるものであったとルカは見ています。ルカはユダを弁護しようとしてあえてこのような書き方をしているのではありません。そうではなく、人間が自分の意識では抗しきれないサタンの誘惑のもとに置かれていることを見ているのです。ですから、ユダははじめからイエスに背くような悪人ではなかったし、また祭司長たちとの取り引きも悪意から出たものではなかったと見るべきです。ユダは、おそらく、イエスのことを考えて行動したのです。彼の行動は、彼の意図においては善意だったのです。そのようにユダは、まさか自分がイエスに背くはずはないという意識を持ちつつ、サタンの思う壺にはめられていったのです。ヨハネによる福音書も、ルカとは別の文脈において、同様のことを見ています（ヨハネ福音書 13 章 2 節、同 27 節）。

　ユダの裏切りは私たちに大事な問題を投げかけています。一般には、為された行為の意図を重視することが多いように思います。意図において正しく純粋であったのであれば、少々の過ちも是認されるということもないわけではありません。しかし、ユダの裏切りの事件は、意図において正し

く、それゆえに自分では正しいと確信しつつ行なうことが、その意図とは反対の結果をもたらすことがあることを物語っています。善と思われる私たちの行為が思いもよらない歴史の歯車に巻き込まれ、意図とは異なる結果を引き起こしてしまうのです。

　しかし、ユダの行為は、その意図が正しかったということをもって、その責任を免れることができるものではありません。イエスは最後の晩餐の席上において、次のように述べています。「人の子は、聖書に書いてあるとおりに、去って行く。だが、人の子を裏切る［引き渡す］その者は不幸だ。生まれなかった方が、その者のためによかった」（マルコ福音書14章21節）。イエスはまた、「誘惑に陥らぬよう、目を覚まして祈っていなさい」（同14章38節）と教えています。自分の心の正しさを過大視しないことが大事なのです。ユダをはじめイエスの弟子たちの失敗は、自己過信にあったのです。バークレーは、次のように記しています。「ちょうど神が、その働きをなさるために働き手を探しておられるように、悪魔もまたそれを探しているのであり、そして悪魔はユダを彼の手段としてみつけたのである。しかし実際には、人は自分が同意しなければ他の人に使われることはない。ユダは悪魔に、また悪魔の力によって使われることに同意した人である」（『イエスの生涯　Ⅱ』、pp. 42 – 43）。

3──イエスの捕縛と弟子たちの離散

　ユダの裏切りとともに忘れてはならないもう1つのことがあります。それは、ユダ以外の弟子たちのことです。イエスと弟子たちは、エルサレムの街のある家において過越の食事をしました。これはイエスと弟子たちとの地上における最後の食事となったことから、「最後の晩餐」と呼ばれています。この食事が終わった後、イエスと弟子たちは彼らの宿のあるオリーブ山に戻りました。そのとき、弟子たちは、最後の晩餐で裏切り者について予告されたのに続いて、再び思いもよらないことを聞かされるのです。「あなたがたは皆わたしにつまずく」（マルコ福音書14章27節）とイエス

は言ったのです。それは、弟子たちがイエスを捨てて去って行くであろうという予告です。

　イエスは、弟子たちの弱さを非難するためにそう言ったのではありません。自分に降りかかる運命の重さを知って、弟子たちの誰であれそれに耐えられる者はいないことをあらかじめ教えたのです。それは、彼らがつまずいたことを口実にイエスから離れてしまうことがないための配慮でした。ですから、ルカによる福音書は次のようなイエスの言葉を挿入してこの意味を確かめています。「シモン、シモン、サタンはあなたがたを、小麦のようにふるいにかけることを神に願って聞き入れられた。しかし、わたしはあなたのために、信仰が無くならないように祈った。だから、あなたは立ち直ったら、兄弟たちを力づけてやりなさい」（ルカ福音書22章31−32節）。

　しかし、ペトロは答えます。「たとえ、みんながつまずいても、わたしはつまずきません」（マルコ福音書14章29節、マタイ福音書26章33節）。彼はまだ、イエスのことで自分たちが直面させられようとしている悲劇が何であるかを、まったく理解していなかったのです。フィリポ・カイサリヤでイエスの受難予告を諫めたことで「サタン、引き下がれ」（マルコ福音書8章33節、マタイ福音書16章23節）と叱られたにもかかわらず、イエスに迫ってこようとしている暗闇が見えていなかったのです。これまでもたびたび受難予告が繰り返されたにもかかわらず、その意味を悟れなかったのです（マルコ福音書9章32節、ルカ福音書9章45節、同18章34節）。

　ナルドの壺の出来事においても、あの女性の行為が「埋葬の準備」（マルコ福音書14章8節）であると言及されていて、イエスの死が暗示されていました。しかし、ペトロはイエスの死には思いが及ばなかったのです。ペトロをはじめ弟子たちにとって大切なことは、イエスの死ではなかったのです。イエスが、エルサレムにおける激しい戦いの後に民族の指導者として立つ。その戦いが、間もなく、この祭の期間のエルサレム滞在中に起こるかもしれない。そのためならどんな危険に遭遇しようともイエスと共

に戦いたい。ペトロはそういう気持ちでいたのです。

　それにしても、「たとえ、みんながつまずいても」という言い方に注目しなければなりません。彼は、これによって、「皆はだめかもしれません。しかし私は大丈夫です」と言っているのです。ペトロは真剣でした。ですから、ここで他の弟子たちを出し抜いて、自分だけが良い人間でいようとしていたのではないのです。しかし、無意識のうちに、自分は人よりも優れた者だという傲慢や思い上がりを現してしまいました。先に見たように、ユダがイエスを引き渡す役割を果たすことになったのも、そもそもはこの傲慢と思い上がりから来るものだったのです。イエスの判断よりも自分の判断を絶対とする、傲慢と思い上がりです。聞く耳を持っていさえすれば、彼は最後の晩餐でのイエスの警告から自分が今手がけようとしていることの意味を悟ったかもしれません。しかし傲慢と思い上がりが彼の耳を塞いだのです。同じことはこのペトロについても言えます。

　イエスはペトロに語り続けます。「はっきり言っておくが、あなたは、今日、今夜、鶏が二度鳴く前に、三度わたしのことを知らないと言うだろう」（マルコ福音書14章30節、マタイ福音書26章34節）。これによってイエスは、ペトロを呼び覚まし、大丈夫だと豪語するような自己自身が問題であることを悟らせようとしたのです。「本当の自分の姿を知らず、傲慢さに心を奪われているそういうあなたの態度がまさに問題なのだ」と。しかしペトロも、あのユダと同様、聞く耳を持たなかったのです。それどころか、自分の弱さをかき消すかのように「力を込めて」反論をします。「たとえ、御一緒に死なねばならなくなっても、あなたのことを知らないなどとは決して申しません」（マルコ福音書14章31節、マタイ福音書26章35節）。彼はイエスと共に死なねばならなくなるような事態が起こるとは、夢想だにしていませんでした。だからこのような強がりを言ってのけることができたのです。もちろんそれも彼の真実の気持ちから出た言葉であったことでしょう。しかし彼は、イエスと共に死なねばならない状況がどのような仕方で来るか想像さえもしなかったのです。

　このように、弟子たちはこれからのことについて何も知りませんでした。それでいて、どんなことにも万全の備えができていると過信し、豪語していたのです。しかしこうした弟子たちとは対照的に、イエスは自分に降りかかる運命のゆえに恐れかつ悩むのです。イエスは、ペトロ、ヤコブ、ヨハネの3人だけを連れて皆から離れ、「わたしは死ぬばかりに悲しい。ここを離れず、目を覚ましていなさい」（マルコ福音書 14 章 34 節）とその胸の内をあらわにしています。

　イエスは自分がどのような使命を与えられているか、したがってどのような運命が自分を待っているかをすでに十分に知っており、またこのことを確認し覚悟しながら歩んできたのです。フィリポ・カイサリヤでの最初の受難予告の際には、ペトロが「主よ、とんでもないことです。そんなことがあってはなりません」（マタイ福音書 16 章 22 節）と諫めたのに対して、「サタン、引き下がれ。あなたはわたしの邪魔をする者。神のことを思わず、人間のことを思っている」（同 16 章 23 節）と厳しく叱りつけたイエスでした。エルサレムに着いてからは、神殿において人々が驚くような行動を取り、同時に指導者たちが黙っては聞き逃すことのできない大胆な言葉を語りました。それに続く論争においても、敵対する意地悪な質問者たちの無知を暴露するような答弁をして彼らを驚かせたのです。ところがゲツセマネにおけるイエスには、それまでの果敢さが見られないのです。

　この時のイエスの恐れおののきと苦悩がどのようなものであったか、それは誰にも説明し尽くすことはできません。しかし、考えてみるならば、弟子の1人によって敵対する者に引き渡され、弟子たちのすべてが自分を捨てて去って行く。自分は不正な裁判によって死刑を宣告され、惨めさと痛みに苦しみつつ、敵対する者たちの嘲 笑を受けながら、親しい者の誰にもみとられることのない死にさらされる。まさにそういう時が目前に迫っているのに、誰が平然としていられるでしょうか。

　イエスは、弟子たちから離れたところで、地にひれ伏して祈ります。「アッバ、父よ、あなたは何でもおできになります。この杯をわたしから

取りのけてください。しかし、わたしが願うことではなく、御心に適う<ruby>適<rt>かな</rt></ruby>うことが行われますように」(マルコ福音書 14 章 36 節)。神から託された使命を担うということは、誰にとっても分かり切ったことではないのです。分かっていたつもりでも分からなくなることがあります。そして何よりも、分かっていてもそれを担う勇気や気力が萎<rt>な</rt>えてしまうこともあります。だから神のご委託に答えるにしても、もっと別の賢いやり方があるのではないのか、そういう戸惑いに心が揺れることもあります。イエスの場合には、もはや後に退く余裕はない事態にまで来ているのです。しかし、恐れおののきと悩みのゆえに前に向かって進めない。そういうジレンマの中で、イエスは、「アッバ、父よ、あなたは何でもおできになります」と訴えるのです。事態はここまで進んで来た。しかしこの辱めと苦しみを避けて進む道はないのだろうか。これがイエスの心の中に起こった問いであり、ここでの祈りでもあったと思います。ルカは、このときのイエスの祈りの姿を次のように記しています。「イエスは苦しみもだえ、いよいよ切に祈られた。汗が血の滴るように地面に落ちた」(ルカ福音書 22 章 44 節)。

　イエスがこれほどの恐れと苦悩の中にあったとき、「ここを離れず、目を覚ましていなさい」と言われた 3 人の弟子たちは目を覚ましていることができませんでした。もとより 3 人を連れて行ったのは、共に祈りを捧げてもらいたかったからではないと思います。自分がどんなに孤独で苦しいかを少しでも理解して支えてもらいたかったからでもないと思います。それは、彼ら自身の本当の姿を見つめさせ、悟らせるためだったのではないでしょうか。イエスが取り去られるという事態が起こった後で、彼ら自身がどういう者であったかを痛みをもって知ることになるはずだからです。自己過信に陥っている者には、そういう経験が不可欠なのです。

　イエスはこの深く激しい神への祈りの後に、幾度かの警告にもかかわらず眠ってしまっていた弟子たちに向かって言います。「時が来た。人の子は罪人たちの手に引き渡される。立て、行こう。見よ、わたしを裏切る者が来た」(マルコ福音書 14 章 41 - 42 節)。このようにしている間に、ユダと

彼に率いられた神殿警察隊がゲツセマネの園に近づいて来ました。そして
ユダは、接吻の挨拶をもって引き渡すべきイエスはこの人であることを神
殿警察隊に示唆しました。そのとき、弟子の1人が剣を抜いて切りかかり
抵抗を示しましたが、その抵抗の虚しさを知り、「弟子たちは皆、イエス
を見捨てて逃げてしまった」のです（同14章50節）。

4——ペトロのつまずきと涙

　イエスは捕らえられ、その夜すぐに大祭司の館に連れて行かれました。
そこには長老、律法学者たちがすでに集まっていました。暴動が起こるこ
とを恐れ、できる限り速やかに対処するため、真夜中の最高法院が招集さ
れていたのです。この議会は最高法院（サンヘドリン）の規則に照らして
見ると、いくつかの点で違法性を含んでいました。重要な裁判は祭の日あ
るいはその前日に開かれてはならないし、夜に開かれてはならなかったの
です。それにもかかわらず、最高法院は祭の前日の夜に招集されました。
おそらく、彼らは、この規則に準じるために、正式には翌朝に最高法院を
招集し（マルコ福音書15章1節）、夜の最高法院はあくまでも暫定的なも
の、という体裁を整えていたようです。

　会議の内容についても最高法院規則の精神からはほど遠いものでした。
裁判の場合には、被告側の言い分を聞くことから始めなければならず、ま
た有罪判決は裁判が始まったその日に下してはなりませんでした。しかし
最高法院は、イエスを死刑にするための証拠探しから始めたのです。その
ために多くの偽証が立てられました。しかしどれも2人以上の証人が得ら
れず、死刑に処すための証言は成立しなかったのです。

　そこではじめて、大祭司は言い分を聞こうとします。と言っても、それ
はイエスの権利を守るためではなく、自分たちに有利な言葉尻を捕らえる
ためでした。しかし、イエスは何も答えませんでした。それは、黙秘権を
行使して生き延びる道を模索しようとしたのではありません。もはやここ
ではどんな弁明も意味をなさないことを見抜いていたからです。人間の法

廷はイエスを裁く力量も資格もないことを、イエスは知っていたのです。聖書は、このイエスについて、「［彼は］正しくお裁きになる方にお任せになりました」（Ⅰペトロ2章23節）と記しています。

　そこで、大祭司は、イエスがどうしても答えざるをえないであろう問いを突きつけました。「お前はほむべき方の子、メシアなのか」（マルコ福音書14章61節）。弟子たちにはこれまで自分がキリストであることを人には言うなと、沈黙を命じてきたイエスでした。しかし、ここでイエスは、「そうです」と答えただけでなく、やがて「全能の神の右に座り、天の雲に囲まれて来る」ことを宣言しました。自分が神の子であることを明らかに大胆に宣言したのです。しかし、この大胆な宣言をめぐって何ら審議がされることはありませんでした。それどころか、「一同は、死刑にすべきだと決議した」（同14章64節）のです。

　その後、議員たちは唾をかけたり小突いたりしてイエスに侮辱を加え、イエスを引き取った下役も議員たちにならって平手打ちを加えるなどの乱暴を働きました。被告に侮辱を加えることは正式の最高法院においては許されないことでした。しかし、イエスは人間としての最低限の権利を守られることもなく、不正な裁きによって死刑に追いやられることになったのです。

　さて、ペトロは、イエスが捕らえられてこの大祭司の館に連れて来られたとき、その後を遠くからついて行きました（同14章54節、マタイ福音書26章58節、ルカ福音書22章54節）。そして中庭に入り込み、その下役たちと一緒になって火にあたりながらこの裁判の様子を見ていたのです。ところが、その顔が火に照らし出され、大祭司の女中に、「あなたも、あのナザレのイエスと一緒にいた」と指摘されることになりました。それに対し、ペトロは答えます。「あなたが何のことを言っているのか、わたしには分からないし、見当もつかない」と。そしてペトロは庭先の方に出て行きましたが、そこでもこの問いは2度、3度と繰り返されました。しかしそのたびに彼は、「あなたがたの言っているそんな人は知らない」と繰り返し

たのです。マルコはペトロの3度目の答え方について、「呪いの言葉さえ口にしながら」（マルコ福音書14章71節）と記しています。「あんな男と俺とがどんな関係があると言うのだ」というような激しい言葉で、ペトロはイエスとの関係を否定したのだろうと思います。

　イエスを呪うような感情をあらわにしながら3度も「知らない」と言い続けたのは、単に恐怖のゆえだったのでしょうか。むしろペトロはもっと深刻な試練の中に立たされていたのではないでしょうか。イエスを引き渡す働きをしてしまったユダが、憎む気持ちからではなく、イエスが指導者として立ち上がらざるをえない状況を造り出したいと願って行なったのだとするなら、ユダのほうが罪はまだ軽かったかもしれません。もしかすると、ペトロの陥った試練はそれ以上のものだったかもしれないのです。「知らない」と「呪いの言葉」との背後には、恐怖心だけではなくイエスへの失望があったと思われます。ユダがそうであったように、ペトロもイエスが最高法院において立派に弁明し、指導者（キリスト）として立つ道を切り開いてくれることを願ったのではないでしょうか。ところが、これまでのことからは予想もできないイエスの姿をペトロは見てしまったのです。イエスは何も答えないだけではなく、惨めにも侮辱を受けながら何もしないで黙っていたのです。ペトロの心の中には、イエスはこんな男だったのか、こんな男との関係はこれ以上続けたくはないとの思いが生じ、「知らない」というのは、そういう思いから出てきた言葉であったのかもしれません。そういう意味では、ペトロも唾をかけたり、小突いたりしてイエスを侮辱した議員たちと心の深いところでは共通していたのだと思います。

　ところが、鶏の鳴き声とイエスの預言の言葉が、こうした試練からペトロを立ち上がらせたのです。ルカ福音書だけが、「主は振り向いてペトロを見つめられた」（ルカ福音書22章61節）という説明を付け加えて、イエスのまなざしがペトロをその試練から救うことになったことを示唆しています。「たとえ、みんながつまずいても、わたしはつまずきません」、「た

とえ、御一緒に死なねばならなくなっても、あなたのことを知らないなど
とは決して申しません」。ペトロは他の弟子たちが聞いているところで、
このように断言して見せたのです。それほどにイエスに信頼と期待を寄せ
ている自分であることを彼は疑わなかったのです。しかし、今、彼はこれ
ほどに惨めなイエスの姿を見るまでは気づくことのなかった自己の内面を
見たのです。確かに、ペトロは、「たとえ、御一緒に死なねばならなくな
っても」と言わないではいられないほどに、これまでイエスから恩恵を受
けてきたし、それゆえにイエスに信頼し期待を寄せてきました。ところが、
そのイエスの頼りない惨めな姿を目の当たりにして、そんなイエスのため
に自分までもが巻き添えにされるという危機感に立たされ、こんな男とは
これ以上関わりたくないと思ったのです。ペトロはイエスの惨めな姿に接
して、はじめて自分の心の中に根を下ろしている罪の深淵（しんえん）を見たのです。
そして、ペトロは、「イエスが言われた言葉を思い出して、いきなり泣き
だした」（マルコ福音書14章72節）のです。イエスの苦難がなければ、ペ
トロの新しい出発はありえなかったと言えます。

5——ユダヤ人の訴えとローマ人の裁判

　一夜が明けて正式な最高法院が開かれました。不思議なことに、最高法
院は昨夜、衆議一決イエスを死に当たるものと断定したはずでした（マル
コ福音書14章64節）。ところが、朝になって正式なものとして開かれた最
高法院は、「最高法院全体で相談した後」（同15章1節）イエスをローマ総
督ピラトに渡すことにしたのです。イエスに十分な罪状を確定することが
できなかったということもあったようです。しかし、最高法院はそのこと
のゆえにイエスを殺すことを留保しようとしたのではありません。マタイ
はこの点を明確にする意味で、マルコが「最高法院全体で相談した後」と
だけ記しているところを、「イエスを殺そうと相談した」（マタイ福音書27
章1節）と書き直しています。これによってマタイは一夜開けた朝にも、
最高法院は決して冷静になったのではないということをはっきりさせてい

ます。最高法院は、イエスを処刑するのは本当に正しいことなのかと慎重に審議したのではなく、民衆の騒ぎを最小限度に留めるためにはイエスをどのような手だてで殺すのがよいかということを協議したのです。神の前に何が正しいかをめぐってではなく、民衆の過度の反応を避けるために協議したのです。

このイエスをピラトのところに引き渡すということは、イエスをローマ帝国に対して謀叛（むほん）を犯した者としてピラトの手で処刑させるという策略でした。これは最高法院の立場から見るなら、実によく練られた名案だったのです。この方法で殺せば、イエスを支持する群衆の怒りをピラトに向けることができます。しかもこのようにしてピラトの評判が悪くなることは、ユダヤ側にとって有利でした。というのは、総督ピラトにとっては、群衆の暴動を避けることが一番の関心事だったからです。群衆の暴動は、直接に彼の地位の永続性と関係していたからです。

しかしながら、果たしてピラトがイエスをローマに対する謀叛者として認定するだろうかという問題がありました。この問題を克服するために最高法院が練り上げた策が、群衆を煽動するということであったのです。群衆が騒げばピラトはそれに従わざるをえなくなる。しかもそのように群衆の声に押され、ピラトがローマ帝国の法を犯してもいない者を処刑するような不正な裁判をせざるをえなくなれば、それはユダヤ人たちのピラトに対する復讐心（ふくしゅうしん）を満たすにも都合の良いことだったのです。というのも、ピラトは第5代総督（紀元後26‐36年）として就任して以来、ユダヤ人の反感を買うようなことをあえてしてきたからです。

ピラトは、反乱をさけるためにユダヤ人たちの機嫌を損ねないような施策を取るという歴代の総督たちの伝統があったにもかかわらず、あえて挑戦的なことを試みました。たとえば、着任後、カイサリアから軍隊をエルサレムに向かわせ、ローマ皇帝の像が描かれた軍旗を夜の間にエルサレムの市内に持ち込ませたのです。しかし、これはユダヤ人たちの命をかけた激しい反対に合い、この軍旗をエルサレムから運び出さざるをえませんで

した。あるいは、ユダヤ教の大きな祭のとき、大勢の人出に備え水を確保する必要があり、そのために水道工事を始めますが、その費用を神殿の献金でまかなわせようとしました。さらにピラトは、工事中止の要求をしたユダヤ人たちを一般市民に扮した兵士たちに棍棒で殴らせ死傷させました。こうしてピラトはユダヤ人の反感を買うことになったのです。ユダヤ人著述家のフィロンによれば、アグリッパ1世はローマのカリグラ帝に「（ピラトは）頑固、残忍冷酷な人間であり、収賄、冒瀆、強奪、虐待限りなく、人民の不平のもと、正当な裁判をせず、勝手気ままに刑を執行し、絶えず残忍な行為をし……」という内容の手紙を記していたようです（フィロン「ガイウスへの弁明書」38章）。

　ところで、ピラトは平時はカイサリアにいて、ユダヤの祭の間だけエルサレムの総督官邸（神殿の西北端に位置）に来ていました。イエスは大祭司カイアファの館からこの総督官邸へと引き渡されたのです。ルカによる福音書によれば、大祭司たちは次のようにピラトに訴えました。「この男はわが民族を惑わし、皇帝に税を納めるのを禁じ、また、自分が王たるメシアだと言っていることが分かりました」（ルカ福音書23章2節）。もちろん、イエスはローマに税金を納めることを禁じたこともなく、またユダヤ人の王でありキリストであるとは一言も吹聴したことはありませんでした。大祭司たちは事実無根の偽りを並べ立てることで、イエスをローマに対する謀叛者であると印象づけようとしたのです。

　これを受けてピラトは、イエスに「お前がユダヤ人の王なのか」と尋ねます。それに対しイエスは、「それは、あなたが言っていることです」と答えました。もちろんイエスは、ヨハネによる福音書（18章36節）が説明しているように、この世的な意味で「ユダヤ人の王」なのではありません。神と共に、見えない仕方において、この世界と歴史を導き支配しているという意味で、イエスは神の民であるユダヤ人の王なのです。ピラトは、このことの真意を理解することはできなかったと思います。しかし、おそらく、少なくともイエスはローマに謀叛を犯すような意味での「ユダヤ人

の王」でないことだけは理解したのです。また彼は、祭司長たちがイエスを引き渡したのはねたみのためであったこともすでに察知していました（マルコ福音書15章10節）。

　さらに、ピラトがイエスには罪がないと確信することになったのは、大祭司たちがイエスに不利な訴えをしているにもかかわらず、論駁することもなく黙っているイエスの姿を見たからでした。ピラトは言います、「何も答えないのか。彼らがあのようにお前を訴えているのに」（同15章4節）。ピラトはイエスを正しく理解することはできないまでも、イエスの姿から彼が犯罪人ではありえないことを確信したのです。

　祭司長たちは、おそらく、ピラトは無罪放免にするだろうと読んでいたと思います。そこで彼らが次に仕掛けておいた策は、群衆を煽動して総督官邸に呼び集め、祭のときの慣例になっていた恩赦を要求させることでした。彼らが群衆をどのように煽動したのかは分かりません。彼らは、犯罪人のバラバの釈放を求めるよう、人々を煽動したのです。バラバはユダヤ民族の解放のために戦った男でした。それに対し、イエスは、「敵を愛し、自分を迫害する者のために祈りなさい」（マタイ福音書5章44節）と教えました。また、ローマの兵隊の百人隊長が自分の部下の病気の癒やしを願って来たとき、彼の語る言葉を聞いて感心し、「イスラエルの中でさえ、わたしはこれほどの信仰を見たことがない」と褒め、その反対にイスラエルの人々の不信仰を批判したことがありました（マタイ福音書8章5‐13節、ルカ福音書7章1‐10節）。ですから、煽動者たちは、バラバに比べてイエスがローマびいきであることを誇張したのかもしれません。とにかく彼らは群衆を煽動することに成功したのです。

　バラバの釈放を要求する群衆に向かってピラトは尋ねます。「それでは、ユダヤ人の王とお前たちが言っているあの者は、どうしてほしいのか」（マルコ福音書15章12節）。煽動されて集まって来た群衆のすべてが、かつてイエスを信じていたという者たちではなかったでしょう。しかし、彼らの中には、それまでイエスを信じていた者たちもいたかもしれません。

そうだとすると、彼らもまた、弟子たちがそうであったように、イエスに
つまずいた者たち（同14章27節）なのです。ローマと戦って逮捕された
のであればともかく、最高法院を説得も指導もできず死刑の宣告を受ける
ことになったイエスへの失望は深かったと思います。そこに最高法院から
ありもしない情報を聞かされ、彼らの失望は憎しみへと変えられたのです。
ですから、群衆はピラトの問いに対して答えます。「十字架につけろ」（同
15章13節）と。しかしピラトは再度問いかけます。「いったいどんな悪事
を働いたというのか」（同15章14節）。これはピラトの良心の声であった
に違いありません。しかしながら、その声も「十字架につけろ」と叫ぶ群
衆の憎しみと怒りの声に勝つことはできなかったのです。その後のことを、
マルコは次のように記しています。「ピラトは群衆を満足させようと思っ
て、バラバを釈放した。そして、イエスを鞭打ってから、十字架につける
ために引き渡した」（同15章15節）。

　ピラトはなぜ自分の良心の声に従って裁きを行なうことができなかった
のでしょうか。それはイエスに対する群衆の憎悪の激しさによるものでし
た。この群衆を無視して結論を下すなら、自分に不利益をもたらすかもし
れないと恐れたのです。バラバではなくイエスを釈放したなら群衆が騒ぎ
出すかもしれない。そうなれば、祭司長たちは、これを口実にピラトがい
かに無能力な総督であるかをローマに報告するかもしれない。それによっ
て自分は総督の地位を失うことになる。しかし、それほどの犠牲を背負っ
てまでイエスを守る理由はないではないか。ピラトは、おそらく、そのよ
うに考えたのではないでしょうか。

　ヨハネによる福音書によれば、ピラトは何も答えようとしないイエスに
向かって、「お前を釈放する権限も、十字架につける権限も、このわたし
にあることを知らないのか」（ヨハネ福音書19章10節）と威厳を見せてい
ます。しかし、イエスは答えます。「神から与えられていなければ、わた
しに対して何の権限もないはずだ。だから、わたしをあなたに引き渡した
者の罪はもっと重い」（同19章11節）。これを聞いてピラトはイエスを釈

放しようと努力したのです。しかし、「もし、この男を釈放するなら、あなたは皇帝の友ではない。王と自称する者は皆、皇帝に背いています」（同19章12節）と叫ぶユダヤ人の声を聞き、それ以上には何もできませんでした。このように、ピラトは、口では威厳を振りかざしてみても、ローマ総督としての権限を正しく行使することはできなかったのです。こうしてイエスは、ユダヤ人でありながら、ローマの極悪人のための刑である十字架へと引き渡されることになったのです。

6——十字架の上で

　祭司長たちは、ついに願いどおりに、イエスを処刑へと追いやることに成功しました。それも自分たちの手を汚さず、異邦人ピラトによって殺させたのです。祭司長たちにとってピラトは軽蔑と憎しみの対象でした。そのピラトに、その意図に反して、イエスを殺させたのです。これによって、たとえイエスの十字架の死を嘆く群衆が騒いだとしても、彼らの恨みはピラトに向けられることになります。このような意味で、彼らは二重の勝利を味わうことになったのです。しかし、それは表面的な事柄であって、深い意味ではイエスの十字架は神に敵対する祭司長たちの罪の象徴であり、同時に群衆を恐れて指導者としての責任を全うできなかった彼らの破れの象徴でもありました。ですから、彼らの勝利は極めて自己満足的で表面的なものでしかなく、それは神の激しい怒りのもとにある偽りの勝利でしかなかったのです。本当なら、自分の罪と破れのゆえに心から悔いて神に赦しの憐れみを求めなければならないのです。しかし、彼らはそのようにしなければならない自分の罪と破れに目が塞がれていました。指導者たちのこうした傲慢と自分に対する無知が、やがてこの民族を決定的な破局に追いやることになったのです。それは、歴史（70年のユダヤ戦争における敗北）が証明していることなのです。

　敵対者たちがこうした勝利に浸っている中、イエスはどんなに耐えがたい苦しみへと追いやられたことでしょうか。その苦しみは、偶然によるも

のではありません。真理を求めるのではなく、自己保存のためにその場を繕って生きようとする優柔不断な人間によってもたらされた苦しみでした。バラバが釈放された後、ピラトは無罪であることを十分に確信しながら、イエスを公衆の面前で鞭打たせます。それは、聖書によれば、「群衆を満足させる」ため（マルコ福音書 15 章 15 節）であったと言うのです。さらにイエスは、総督官邸の中に連れて行かれ、ローマの兵士たちから嘲笑をあびせられます。兵士たちは、高貴な人々の着る紫の衣をイエスに着せ、いばらで編んだ冠を頭にかぶせ、「ユダヤ人の王、万歳」とからかいます。さらに葦の棒で頭をたたき、唾をかけます（同 15 章 16 - 21 節）。これは死刑宣告を受けた囚人に対してなされる慣例であったにしても、せめて官邸内においては罪なき囚人として取り扱うことを命じることもできたはずなのです。しかし、ピラトはそういう配慮を一切しませんでした。イエスは、人間としての尊厳を無視され、重罪を犯した囚人同様に扱われることになったのです。

　イエスは、こうした嘲笑をあびせられた後に官邸から引き出され、十字架を背負わせられ、ゴルゴタ（「されこうべ」の意、同 15 章 22 節）の丘へと向かうのです。大工で鍛えた体です。ですから本来なら背負えないことはなかったでしょう。しかし、昨夜の恐れと苦悩、それに続く捕縛、夜中の裁判、一夜明けてすぐのピラトの面前での審問、そして兵士たちによる鞭打ちの刑、こうした緊張と苦しみにより力尽き、身も心も弱り果て、十字架を背負うことはできませんでした。兵士たちは何度も鞭打ってイエスを歩くように促したことでしょう。しかし、もはや十字架を背負って歩くことはできなかったのです。

　そこで兵士たちは、たまたま道端でこの様子を見ていたキレネ人シモンに、イエスの十字架を背負わせたのです。聖書は、この「キレネ人シモン」のことを「アレクサンドロとルフォスとの父」と記していますから、シモンとその子どもたちは初代教会において何らかの影響力を持った働き人であったことが考えられます。シモン自身は、十字架を背負っては倒れ

る憐れなイエスの姿を、興味本位に見ていました。しかし、イエスに代わってその十字架を担いで、ゴルゴタの丘に伴い行くことをとおして、より一層深く十字架のイエスに触れることになったと考えられます。この意味で、キレネ人シモンは、初代教会において、イエスの弟子の典型的な姿と見られていたと思います（マタイ福音書16章24 – 25節）。

やがてイエスは、ゴルゴタの丘に到着しました。まず磔（はりつけ）の痛みを和らげるために没薬（もつやく）をまぜたぶどう酒が差し出されましたが、イエスはこれを受け取りませんでした。十字架の痛みと苦しみ、死の不安と恐怖を、ありのままに受け止めるためです。それは、死の恐怖におびえる者たちの救いのため（ヘブライ2章15節）でした。イエスの両手足に容赦なく釘（くぎ）が打ち込まれ、その体は十字架にはりつけられました。そのとき、イエスと一緒に2人の強盗も十字架につけられ、2本の十字架がイエスの両脇に立てられました。イエスは強盗を犯した犯罪人と同じように扱われたのです。それは金曜日の朝の9時頃でした。

磔の痛みと苦しみがどんなものであったか、それは筆舌に尽くしがたいものであったに違いありません。しかし、イエスにとっての苦しみはこれだけではありませんでした。イエスは肉体の痛みと苦しみに喘（あえ）ぎながら、通行人、祭司長たち、律法学者たちから嘲（あざけ）りの言葉をあびせられたのです。「他人は救ったのに、自分は救えない。メシア、イスラエルの王、今すぐ十字架から降りるがいい。それを見たら、信じてやろう」（マルコ福音書15章31 – 32節）。マルコによれば、一緒に十字架につけられた2人の強盗までもが同じようにイエスを罵（ののし）りました（ルカによる福音書によると、その内の1人は悔い改めてイエスに救いを求めた）。そばにはイエスに同情する者は1人もいなかったのです。イエスに従った幾人かの婦人たちは、この様子を遠くから見てはいましたが（マルコ福音書15章40節）、そばに近寄ることはできませんでした。こうしてイエスは、痛みと苦しみ、罵りの中で、慰めの言葉もかけられることのない深い孤独に耐えなければならなかったのです。

　午後3時に至った時でした。イエスは、「エロイ、エロイ、レマ、サバクタニ」（同15章34節）と叫びました。これは、「わが神、わが神、なぜわたしをお見捨てになったのですか」という意味です。マルコによる福音書の説明によれば、これはイエスがこの地上において残した最後の言葉です。イエスは、祭司長、律法学者たち、群衆から捨てられ、身近にいた弟子たちからも捨てられたのです。それでも、このような最後を遂げることは、父なる神の御心であったのです。それなら、どうして神は、十字架の上で痛み苦しむイエスと共にいてくださらなかったのでしょうか。イエスが十字架の上で痛み苦しみ、最後にこのように嘆きの叫び声を上げて息を引き取るまで、誰の目にも何も起こりませんでした。そして、イエス自身においても、神が共にいて助け導いてくださるという実感はなく、痛み、苦しみ、惨めさ、孤独の中で、深淵なる死へと飲み込まれていく不安とおののきだけがあったのです。

　こうしたイエスの死を見て、祭司長や律法学者たちは何と思ったでしょうか。聖書は何も語ってはいません。ただイエスを殺した彼らといえども、生前のイエスの不思議な力を見ていたのですから、「何かが起こらなければよいが……」という思いも心の片隅にはあったに違いありません。ですから、イエスがこのような叫び声を上げて息を引き取った以外には何も起こらなかったとき、安堵感を持って胸をなで下ろしたのではないでしょうか。

　ところが、マルコは次のように記しています。「すると、神殿の垂れ幕が上から下まで真っ二つに裂けた」（同15章38節）。「すると」というのは、「イエスは大声を出して息を引き取られた」（同37節）時のことです。敵対者たちには、貧しい男の惨めな最後の叫びとしか聞こえなかったと思います。しかしマルコは、イエスが神に向かって叫びながら息を引き取った出来事に隠された大切な意味について語っています。それが神殿の垂れ幕が裂けたということなのです。神殿の垂れ幕というのは、礼拝堂の会衆席とその奥にある聖なる空間（「至聖所」）とを隔てている幕のことです。幕

の奥には、神がそこにおられる象徴としての契約の箱（出エジプト記25章10–22節）が置かれています。大祭司は年に1度、犠牲の血を携えてそこに入り、自分自身と民の赦しを祈り求めることになっていました。マルコは、仕切りの幕が「真っ二つに裂けた」ということによって、これまで繰り返されてきた大祭司による罪の赦しを祈る儀式は無意味なものになったということを告げているのです。ちょうど太陽が昇ることによって月の明かりが消えていくように、これまで動物の犠牲の血を携えた大祭司によって幕の奥でなされていた儀式に終わりが来たということなのです。それは、イエス自身が私たちの罪のために自分の血を流し、神と私たちの間に立ってくださったからです。

　ヘブライ人への手紙は、このことを次のように記しています。「［キリストは］御自身の血によって、ただ一度聖所に入って永遠の贖いを成し遂げられたのです」（ヘブライ9章12節）。年に1度の贖罪祭において、どんなに厳かに罪を懺悔する儀式が執り行なわれたとしても、それによって私たちの良心が呼び覚まされて心から罪を悔い改めて清められるということはありません（同9章9節）。しかし、イエスの十字架の血は、真実に十字架のイエスと向き合う人々の良心を呼び覚ますのです。そしてそれは、「わたしたちの良心を死んだ業から清めて、生ける神を礼拝するようにさせ」（同9章14節）るのです。

　マルコは、もう1つ具体的な出来事に注目しています。それは「本当に、この人は神の子だった」（マルコ福音書15章39節）と、ローマ兵の百人隊長が告白したことです。百人隊長が大祭司や律法学者たちが見たのとは異なるイエスの姿に出会ったということではありません。彼にとっても、イエスが声高く叫んで息を引き取る様子しか見えなかったのです。しかし彼は、イエスのこの姿を見て、「本当に、この人は神の子だった」と告白したのです。この百人隊長は、神から捨てられたとしか思えないような暗黒の中にあってもなお神を呼び求めて止まないイエスの姿に、「神の子」としての本当の姿を見たのです。今は神不在としか思えない状況に置かれて

いる、たとえ神が存在しているとしても、もはやその救いの手がここまで伸びるとは思えない、そういう絶体絶命の状況において、イエスは神を求め神に問うたのです。それは神不在としか思えない状況の中で、祈りを喪失している者たちのための祈りでもありました。百人隊長は、イエスのこの姿の中に、イエスがまことに神の子であることを認めたのです。

　罪人たちのためにするイエスの執り成しの祈りは、あの大祭司が年に1度、犠牲を携えて神殿の幕の中に入ってする祈りとは異なります。大祭司たちの多くは、神不在の状況を深刻に受け止めて祈るということはなかったのではないでしょうか。彼らの祈りは、儀式化されていた仕事の1つにすぎませんでした。これに対して、イエスは神不在という深刻な状況の中に自ら立たれたのです。それは神不在の中に生きる者たちを神へと執り成すためでした（ヨハネ福音書14章2節、ローマ8章34節）。イエスが十字架の道をあえて選び取ったのは、このためだったのです。

　バークレーは次のように述べています。「イエスは周囲の力によって十字架に駆り立てられたのではない。十字架は、最初の希望や計画や意図が失敗した時の、あとの思案ではなかった。最初からイエスはすすんで、自主的に十字架の見地から考えておられた（『イエスの生涯　Ⅱ』、p. 117）。このために、イエスはあえて十字架の道を選び取ったのです。

5 復活と昇天

1──空虚な墓

　福音書を読むときに誰もが直面するいくつかの疑問があります。まず、結婚もしていないマリアが聖霊によって身重になったという出来事（マタイ福音書1章18節以下、ルカ福音書1章26節以下）や、イエスが皮膚病の人（マルコ福音書1章40節以下）、中風の人（同2章1節以下）、医者でさえも癒やすことのできなかった重い病気の人（同5章25節以下）を直ちに癒

やしたり、嵐を鎮めたり（同4章35節以下）、わずかのパンと魚で何千人もの人々の空腹を満たしたりした（同6章34節以下）奇跡のことです。こうしたことに加え、さらに一層不思議に思うことは、十字架に磔にされて死んで葬られたイエスが3日目によみがえったという出来事です。また、このよみがえりと関係して、イエスの死体が葬られたはずの墓が3日目に空になっていたという出来事（マタイ福音書28章1-15節、マルコ福音書16章1-8節、ルカ福音書24章1-12節、ヨハネ福音書20章1-18節）も、不思議で納得しがたい話です。

　墓が空であったということを最初に知ったのは、ガリラヤからエルサレムまでイエスに従って来た女性たちでした（マタイ福音書27章55節、マルコ福音書15章41節、ルカ福音書23章49節）。ペトロをはじめとする11人（ユダを除く）の弟子たちは皆逃げてしまいました。しかし、これらの女性たちは、イエスが十字架に磔にされ苦しみつつ息を引き取っていく様子や、ユダヤの議員アリマタヤのヨセフがイエスの死体を引き下ろして岩穴の墓に葬る様子を遠くから見ていたのです。アリマタヤのヨセフはイエスを尊敬していた議員の1人であったと思われますが、彼女たちはそのことを知らなかったため、墓に近づくことはできませんでした。人々がいなくなってから行くということも考えられましたが、時はもう夕方でした。ですから、女性たちが出歩くには適当でなかっただけではなく、その日は金曜日で、夕方6時からは安息日となり、ユダヤ教のしきたりで翌日土曜日の夕方6時までは、礼拝の他には出歩いてはならないことになっていたのです。したがって彼女たちは、3日目（金曜日を1日目と数えて）の日曜日の朝を待たなければなりませんでした。

　日曜日になり、夜が明ける頃に、彼女たちはすでに用意してあった香料を携えて墓に向かいました。墓の入り口が大きな石で塞がれていたことはすっかり忘れていました。ところが、墓に到着してみると、その石が転がっており、中に入ってみたところ、驚いたことにイエスの死体はなくなっていたのです。さらに驚いたのは、墓の中には真白な長い衣を着た若者

（天使）が座っていたことです。彼は言いました。「驚くことはない。あなたがたは十字架につけられたナザレのイエスを捜しているが、あの方は復活なさって、ここにはおられない」（マルコ福音書16章6節）。

　イエスの死体が葬られたのにその墓が空になっていた、つまりよみがえったということは、誰にとっても信じがたいことではないでしょうか。ですから、この出来事についてはいろいろ否定的な議論があります。その1つによれば、イエスは、十字架の上で死んだのではなく気絶しただけで、墓（岩をくり抜いた洞穴）の冷たさで目覚め脱出するのに成功して、やがて彼と弟子たちは、彼が死からよみがえったのだと主張したのではないかと言うのです。第二は、ユダヤ人たちが、イエスが殉教者として祭り上げられることのないように死体を取り去ったのだと言うのです。さらに、第三は、弟子たち自身が死体を移してイエスは死からよみがえったと主張した、あるいは第四に、アリマタヤのヨセフはやむをえず一時的に墓を貸しただけであって、安息日が終わってそれを取りのけ、知られない場所に埋めたのだと言うのです。また第五に、婦人たちは混乱しており、間違った墓に行ったのではないかという議論もあります。

　確かに、墓が空であったということは信じがたいことです。しかし、イエスの死人からのよみがえりが、こうした否定的な議論が指摘するように、人間的な作為、誤解、狂信に基づいているものであったとすると、キリスト教は成立直後の激しい迫害によってすでに死滅していたはずで、長い歴史を貫いて多くの人々の心を捕らえることはなかったはずです。しかし、確かに、墓が空になっていたということは、私たちの人間的な常識や経験に反することでもあります。果たして、人間の常識や経験に逆らってまで、イエスの死人からのよみがえりを信じなければならないものなのでしょうか。

　実は、イエス・キリストの復活については、もう少し冷静に聖書を読まなければならないのです。確かに4つの福音書は空の墓について語っていて、その語り方もそれぞれに異なってはいますが、いずれの書も、墓が空

であったことを見たので弟子たちはイエスが復活したのだと信じた、とは
記していないのです。マルコによる福音書は次のように記しています。
「婦人たちは墓を出て逃げ去った。震え上がり、正気を失っていた。そし
て、だれにも何も言わなかった」（マルコ福音書16章8節）。婦人たちは、
天使の言葉を聞きながら、ただ恐怖心だけを覚えたのです。ルカによる福
音書の場合には、こうしたマルコの書き方とは異なり、婦人たちは天使
（輝く衣を着た2人の人）の語る言葉からかつてのイエスの言葉を思い出し
たとあります（ルカ福音書24章8節）。それで彼女たちは自分たちが見た
ことや聞いたことの一切を弟子たちに報告しました。ところが、彼らは、
「この話がたわ言のように思われたので、婦人たちを信じなかった」（同
24章11節）のです。マタイによる福音書は、「婦人たちは、恐れながらも
大いに喜び、急いで墓を立ち去り、弟子たちに知らせるために走って行っ
た」（マタイ福音書28章8節）と、ルカによる福音書よりもさらに婦人た
ちの積極的な姿を記しています。さらには、婦人たちから聞いたことに基
づいて行動する弟子たちの素直な姿（同28章16節）や、他方においては
墓が空であったことを番人から知らされたユダヤ教の指導者たちの焦りの
姿（同28章13節）にも言及していて、墓が空だったという出来事の反響
を積極的に記しています。しかし、そのマタイでさえ、復活の信仰を空の
墓には置いていないのです。このことは、2人の福音書記者がペトロにつ
いて記述している記事からも明らかです。ルカによれば、ペトロは婦人た
ちから聞かされたことについて確認するために墓に走って行きます。しか
し、「この出来事に驚」いた（ルカ福音書24章12節）だけで、イエスの復
活を確信するには至っていません。ヨハネによる福音書も同様のことをさ
らに詳しく記しています（ヨハネ福音書20章1－10節）。またヨハネは、他
の福音書とは異なり、墓の中に死体が見当たらず、誰かがイエスの死体を
取り去ったと思い、悲しみに泣くマリアの姿を記しています（同20章11
節）。
　このように、弟子たちは、墓が空であったということを理由にイエス・

キリストの復活を信じたのではなかったのです。実際、聖書学的な観点から見ても、墓が空であったということに言及するのは福音書の特徴であって、福音書よりも初期の文書（パウロたちが書いた手紙）ではこのことには触れていないのです。こうしたことから、墓が空だったというのは復活信仰の根拠ではなく、反対に復活を信じる信仰から生み出されたキリスト者たちの信仰告白だったのではないかという解釈もあります。ちなみに、旧約聖書の詩編16編10－11節には次のように記されています。「あなたはわたしの魂を陰府に渡すことなく／あなたの慈しみに生きる者に墓穴を見させず／命の道を教えてくださいます」。福音書の記者たちは、こうした聖書の約束の言葉に基づきながら、イエスはよみがえったから墓は空だったということを信仰の告白として語ったのかもしれません。伝道者パウロは次のように記しています。「さて、あなたがたは、キリストと共に復活させられたのですから、上にあるものを求めなさい。そこでは、キリストが神の右の座に着いておられます。上にあるものに心を留め、地上のものに心を引かれないようにしなさい」（コロサイ3章1－2節）。空の墓の物語での、「あなたがたは十字架につけられたナザレのイエスを捜しているが、あの方は復活なさって、ここにはおられない」（マルコ福音書16章6節）という天使の言葉も、私たちの心を神の右に座しておられるキリストへと向けさせようとしているように思います。

2――顕　現

　さて、それでは、イエス・キリストの復活とはどのようなものだったのでしょうか。私たちは普通には死んだ人がもう一度生き返ったことを思い浮かべるかもしれません。福音書を一読する限り、そういう印象を与えられなくはありません。よみがえったイエスが弟子たちに語りかけ、食事を共にする様子が記されているからです。しかし、注意深く読みますと、聖書が語ろうとしているイエス・キリストの復活は、死んだ人がもう一度生き返る蘇生のことではありません。死んだはずのイエスが蘇生して再び現

れたというのであれば、イエスは再度死を迎えたはずですが、聖書はよみがえったイエスがもう一度死んだことについては語っていません。ですから、イエス・キリストのよみがえりは蘇生ではなく、それはもっと奥深く神秘的な事柄であったのです。

　イエス・キリストの復活は、弟子たちの主観的な思い込みや幻でもありません。復活がもしもそういうものであれば、キリスト教は、その後に起こった厳しい迫害に耐え抜くことはできずに滅亡していたと思われます。また、復活が弟子たちの勝手な思い込みであり、あるいは幻にすぎなかったとすると、最初の教会は一致した信仰に生きることはできなかったに違いありません。また、キリスト教はバラバラに解体して、この歴史から消滅したに違いありません。

　イエス・キリストの復活をめぐる聖書の記事で注目したいのは、ルカによる福音書です。24 章には、墓が空であったという話の後に、2 人の弟子たちがイエス・キリストの死を嘆きつつ、また婦人たちから聞かされた話を不思議に思いながら、エルサレムからエマオの村に帰って行く話が記されています。そのとき、2 人の後から 1 人の人が近寄って来て、彼らがイエスの死を嘆いているのをたしなめ、「メシアはこういう苦しみを受けて、栄光に入るはずだったのではないか」（ルカ福音書 24 章 26 節）と聖書に基づいて語り出したのです。エマオに向かっていた 2 人の弟子たちは、この人の聖書の説き明かしを聞きながら旅を続けましたが、夕暮れになり宿をとることになったとき、聖書を説き明かしてくれた旅人を誘い、夕食を共にすることになりました。そして、その夕食の席において、この旅人がパンを裂いている姿を見たとき、2 人の弟子たちの目が開かれ、話をしながら共に歩んでくれた人がイエス・キリストであることに気づいたのです。ところが、不思議なことに、その直後にこの人の姿は見えなくなってしまいました。

　ここに記されているイエスの姿は、生前の姿そのままではありません。弟子たちはその姿を見ておりながら、目が遮られて認めることができ

なかったのです。同様に、ヨハネによる福音書が記しているマリアの場合もそうでした。彼女の場合は、「婦人よ、なぜ泣いているのか。だれを捜しているのか」と声をかけたイエスを園丁（庭師）と思ったのです（ヨハネ福音書20章15節）。このように、弟子たちはよみがえりのイエスと出会い、その教えを聞いていながら、その姿を認めることができませんでした。しかも不思議なことに、その人がイエスであると分かった途端、その姿は見えなくなったというのです（ルカ福音書24章31節）。反対に、イエスは、思いもよらないところで突然に現れました。たとえば、ヨハネによる福音書は、家の戸をみな閉ざしていたのに、「イエスが来て真ん中に立ち、『あなたがたに平和があるように』と言われた」（ヨハネ福音書20章26節）と記しています。ルカによる福音書も次のように記しています。「こういうことを話していると、イエス御自身が彼らの真ん中に立ち、『あなたがたに平和があるように』と言われた」（ルカ福音書24章36節）。

　よみがえりのイエスは、まるで変幻自在の霊的な存在のようにも見えます。ですから、弟子たちは、「恐れおののき、亡霊を見ているのだと思った」（同24章37節）とあります。しかしながら、さらに不思議なことに、ルカによる福音書の記すところによれば、よみがえりのイエスは次のように言います。「なぜ、うろたえているのか。どうして心に疑いを起こすのか。わたしの手や足を見なさい。まさしくわたしだ。触ってよく見なさい。亡霊には肉も骨もないが、あなたがたに見えるとおり、わたしにはそれがある」（同24章38-39節）。そしてイエスはみんなの前で食事をしました（同24章43節）。よみがえりのイエスは、一方では霊的な存在に見えるのですが、他方では具体的な体を持った存在であることが強調されているのです。

　復活したイエスの姿についての福音書の記述が歴史的にはどういうことであったのか、正確に把握することは困難です。しかし、はっきりしていることは、よみがえりのイエスは弟子たちのそれぞれの状況において自分を顕現したということです。それによって弟子たちは、イエスのよみがえ

りの信仰へと導かれたのです。興味深いのは、ヨハネによる福音書に記されているトマスのことです。彼は他の弟子たちがよみがえりのイエスに出会ったと語ったとき、「あの方の手に釘の跡を見、この指を釘跡に入れてみなければ、また、この手をそのわき腹に入れてみなければ、わたしは決して信じない」（ヨハネ福音書20章25節）と復活を否定したのです。ところが、それから8日の後、トマスが他の弟子たちと一緒にいたとき、イエスが現れ、十字架で傷ついた自身の体を示して言ったのです。「あなたの指をここに当てて、わたしの手を見なさい。また、あなたの手を伸ばし、わたしのわき腹に入れなさい。信じない者ではなく、信じる者になりなさい」（同20章27節）と。そのとき、トマスは信じる者となったのです。

　イエスの復活についての福音書の記事が明らかにしていることは、教会の復活信仰は弟子たちが勝手に捏造（ねつぞう）したものではなく、顕現したイエスとの出会いによるものであったということです。このことは、福音書よりも先に記されたパウロの書簡が明らかにしている初代教会の信仰と一致しています。パウロは次のように記しています。「最も大切なこととしてわたしがあなたがたに伝えたのは、わたしも受けたものです。すなわち、キリストが、聖書に書いてあるとおりわたしたちの罪のために死んだこと、葬られたこと、また、聖書に書いてあるとおり三日目に復活したこと、ケファ［＝ペトロ］に現れ、その後十二人に現れたことです。次いで、五百人以上もの兄弟たちに同時に現れました。そのうちの何人かはすでに眠りについたにしろ、大部分は今なお生き残っています。次いで、ヤコブに現れ、その後すべての使徒に現れ、そして最後に、月足らずで生まれたようなわたしにも現れました」（Ⅰコリント15章3－4節）。ここでは、繰り返し、よみがえりのイエスの「現れ」について語られています。

　パウロはもともとユダヤ教の指導者となるべくエリートの教育を受けた若者で、キリスト教に反対しキリスト者たちを迫害する立場にあった人です。ところが、そのパウロ自身が、キリスト者殺害の使命に息を弾ませていたただ中で、「サウル、サウル、なぜ、わたしを迫害するのか」（使徒言

行録9章4節）（「サウル」とはサウロの旧名）とのイエスの呼びかけに触れ、キリスト教に回心することになったのです。そのため、パウロはそういう自分を卑下して、「月足らずに生まれたようなわたし」（Ⅰコリント15章8節）とも述べています。

　このように見てくると、イエスの復活を信じる聖書の信仰は、ただ単に過去の出来事についての聖書の記述の信憑性を問うだけでは正しくは理解できないことが分かるのではないでしょうか。十字架に磔にされ、死んで葬られ、3日目にその墓が空であったということが、仮に客観的に証明されたとしても、その事実は私たちにいかなる信仰をももたらさないのです。それは、福音書に記されている弟子たちの姿からも明らかです。すでに触れたように、彼らは空の墓を見てイエスの復活を信じたのではなかったのです。そうではなく、よみがえりのイエスとの出会いそのものが、彼らに復活を悟らせたのです。

3──派　遣

　ところで、聖書の復活の記事において注目すべきことは、よみがえりのイエスとの出会いが何をもたらしたかということです。たとえば、キリスト者に対する脅迫と殺害の息を弾ませながら、ダマスコへの道を急いでいたパウロに対して、よみがえりのイエスは次のように語りました。「起きて町に入れ。そうすれば、あなたのなすべきことが知らされる」（使徒言行録9章6節）。事実、彼は大回心を遂げ、異邦人への使徒として、キリスト教の世界に欠くことのできない大きな影響を与える働きをすることになります。このように、よみがえりのイエスは、出会いをとおして、人々を新しい使命へと引き上げるのです。しかもキリストは、出会いをとおして人々に使命を与えて、それぞれのところに派遣するだけではありません。その使命を果たすために必要な知恵や力をも与えるのです。したがって、先にも言及したように、イエス・キリストの復活を信じる信仰というのは、ただ単に死んだイエスがよみがえったという過去の出来事を確信すること

ではないのです。そうではなく、イエスとの出会いをとおして、私たち自身が新しい命に生かされるという出来事全体をも含んだ事柄なのです。あるいは、このように新しい使命に生かされるということなしには、イエスの復活の出来事を正しく理解したとは言えないのです。

　復活のイエスは次のように命じ、弟子たちを世界の伝道へと派遣しました。「全世界に行って、すべての造られたものに福音を宣べ伝えなさい」（マルコ福音書16章15節）。しかし、この場合、弟子たちは自分たちの力でこの命じられた使命を全うするのではありません。また、実際、自分たちの力でこの使命を全うできるはずもないのです。弟子たちを伝道へと派遣するイエスの命令には、次の約束が付与されていました。「彼らはわたしの名によって悪霊を追い出し、新しい言葉を語る。手で蛇をつかみ、また、毒を飲んでも決して害を受けず、病人に手を置けば治る」（同16章17－18節）。

　復活の記事がこのように派遣と関係しているということは、復活の本質的な意味を示唆しています。つまり、よみがえりのイエスが派遣の権限を持ち、かつそれに必要な力をも派遣される人々に付与するということは、よみがえりによってイエスは自分にふさわしい権能を与えられたということでもあるのです。こうしたことを初代教会は次のように語っています。「このため、神はキリストを高く上げ、あらゆる名にまさる名をお与えになりました。こうして、天上のもの、地上のもの、地下のものがすべて、イエスの御名にひざまずき、すべての舌が、『イエス・キリストは主である』と公に宣べて、父である神をたたえるのです」（フィリピ2章9－11節）。さらにルカは、聖霊による導きと力の約束を強調しています（ルカ福音書24章48節、使徒言行録1章7節）。

4──昇天と来臨の約束

　ルカは使徒言行録1章3節において、復活したイエスについて次のように記しています。「イエスは苦難を受けた後、御自分が生きていることを、

数多くの証拠をもって使徒たちに示し、四十日にわたって彼らに現れ、神の国について話された」と。さらにルカは、イエスが 40 日にわたって弟子たちを教え導いた後に、「彼らが見ているうちに天に上げられたが、雲に覆われて彼らの目から見えなくなった」（使徒言行録 1 章 9 節）と書いています。つまりイエスの昇天について語っています。これは初代教会の信仰の内容が物語化されたものと見ることができるのではないかと思います。よみがえりのイエスに出会い、彼から派遣され、大きな権能を委ねられた初代教会の人々にとって、イエスのよみがえりは死に対する勝利であり（Ⅰコリント 15 章 57 節）、それはまた、イエス自身が神によって高く上げられ、栄光の座に就いたことを意味するものでした。詩編 110 編 1 節に次のように記されています。「わたしの右の座に就くがよい。わたしはあなたの敵をあなたの足台としよう」。旧約聖書のこうした約束に基づき、イエスは復活をとおして神の右に座するに至ったということが、イエスの復活を信じる初代教会の大事な確信の 1 つとなりました。

　初代教会のこうした信仰の内容を伝える信仰告白が、パウロがフィリピの教会の人々に書いた手紙の中に引用されています。

　　「キリストは、神の身分でありながら、神と等しい者であることに固執しようとは思わず、かえって自分を無にして、僕の身分になり、人間と同じ者になられました。人間の姿で現れ、へりくだって、死に至るまで、それも十字架の死に至るまで従順でした。このため、神はキリストを高く上げ、あらゆる名にまさる名をお与えになりました。こうして、天上のもの、地上のもの、地下のものがすべて、イエスの御名にひざまずき、すべての舌が、『イエス・キリストは主である』と公に宣べて、父である神をたたえるのです。」（フィリピ 2 章 6 – 11 節）

　この引用文の「神はキリストを高く上げ、あらゆる名にまさる名をお与えになりました」という箇所は、まさに、先ほどの詩編の言葉が示唆して

いる「神の右に座する」ということを指しています。

　その弱さゆえに十字架に礫にされて死んだイエスが神によってよみがえらされ、神の右に座するに至ったということは、キリスト者たちにとっては、さらに大きな慰めであり、力でした。パウロはそれについて次のように記しています。

　　「わたしたちすべてのために、その御子をさえ惜しまず死に渡された方は、御子と一緒にすべてのものをわたしたちに賜らないはずがありましょうか。だれが神に選ばれた者たちを訴えるでしょう。人を義としてくださるのは神なのです。だれがわたしたちを罪に定めることができましょう。死んだ方、否、むしろ、復活させられた方であるキリスト・イエスが、神の右に座っていて、わたしたちのために執り成してくださるのです。だれが、キリストの愛からわたしたちを引き離すことができましょう。艱難（かんなん）か。苦しみか。迫害か。飢えか。裸か。危険か。剣か。」（ローマ8章32 - 35節）

イエスが死人の中からよみがえったという確信は、神と共に歩むキリスト者たちに、神の約束と祝福を確信させることになりました。それだけではありません。よみがえったキリストが神の右に座し、キリストのために働く者たちのために執り成しをするという確信をも与えることになったのです。パウロ自身このことを確信して上記のように記しているのですが、加えて次のようにも確信しています。

　　「人の心を見抜く方は、“霊”の思いが何であるかを知っておられます。“霊”は、神の御心に従って、聖なる者たちのために執り成してくださるからです。神を愛する者たち、つまり、御計画に従って召された者たちには、万事が益となるように共に働くということを、わたしたちは知っています。」（ローマ8章27 - 28節）

　こうして初代教会は、イエス・キリストの復活を信じる信仰から、この

ように大きな力を与えられ、さまざまな迫害、苦悩、苦難を耐え抜いたの
です。そして、イエス・キリストのよみがえりを信じる信仰のもう1つの
確信は、神の右に座するに至ったイエスが、この世の不正を裁くために、
再臨するというものでした。それは、「マラナ・タ」（われらの主よ、きた
りませ）というアラム語で、祈りの言葉として定型化されました。パウロ
も次のように記しています。「しかし、わたしたちの本国は天にあります。
そこから主イエス・キリストが救い主として来られるのを、わたしたちは
待っています。キリストは、万物を支配下に置くことさえできる力によっ
て、わたしたちの卑しい体を、御自分の栄光ある体と同じ形に変えてくだ
さるのです」（フィリピ3章20-21節）。

V

神の民としての教会

1│ペンテコステ —— 聖霊の注ぎ

1──「教会」以前の聖霊

　旧約聖書を読むと、神は「聖霊」の働き・示しというかたちでもユダヤの民に臨んでいることに気づかされます。ユダヤの民が「神の民」と言われるのは、他民族と比べて唯一この「聖霊」によって導かれている民ということによります。それゆえに、次の「2──ペンテコステ」で述べるように、キリスト教会も「新しい神の民」として聖霊によって導かれたのです。旧約聖書で聖霊が出てくる箇所はたくさんあるため、とうていその全部は紹介しきれません。ここでは、3箇所だけ見てみたいと思います。

> 「サムエルは油の入った角を取り出し、兄弟たちの中で彼に油を注いだ。その日以来、主の霊が激しくダビデに降るようになった。サムエルは立ってラマに帰った。」（サムエル記上 16 章 13 節）

　イスラエル最大の王ダビデは、「主の霊」を受けてから本格的に王としての道を歩み始めました。

　「エッサイの株からひとつの芽が萌えいで／その根からひとつの若枝が育ち／その上に主の霊がとどまる。知恵と識別の霊／思慮と勇気の霊／主を知り、畏れ敬う霊。」（イザヤ書 11 章 1 - 2 節）

　これはキリストの誕生を預言している箇所です。救い主は主の霊を豊かに受けたものとして登場します。

　「主はわたしに言われた。『霊に預言せよ。人の子よ、預言して霊に言いなさい。主なる神はこう言われる。霊よ、四方から吹き来れ。霊よ、これらの殺されたものの上に吹きつけよ。そうすれば彼らは生き返る。』わたしは命じられたように預言した。すると、霊が彼らの中に入り、彼らは生き返って自分の足で立った。彼らは非常に大きな集団となった。」（エゼキエル書 37 章 9 - 10 節）

　この箇所はペンテコステの原型となっている箇所で、力を失っていた群衆が聖霊によって強められ、大いなる群衆となっていったことを幻として描いています。

　以上のように、聖霊・神の霊は一貫してユダヤ人とその民を強め、導いたのです。

2──ペンテコステ

　ペンテコステとはギリシア語で「50 日目」という意味です。何から 50 日目かと言いますと、十字架に磔にされて死んだイエス・キリストが復活した日（イースター）から数えて 50 日目ということです。この日が教会にとって特別大事な意味を持っているのは、それが教会が誕生した日だからです。その日、天からキリストの弟子たちの上に聖霊が下り、弟子たちは口々にいろいろな国々の言葉で神の大きな働きを語り出しました。そして、そのことによって「教会」が誕生し、伝道活動が始まったのです。

1) キリストの予告

　ペンテコステは、そのときは突然の出来事に思われましたが、後になって考えてみると、それはキリストがすでに何度か予告していたことでした。そのことがヨハネ福音書に4箇所記されています。それを全部引用します。

　　「わたしは父にお願いしよう。父は別の弁護者を遣わして、永遠にあなたがたと一緒にいるようにしてくださる。この方は、真理の霊である。世は、この霊を見ようとも知ろうともしないので、受け入れることができない。しかし、あなたがたはこの霊を知っている。この霊があなたがたと共におり、これからも、あなたがたの内にいるからである。」（14章16－17節）

　　「わたしは、あなたがたといたときに、これらのことを話した。しかし、弁護者、すなわち、父がわたしの名によってお遣わしになる聖霊が、あなたがたにすべてのことを教え、わたしが話したことをことごとく思い起こさせてくださる。」（14章25－26節）

　　「わたしが父のもとからあなたがたに遣わそうとしている弁護者、すなわち、父のもとから出る真理の霊が来るとき、その方がわたしについて証しをなさるはずである。」（15章26節）

　　「言っておきたいことは、まだたくさんあるが、今、あなたがたには理解できない。しかし、その方、すなわち、真理の霊が来ると、あなたがたを導いて真理をことごとく悟らせる。（中略）その方はわたしに栄光を与える。わたしのものを受けて、あなたがたに告げるからである。（中略）だから、わたしは、『その方がわたしのものを受けて、あなたがたに告げる』と言ったのである。」（16章12－15節）

　これらのキリストの予告どおり、天から弟子たちの上に聖霊が下ってペンテコステが起きたのです。キリストは、これらを予告したとき、十字架の死、復活、そして昇天の後、弟子たちの前から目に見える姿ではいなくなることを意識していたのです。これらの予告を聞かされたとき、弟子た

ちはその意味をよく理解できないまま、なんとなく不安を感じていました。しかし、現実にペンテコステの出来事が起きたとき、弟子たちの不安は一挙に消えてなくなりました。キリストは目に見えなくても、聖霊というかたちで確かに自分たちと共にいて、導いてくださることを、実感したからです。

　もう1箇所、聖霊の降臨を予告している箇所があります。次の聖句です。

　　「あなたがたの上に聖霊が降ると、あなたがたは力を受ける。そして、エルサレムばかりでなく、ユダヤとサマリアの全土で、また、地の果てに至るまで、わたしの証人となる。」（使徒言行録1章8節）

　ペンテコステは、この予告がされてからほどなくして起きました。そして、弟子たちは本当にイスラエル全土・地中海世界へと派遣されることになったのです。

2）ペンテコステ（聖霊降臨日、五旬祭）の出来事

　ペンテコステの出来事の様子は、使徒言行録2章に詳細に叙述されています。

　2章1節の冒頭に「五旬祭の日が来て」とあります。旬とは10日間のことですから確かに「五十日目が来て」ということなのですが、なぜ50日なのかという議論が昔からあって、それはユダヤ民族が古くから守っている「七週祭」（出エジプト記34章22節）、また「刈り入れの祭り」（同23章16節）の影響を受けているとされています。この祭りは過越祭の安息日の翌日から満7週を数えたその翌日、すなわち50日目に行なわれるのです。いずれにしても、イエスの復活日からちょうど50日目に、集まって祈っている弟子たちの上に聖霊が下ったのです。その様子を聖書は次のように記しています。

　　「突然、激しい風が吹いて来るような音が天から聞こえ、彼らが座

っていた家中に響いた。そして、炎のような舌が分かれ分かれに現れ、一人一人の上にとどまった。すると、一同は聖霊に満たされ、"霊"が語らせるままに、ほかの国々の言葉で話しだした。」（使徒行伝2章2‑4節）

　この描写は「新しい人間集団（＝教会）」が誕生したことを意味しています。そもそも人間自体が「その鼻に命の息（＝聖霊）を吹き入れられて造られたもの」（創世記2章7節）ですし、イエスも「聖霊によって宿った」（マタイ福音書1章20節）存在です。それにならってやはり聖霊の力によって新しい共同体が誕生したのです。それがキリスト教会です。ですから教会は単なる人間の集まりではありません。神の愛とキリストの恵みと、そして特に聖霊の導きによって成立しているキリスト教信者の群れが、教会なのです。新しい民、新しいイスラエルが誕生したのです。

　聖霊降臨の後、弟子たちは口々にいろいろな地方の言葉で「神の大きな働き」を語り始めます。つづいて弟子の筆頭格であるペトロが説教をします。その内容は、ユダヤ人たちが十字架につけて殺したイエスを神は御力をもって死からよみがえらせられたというものです。これを聞いて強く心を刺され、動揺したユダヤ人たちに対して、ペトロは罪の悔い改めとバプテスマ（洗礼）を受けることを勧めます。その結果、次のような光景が生じました。

　　「ペトロの言葉を受け入れた人々は洗礼を受け、その日に三千人ほどが仲間に加わった。彼らは、使徒の教え、相互の交わり、パンを裂くこと、祈ることに熱心であった。（中略）信者たちは皆一つになって、すべての物を共有にし、財産や持ち物を売り、おのおのの必要に応じて、皆がそれを分け合った。」（使徒言行録2章41‑45節）

　この光景が「教会」の原初の姿であり、また以後の教会の模範となりました。そのため、ここから教えられる教会の本質を5つにまとめて学ぶこ

とができます。第一は、教会はバプテスマ（洗礼）を受けた者たちの集団であるということです。教会はイエスをキリスト（救い主）と信じ、生涯従っていく決意を公に表明して、洗礼を受けた者たちによって構成されているところです。そこに聖霊によって導かれたという事実が示されています。第二は、使徒たちの教えをきちんと受け継いで守っていくということ、すなわち聖書と教会の伝統を重んじるということです。第三は、信徒同士の交わりを重んじるということです。キリスト教信仰は決して個人的なものではなく、他者との愛にまで深められてゆくものなのです。第四は、礼拝を共に守る群れであるということです。「パンを裂き、祈る」という行為は聖餐式を中心とした礼拝のルーツを示しています。そして第五が、伝道をするということです。聖霊を受けた弟子たちはみな、キリストの福音を世に宣べ伝えるようになりました。1人でも多くの人が神の救いを得るために伝道する、これが教会のなすべき重要な働きなのです。

2│使徒たちの宣教開始

　前項で学んだように、教会は誕生して直ちに伝道活動を展開していきました。この項では、そのことについて学んでいきます。

1──キリストからの委託と命令

　教会はなぜ伝道するのか。それは前項で学んだように、直接的にはまず聖霊を受けたからです。パウロという伝道者は「わたしが福音を告げ知らせても、それはわたしの誇りにはなりません。そうせずにはいられないことだからです」（Ⅰコリント9章16節）と述べていますが、確かに聖霊を受けた者はそのようになるのです。しかし、教会が伝道するのは、もう1つ大事な理由があります。それは、弟子たちに対して、イエス・キリストから伝道の委託と命令がなされているということです。

　伝道または宣教とは、キリストの福音を言葉で述べる、語り告げるとい

うことです。ですから、伝道活動の前提には、神の言葉への絶対的信頼があります。マタイによる福音書4章4節の「イエスはお答えになった。『人はパンだけで生きるものではない。神の口から出る一つ一つの言葉で生きる』と書いてある」とか、マルコによる福音書13章31節の「天地は滅びるが、わたしの言葉は決して滅びない」などに、そのことがよく表れています。

また、さらに、復活されたキリストが弟子たちに何度も宣教の命令を発しています。次のとおりです。

　「だから、あなたがたは行って、すべての民をわたしの弟子にしなさい。彼らに父と子と聖霊の名によって洗礼を授け、あなたがたに命じておいたことをすべて守るように教えなさい。」（マタイ福音書28章19－20節）

　「それから、イエスは言われた。『全世界に行って、すべての造られたものに福音を宣べ伝えなさい。信じて洗礼を受ける者は救われる……。』」（マルコ福音書16章15－16節）

　「そしてイエスは、聖書を悟らせるために彼らの心の目を開いて、言われた。『次のように書いてある。"メシアは苦しみを受け、三日目に死者の中から復活する。また、罪の赦しを得させる悔い改めが、その名によってあらゆる国の人々に宣べ伝えられる"と。エルサレムから始めて、あなたがたはこれらのことの証人となる。』」（ルカ福音書24章45－48節）

このように伝道・宣教活動は、イエスから弟子たち、そして信者たちへ与えられた使命であり、期待の表れなのです。教会やキリスト教信者は、宣教活動の実践においてイエス・キリストと深くつながっていくのです。

2──使徒たちの宣教活動

4つの福音書から使徒言行録やローマの信徒への手紙、その他の手紙へ

と読み進んでいくと、使徒言行録からユダの手紙までは全部「教会」に関わることが書かれているのに気づかされます。ですから、使徒たちの宣教についてはこれらの手紙全部から学ぶことができるのですが、この項では「宣教開始」ということに焦点を絞って、使徒言行録から学んでいきたいと思います。

1）使徒言行録 1 章 8 節

　前項でもこの箇所は触れましたが、この聖句は「宣教」の観点からも重要な箇所です。キリストは次のように語りました。「あなたがたの上に聖霊が降ると、あなたがたは力を受ける。そして、エルサレムばかりでなく、ユダヤとサマリアの全土で、また、地の果てに至るまで、わたしの証人となる」。ここには 3 つのことが示されています。まず第一は、使徒たちの宣教は自分たちの思いや考えを勝手に宣べることではなく、「聖霊」によって示されたことのみを宣べることだということです。ですから、教会とその伝道者は、「神の霊感を受けて書かれた書物」である「聖書」の告げることのみを宣べ伝えるのです。第二は、福音宣教は地域を限定せず、人種・民族・国家の区別を越えて全地球的（グローバル）な規模においてなされるものだということです。第三は、伝道者はみな「キリストの証人」として生きる者だということです。コリントの信徒への手紙二 4 章 5 節に「わたしたちは、自分自身を宣べ伝えるのではなく、主であるイエス・キリストを宣べ伝えています」とあります。これに徹したのが使徒たちの宣教でした。さらにペトロは、「神はこのイエスを復活させられたのです。わたしたちは皆、そのことの証人です」（使徒言行録 2 章 32 節）と言って、キリスト者は「キリストの復活の証人」として福音を宣べ伝えることを明らかにしました。

2）使徒言行録 4 章 1 - 22 節

　この聖句は、ペトロが 3 章で生まれながらに足の不自由な男の足を治し

たことに対し、役人・長老・律法学者たちから尋問を受けている箇所です。彼らの尋問に対して、ペトロはこう答えます。「この人が良くなって、皆さんの前に立っているのは、あなたがたが十字架につけて殺し、神が死者の中から復活させられたあのナザレの人、イエス・キリストの名によるものです。……ほかのだれによっても、救いは得られません」。この確信が、使徒たちの困難な宣教活動を支えたのです。

　ペトロたちのこの確信は、その態度にも現れました。「議員や他の者たちは、ペトロとヨハネの大胆な態度を見、しかも2人が無学な普通の人であることを知って驚き、また、イエスと一緒にいた者であるということも分かった」。「無学な普通の人」であるペトロとヨハネ。確かに彼らはガリラヤ湖で魚を捕っていた無学の普通の漁師でした。けれどもイエスによって弟子となるようにと召しを受け、そして聖霊を受けて使徒となったのです。このように、宣教の確信はキリストとの出会いによります。それは、まさしく「キリストの証人」となることなのです。またこのことは、キリストの十字架と復活という、神の行なった大きな出来事を目撃したことの確信でもあります。次の言葉がそれを示しています。「神に従わないであなたがたに従うことが、神の前に正しいかどうか、考えてください。わたしたちは、見たことや聞いたことを話さないではいられないのです」（4章19－20節）。

3）使徒言行録6－7章

　この2つの章では、ステファノという人物について書かれています。初代教会は信者が増えるにつれていろいろな人々が集まるようになり、問題も生じてきました。ギリシア語を使うユダヤ人とヘブライ語を使うユダヤ人たちとの間で、日々の配給のことで苦情が出てくるようになったのです。このことをきっかけとして、使徒たちは教会の運営と組織について自分たちの意に従いながら、そういう仕事について責任を持つ人を7人選び出すことにしたのです。その中の1人にステファノがいました。使徒たちのこ

の措置によって教会のごたごたはおさまり、「こうして、神の言葉はますます広まり、弟子の数はエルサレムで非常に増えていき、祭司も大勢この信仰に入った」（6章7節）のです。

　ところで、ステファノは「恵みと力に満ち、すばらしい不思議な業（わざ）としるしを民衆の間で行って」（6章8節）いました。しかし、ユダヤ人たちは、そうした彼を目の敵にしました。そして、次から次へと議論を吹っかけていきましたが、「彼が知恵と“霊”とによって語るので、歯が立」（6章10節）ちませんでした。しかし、あるとき、ついに彼らは無理やりステファノを捕らえて最高法院に立たせ、追及を始めたのです。そのときの実に見事なステファノの弁明（説教）が、7章1－54節に記されています。ところがユダヤ人たちは、「これを聞いて激しく怒り、ステファノに向かって歯ぎしり」（7章54節）し、彼に石を投げつけて殺害してしまいます。しかし、そのとき、ステファノは彼らを呪うことなく、「主よ、この罪を彼らに負わせないでください」と祈って死の眠りについたのです。このようにして、ステファノは初代教会の最初の殉教者となりました。

　このとき、ステファノに向かって憎しみを持って石を投げつける群衆の中に、「サウロという若者」がいました。のちにサウロは、キリストに召されてキリスト教の使徒パウロとなっていきますが、このときのステファノの高貴な死がパウロに大きな影響を与えたと思われます。

　こうして初代教会は多くの困難に遭遇しながらも、それらを乗り越えて力強く宣教活動を展開していったのです。

3 パウロの回心と異邦人伝道

　初代教会は、宣教を開始してすぐ、ユダヤ教徒たちによるすさまじい迫害に見舞われました。そして、その激しく迫害するユダヤ教徒たちの中に、若きサウロ（後のパウロ）がいました。サウロはステファノを石で撃ち殺すときもその中心にいて、みんなを指導しました。使徒言行録8章1－3

節にはその後の様子が書かれています。「サウロは、ステファノの殺害に賛成していた。その日、エルサレムの教会に対して大迫害が起こり、使徒たちのほかは皆、ユダヤとサマリアの地方に散って行った。しかし、信仰深い人々がステファノを葬り、彼のことを思って大変悲しんだ。一方、サウロは家から家へと押し入って教会を荒らし、男女を問わず引き出して牢（ろう）に送っていた」。

　ところがこのサウロに、あるとき突然キリストが現れたのです。そのときも、やはりキリスト教徒を迫害しているさなかでした。聖書はそのときの状況を次のように語っています。

　　「さて、サウロはなおも主の弟子たちを脅迫し、殺そうと意気込んで、大祭司のところへ行き、ダマスコの諸会堂あての手紙を求めた。それは、この道に従う者を見つけ出したら、男女を問わず縛り上げ、エルサレムに連行するためであった。ところが、サウロが旅をしてダマスコに近づいたとき、突然、天からの光が彼の周りを照らした。サウロは地に倒れ、『サウル、サウル、なぜ、わたしを迫害するのか』と呼びかける声を聞いた。『主よ、あなたはどなたですか』と言うと、答えがあった。『わたしは、あなたが迫害しているイエスである。起きて町に入れ。そうすれば、あなたのなすべきことが知られる。』」
　　（使徒言行録9章1-6節）

　まことに劇的なシーンです。サウロ（パウロ）が自ら求めたわけでもないのに、キリストのほうから突然現れて彼をキリストの弟子、そして異邦人への使徒としたのです。この箇所の少し後で次のようなキリストの言葉が記されています。「あの者は、異邦人や王たち、またイスラエルの子らにわたしの名を伝えるために、わたしが選んだ器である。わたしの名のためにどんなに苦しまなくてはならないかを、わたしは彼に示そう」（同9章15-16節）。サウロはこのキリストの導きに従い、それまでの生き方を180度転回して熱心なキリスト教の伝道者となったのです。この体験はパ

ウロにとって決定的かつ強烈な体験であって、パウロ自身がこれについて
何度も語っています。それは、次の箇所です。

- 使徒言行録 22 章 1 – 21 節
- 使徒言行録 26 章 2 – 23 節
- コリントの信徒への手紙一 15 章 3 – 11 節
- ガラテヤの信徒への手紙 1 章 11 – 24 節

ヨハネによる福音書 15 章 16 節で、キリストが弟子たちに向かって「あ
なたがたがわたしを選んだのではない。わたしがあなたがたを選んだ」と
言っていますが、それはパウロに対して最もよく適合します。パウロは、
キリスト（教）を選ぶつもりはまったくなかったのです。しかし、キリス
トが彼を選んで異邦人伝道の中心人物として立てたのです。そしてパウロ
は、見事にそれをなしとげたのです。

　パウロはキリスト教徒を迫害する側から、今や迫害される側へと立場を
変えることになりました。その大きな変化は周りの人々を大変驚かせまし
た。キリスト者たちは容易に彼の変化を信じることができず、仲間に入れ
るのを躊躇したようです。また、ユダヤ教徒側も彼の変化を裏切りとし
て捉え、直ちに彼の殺害を企てることになります。その両方の困惑ぶりと、
それと対照的なパウロの大胆な伝道ぶりが、使徒言行録 9 章 19 – 30 節に
生き生きと描かれています。ガラテヤの信徒への手紙 1 章 23 節には、パ
ウロ自身の言葉で、「彼ら［イスラエルにいるキリスト者］は、『かつて我々
を迫害した者が、あの当時滅ぼそうとしていた信仰を、今は福音として告
げ知らせている』と聞いて、わたしのことで神をほめたたえておりまし
た」と語られています。このように、パウロ自身が、その変化を感謝を持
って振り返っています。

　以後パウロは、死ぬまでその生涯のすべてを異邦人伝道に捧げました。
その伝道範囲はとても広く、地中海世界すべてと言ってよいでしょう。ト
ルコ、ギリシア、ローマ、地中海の島々など、行けるところはすべて行っ
たと言ってよいでしょう。その 3 度の伝道旅行が、使徒言行録の次の箇所

に記されています。第1回：12章25節-16章5節、第2回：16章6節-19章20節、第3回：19章21節-28章31節、です。（地図3「パウロの伝道旅行図」、本書282頁を参照）

　これらの伝道旅行は、本当に苦労の連続でした。いろいろな勢力からの迫害を受けたうえに、ユダヤ人はもちろんのこと、異邦人の神々を信じているギリシア人やローマ人も、素直にパウロの話を聞いてくれる人は多くいませんでした。ばかにされたり、あざ笑われたりの連続でした。その苦労ぶりが使徒言行録やパウロの手紙に記されていますが、コリントの信徒への手紙二11章23-30節はその代表でしょう。

　しかし、パウロはそれらの苦労を喜んで引き受けました。パウロの信仰の特徴は、苦しみを特別なことではなく信仰の一部分として捉えている点にあります。

　　「あなたがたには、キリストを信じることだけでなく、キリストのために苦しむことも、恵みとして与えられているのです。」（フィリピ1章29節）
　　「今やわたしは、あなたがたのために苦しむことを喜びとし、キリストの体である教会のために、キリストの苦しみの欠けたところを身をもって満たしています。」（コロサイ1章24節）

　またパウロの信仰のもう1つの特徴は、自分の人生・生と死をキリストとまったく一体化しているところです。彼は、このように告白します。「生きているのは、もはやわたしではありません。キリストがわたしの内に生きておられるのです」（ガラテヤ2章20節）。以下の言葉も同様です。

　　「もし、わたしたちがキリストと一体になってその死の姿にあやかるならば、その復活の姿にもあやかれるでしょう。わたしたちの古い自分がキリストと共に十字架につけられたのは、罪に支配された体が滅ぼされ、もはや罪の奴隷にならないためであると知っています。死

んだ者は、罪から解放されています。わたしたちは、キリストと共に死んだのなら、キリストと共に生きることにもなると信じます。そして、死者の中から復活させられたキリストはもはや死ぬことがない、と知っています。死は、もはやキリストを支配しません。キリストが死なれたのは、ただ一度罪に対して死なれたのであり、生きておられるのは、神に対して生きておられるのです。このように、あなたがたも自分は罪に対して死んでいるが、キリスト・イエスに結ばれて、神に対して生きているのだと考えなさい。」（ローマ6章5-12節）

「わたしたちは、生きるとすれば主のために生き、死ぬとすれば主のために死ぬのです。従って、生きるにしても、死ぬにしても、わたしたちは主のものです。」（ローマ14章8節）

「わたしたちは、いつもイエスの死を体にまとっています、イエスの命がこの体に現れるために。」（Ⅱコリント4章10節）

最後に「異邦人の使徒」としての自覚を示している箇所を見てみましょう。「すなわち、異邦人が福音によってキリスト・イエスにおいて、約束されたものをわたしたちと一緒に受け継ぐ者、同じ体に属する者、同じ約束にあずかる者となるということです。神は、その力を働かせてわたしに恵みを賜り、この福音に仕える者としてくださいました」（エフェソ3章6-7節）。

こうして、キリストの福音は世界中に広まっていきました。パウロ自身は、ローマからさらにイスパニヤ（スペイン）まで伝道をするつもりでしたが、志半ばでローマで殉教しました。しかし、千数百年後、そのスペインからフランシスコ・ザビエルが日本にまでキリスト教伝道にやってきたのです。そのことに、日本人キリスト者は、不思議な神の導きを感じさせられるのです（本書253頁参照）。

4 キリストからキリストのからだへ——迫害の中の教会

キリスト教は愛の宗教です。しかし、それは1人が他の1人を愛するという個人的な愛だけではなく、社会全体が愛の交わりへと深められ、高められていくという広い交わりを形成する愛でもあるのです。ですから、キリスト教は必然的に「教会」という信仰共同体を形成することになります。そして聖書はこの教会のことを「キリストのからだ」と呼んでいます。そのため、キリストからキリストのからだへ、この筋道が分かってはじめてキリスト教が深く理解されるのです。

1——キリストからの愛

1）ヨハネによる福音書（① 13 章 34 – 35 節、② 17 章 20 – 21 節）

まず①を見てください。

> 「あなたがたに新しい掟を与える。互いに愛し合いなさい。わたしがあなたがたを愛したように、あなたがたも互いに愛し合いなさい。互いに愛し合うならば、それによってあなたがたがわたしの弟子であることを、皆が知るようになる。」（ヨハネ福音書 13 章 34 – 35 節）

ここではキリストによる新しい戒めが示されていますが、それはキリストが弟子たちを愛されたように、弟子たちも互いに愛し合いなさいということです。その愛し合う姿こそがキリストの弟子の姿であり、世の人々もその愛し合う姿を見てキリストの弟子（キリスト者）であると認めるだろうと言っています。

次に②を見てみましょう。

> 「彼らのためだけでなく、彼らの言葉によってわたしを信じる人々のためにも、お願いします。父よ、あなたがわたしの内におられ、わ

たしがあなたの内にいるように、すべての人を一つにしてください。
彼らもわたしたちの内にいるようにしてください。そうすれば、世は、
あなたがわたしをお遣わしになったことを、信じるようになります。」
（ヨハネ福音書 17 章 20 – 21 節）

　これはキリストの祈りの一部ですが、キリストがこの地上に来られたの
は弟子たちが一つとなるためだというのです。愛し合って分裂せず、一心
同体と言えるような交わりを形成すること、これがキリストの切なる願い
であり、「教会」の中心的な理念なのです。

2）ヨハネの手紙一（③ 3 章 13 – 24 節、④ 4 章 7 – 21 節）

　「だから兄弟たち、世があなたがたを憎んでも、驚くことはありま
せん。わたしたちは、自分が死から命へと移ったことを知っています。
兄弟を愛しているからです。愛することのない者は、死にとどまった
ままです。兄弟を憎む者は皆、人殺しです。あなたがたの知っている
とおり、すべて人殺しには永遠の命がとどまっていません。イエスは、
わたしたちのために、命を捨ててくださいました。そのことによって、
わたしたちは愛を知りました。だから、わたしたちも兄弟のために命
を捨てるべきです。世の富を持ちながら、兄弟が必要な物に事欠くの
を見て同情しない者があれば、どうして神の愛がそのような者の内に
とどまるでしょう。子たちよ、言葉や口先だけではなく、行いをもっ
て誠実に愛し合おう。
　これによって、わたしたちは自分が真理に属していることを知り、
神の御前で安心できます、心に責められることがあろうとも。神は、
わたしたちの心よりも大きく、すべてをご存じだからです。愛する者
たち、わたしたちは心に責められることがなければ、神の御前で確信
を持つことができ、神に願うことは何でもかなえられます。わたした
ちが神の掟を守り、御心に適うことを行っているからです。その掟と

は、神の子イエス・キリストの名を信じ、この方がわたしたちに命じられたように、互いに愛し合うことです。神の掟を守る人は、神の内にいつもとどまり、神もその人の内にとどまってくださいます。神がわたしたちの内にとどまってくださることは、神が与えてくださった“霊”によって分かります。」（Ⅰヨハネ3章13－24節）

「愛する者たち、互いに愛し合いましょう。愛は神から出るもので、愛する者は皆、神から生まれ、神を知っているからです。愛することのない者は神を知りません。神は愛だからです。神は、独り子を世にお遣わしになりました。その方によって、わたしたちが生きるようになるためです。ここに、神の愛がわたしたちの内に示されました。わたしたちが神を愛したのではなく、神がわたしたちを愛して、わたしたちの罪を償ういけにえとして、御子をお遣わしになりました。ここに愛があります。愛する者たち、神がこのようにわたしたちを愛されたのですから、わたしたちも互いに愛し合うべきです。いまだかつて神を見た者はいません。わたしたちが互いに愛し合うならば、神はわたしたちの内にとどまってくださり、神の愛がわたしたちの内で全うされているのです。

　神はわたしたちに、御自分の霊を分け与えてくださいました。このことから、わたしたちが神の内にとどまり、神もわたしたちの内にとどまってくださることが分かります。わたしたちはまた、御父が御子を世の救い主として遣わされたことを見、またそのことを証ししています。イエスが神の子であることを公に言い表す人はだれでも、神がその人の内にとどまってくださり、その人も神の内にとどまります。わたしたちは、わたしたちに対する神の愛を知り、また信じています。

　神は愛です。愛にとどまる人は、神の内にとどまり、神もその人の内にとどまってくださいます。こうして、愛がわたしたちの内に全うされているので、裁きの日に確信を持つことができます。この世でわ

たしたちも、イエスのようであるからです。愛には恐れがない。完全
な愛は恐れを締め出します。なぜなら、恐れは罰を伴い、恐れる者に
は愛が全うされていないからです。わたしたちが愛するのは、神がま
ずわたしたちを愛してくださったからです。『神を愛している』と言
いながら兄弟を憎む者がいれば、それは偽り者です。目に見える兄弟
を愛さない者は、目に見えない神を愛することができません。神を愛
する人は、兄弟をも愛すべきです。これが、神から受けた掟です。」
（Ⅰヨハネ4章7－21節）

　③も④も基本的に同じことが言われています。イエスの十字架の死によ
って神の愛を知ったキリスト者たちは、互いに「兄弟姉妹」として愛し合
うべきだ、というのです。④ではいくらキリストや神を信じていても、教
会の人々と愛し合わない者は「偽り者」と言われています。また③でも
「兄弟を憎む者は皆、人殺しです」とされています。④の中の有名な聖句
をもう一度引用しておきましょう。「いまだかつて神を見た者はいません。
わたしたちが互いに愛し合うならば、神はわたしたちの内にとどまってく
ださり、神の愛がわたしたちの内で全うされているのです」（12節）。教会
内でけんかや争いごとが絶えないとすれば、それはもう教会とは言えない
のです。

2──キリストのからだへの愛

　教会を「キリストのからだ」と表現したのは使徒パウロです。新約聖書
全27巻の内13巻がパウロが書いた手紙、あるいはパウロの名によって書
かれた手紙です。この項ではすべてパウロ書簡から学びます。まず「キリ
ストのからだ」と言われている箇所を列挙してみます。

　①ローマ12章4－5節、②Ⅰコリント6章15－20節、③Ⅰコリント10
章16－17節、④Ⅰコリント11章23－29節、⑤Ⅰコリント12章12－27
節、⑥エフェソ1章23節、⑦エフェソ3章6節、⑧エフェソ4章11－16

節、⑨エフェソ 5 章 22 – 33 節、⑩コロサイ 1 章 18 節、⑪コロサイ 1 章
24 節、⑫コロサイ 2 章 18 – 19 節。

　まず⑤の聖句を見てください。

　　「体は一つでも、多くの部分から成り、体のすべての部分の数は多
　くても、体は一つであるように、キリストの場合も同様である。つま
　り、一つの霊によって、わたしたちは、ユダヤ人であろうとギリシア
　人であろうと、奴隷であろうと自由な身分の者であろうと、皆一つの
　体となるために洗礼を受け、皆一つの霊をのませてもらったのです。
　体は、一つの部分ではなく、多くの部分から成っています。足が、
　『わたしは手ではないから、体の一部ではない』と言ったところで、
　体の一部でなくなるでしょうか。耳が、『わたしは目ではないから、
　体の一部ではない』と言ったところで、体の一部でなくなるでしょう
　か。もし体全体が目だったら、どこで聞きますか。もし全体が耳だっ
　たら、どこでにおいをかぎますか。そこで神は、御自分の望みのまま
　に、体に一つ一つの部分を置かれたのです。すべてが一つの部分にな
　ってしまったら、どこに体というものがあるでしょう。だから、多く
　の部分があっても、一つの体なのです。目が手に向かって『お前は要
　らない』とは言えず、また、頭が足に向かって『お前たちは要らな
　い』とも言えません。それどころか、体の中でほかよりも弱く見える
　部分が、かえって必要なのです。わたしたちは、体の中でほかよりも
　恰好が悪いと思われる部分を覆って、もっと恰好よくしようとし、見
　苦しい部分をもっと見栄えよくしようとします。見栄えのよい部分に
　は、そうする必要はありません。神は、見劣りのする部分をいっそう
　引き立たせて、体を組み立てられました。それで、体に分裂が起こら
　ず、各部分が互いに配慮し合っています。一つの部分が苦しめば、す
　べての部分が共に苦しみ、一つの部分が尊ばれれば、すべての部分が
　共に喜ぶのです。

あなたがたはキリストの体であり、また、一人一人はその部分です。」（⑤Ⅰコリント12章12-27節）

13節に「皆一つの体となるために洗礼を受け」とあります。1人の人が洗礼を受けてキリスト者になるということは、その人だけの人生が変化するということではなく、教会の中に新しい生命が加わるということでもあり、その人が新しく教会の一部となっていくということでもあるのです。これは⑦の箇所でも言われていることです。罪が赦されてキリストのからだの一部とされる、すなわち神の民の一員となるということが、「救われた者」ということの内容なのです。これはもちろん愛の共同体の一員となるということを意味しています。全体の中の一部分となる、自分が共同体の中で確かな位置を持つということが、「救い」とつながるのです。このことを、「キリストのからだ」は示しています。

さらに⑤にはそれぞれの部分がみな必要な存在であって、愛し合い協力し合うべきことが記されています。「一つの部分が苦しめば、すべての部分が共に苦しみ、一つの部分が尊ばれれば、すべての部分が共に喜ぶのです」（26節）。ここに教会の本質があります。教会では一人ひとりの個性が尊重されると同時に、それらがまた1つの体として協力し合い、助け合う。みんなが神のため、人のためという1つの目的を持って働きます。聖書はこのことを「全体の益となるため」（Ⅰコリント12章7節）と告げています。野球やサッカーやバスケットなどのチームスポーツとよく似ています。

「わたしたちが神を賛美する賛美の杯は、キリストの血にあずかることではないか。わたしたちが裂くパンは、キリストの体にあずかることではないか。パンは一つだから、わたしたちは大勢でも一つの体です。皆が一つのパンを分けて食べるからです。」（③Ⅰコリント10章16-17節）

「わたしがあなたがたに伝えたことは、わたし自身、主から受けた

ものです。すなわち、主イエスは、引き渡される夜、パンを取り、感謝の祈りをささげてそれを裂き、『これは、あなたがたのためのわたしの体である。わたしの記念としてこのように行いなさい』と言われました。また、食事の後で、杯も同じようにして、『この杯は、わたしの血によって立てられる新しい契約である。飲む度に、わたしの記念としてこのように行いなさい』と言われました。だから、あなたがたは、このパンを食べこの杯を飲むごとに、主が来られるときまで、主の死を告げ知らせるのです。

　従って、ふさわしくないままで主のパンを食べたり、その杯を飲んだりする者は、主の体と血に対して罪を犯すことになります。だれでも、自分をよく確かめたうえで、そのパンを食べ、その杯から飲むべきです。主の体のことをわきまえずに飲み食いする者は、自分自身に対する裁きを飲み食いしているのです。」（④Ⅰコリント11章23－29節）

　③と④は、教会の礼拝で行なわれる聖餐式の意味が語られている箇所です。教会がキリストのからだであることが、現実的に確認される礼典が聖餐式です。洗礼を受けたキリスト者はキリストの肉（パン）と血（ぶどう酒・果汁）をいただいて、文字どおりキリストのからだの一部となるのです。

　「妻たちよ、主に仕えるように、自分の夫に仕えなさい。キリストが教会の頭であり、自らその体の救い主であるように、夫は妻の頭だからです。また、教会がキリストに仕えるように、妻もすべての面で夫に仕えるべきです。夫たちよ、キリストが教会を愛し、教会のために御自分をお与えになったように、妻を愛しなさい。キリストがそうなさったのは、言葉を伴う水の洗いによって、教会を清めて聖なるものとし、しみやしわやそのたぐいのものは何一つない、聖なる、汚れのない、栄光に輝く教会を御自分の前に立たせるためでした。そのよ

うに夫も、自分の体のように妻を愛さなくてはなりません。妻を愛す
る人は、自分自身を愛しているのです。わが身を憎んだ者は一人もお
らず、かえって、キリストが教会になさったように、わが身を養い、
いたわるものです。わたしたちは、キリストの体の一部なのです。
『それゆえ、人は父と母を離れてその妻と結ばれ、二人は一体とな
る。』この神秘は偉大です。わたしは、キリストと教会について述べ
ているのです。いずれにせよ、あなたがたも、それぞれ、妻を自分の
ように愛しなさい。妻は夫を敬いなさい。」（⑨エフェソ5章22 – 33節）

　⑨は結婚・夫婦に関する教えですが、クリスチャンホーム（キリスト者
の家庭）の土台が教会にあることが示されています。夫と妻の正しいあり
方が、キリストと教会との関係から教えられています。「キリストのから
だとしての教会」がよく理解され、その中に身を置くこと、それが幸せな
結婚生活を導くのです。

　「あなたがたは、自分の体がキリストの体の一部だとは知らないの
か。キリストの体の一部を娼婦の体の一部としてもよいのか。決して
そうではない。娼婦と交わる者はその女と一つの体となる、というこ
とを知らないのですか。『二人は一体となる』と言われています。し
かし、主に結び付く者は主と一つの霊となるのです。みだらな行いを
避けなさい。人が犯す罪はすべて体の外にあります。しかし、みだら
な行いをする者は、自分の体に対して罪を犯しているのです。知らな
いのですか。あなたがたの体は、神からいただいた聖霊が宿ってくだ
さる神殿であり、あなたがたはもはや自分自身のものではないのです。
あなたがたは、代価を払って買い取られたのです。だから、自分の体
で神の栄光を現しなさい。」（②Ⅰコリント6章15 – 20節）

　②は、自分がキリストのからだの一部とされていることによって、世俗
的な不信仰の生き方から訣別していくべきことを教えています。この世の

諸々の罪と汚れから訣別した生き方は、キリストのからだに与ることによって可能となるのであって、本人の努力や修行で達成できるものではないのです。キリストのからだの一部とされている自覚が、新しい生き方を導くのです。

　以上、キリストからの愛とキリストのからだへの愛を、聖書によって見てきました。ここで分かるように、キリスト教は「教会」の宗教なのです。一人ひとりが完全な人間になることを目指すというのではなく、今のまま、ありのままの自分を教会の愛のために捧げる宗教なのです。キリストのからだなる教会、実はここにこそ神の国の先取りがあるのです。神の国は人間の死後にある世界というだけではありません。この地上で体験できる世界なのです。教会こそはこの神の国を証しするところ、すなわち礼拝・奉仕・伝道、その他教会のすべての活動は神の国を証しする営みなのです。

　初代教会はそのはじめから厳しい迫害にさらされてきました。まずはユダヤ教から、そして次にはローマ帝国から、言葉では言い表されないほどの恐ろしい弾圧を受けたのです。聖書はそのことを次のように証言しています。

　　「他の人たちはあざけられ、鞭打たれ、鎖につながれ、投獄されるという目に遭いました。彼らは石で打ち殺され、のこぎりで引かれ、剣で切り殺され、羊の皮や山羊の皮を着て放浪し、暮らしに事欠き、苦しめられ、虐待され、荒れ野、山、岩穴、地の割れ目をさまよい歩きました。世は彼らにふさわしくなかったのです。」（ヘブライ11章36－38節）

　しかし、彼らはこの大変な危機を、キリストからの愛、キリストのからだへの愛によって乗り越えていったのです。彼らのキリストを中心とした１つの交わり、決して揺らぐことのない愛、この「教会にあふれる愛」が、教会が迫害を乗り越えて現在に至る二千年の歴史を継続してきた根源的な力なのです。

VI

教会の歴史と現代

1│キリスト教古代

1──ローマ帝国とキリスト教

　ローマ帝国は、キリスト教にとって1つの運命とも言うべきものでした。この帝国のうちでキリスト教は成立し、生い育ち、そこで決定的な形を与えられたのです。キリスト教が成立した時期は、ローマ帝国が古代地中海文明世界の最後の覇者として歩みを始めた時期と重なります。そしてキリスト教がそこで生まれたこの世界は、すでに高度に発達したヘレニズム文明によって豊かに耕され、堅固な組織をもって構築された社会でした。ローマ帝国の背景をなすヘレニズム社会の基本的な特徴は、第一に社会組織として、自立的な市民による共同統治としての共和制であること、第二にその文化が、自由な理性による人間性の開明を目指すものであることです。

　第一の社会組織について言えば、それは王の独裁ではなく、その市民による共同統治は地中海世界に広く存在するポリス（都市国家）に共通した政治形態です。自らの運命は自らの決定によって決めようと欲する自立的な市民が、その構成員なのです。ここでは国家の意志は、どこか隠れたところですでに決められているのではなく、すべての市民が参加した公開の

場での討議で決められます。多数の者を説得した意見が都市国家の意志となるのです。そのため、議論の技術としてのレトリック（説得術）が尊重され、そのための教育（パイデイア）が求められ、発展していきました。

　第二の文化もまさにこのパイデイアから生まれてきました。討論を主体とした自由な教育の土壌から、単なる言い伝えや伝統に従ってではなく、理性に従って、つまり人間自身の奥底に、自然宇宙（コスモス）の秩序と共通する理（ことわり）を見いだし、それに従って良き選択決定をなしてゆく理性的人間の理想が掲げられたのです。

　このようなヘレニズム文明を背景に地中海世界の部族的都市国家として出発したローマは早い段階で王政を廃止して、市民による統治（実際は有力な貴族たちによる寡占的）共和制がとられました。アウグストゥスによる帝政が始められても、理念的には共和制であり、皇帝は第一の市民でした。しかし、現実とこの理念との間には大きな溝がありました。元来の都市国家は、そこに住む市民すべてによる共同統治でしたが、ローマでは多民族征服を重ねる中で、市民は特権を与えられたエリート階層となり、その下に膨大な数の商工業、農業従事者、奴隷が存在し、帝国を支えることになったのです。ほんの少数の選ばれた特権市民階層とその特権の外にある膨大な労働従事者の間には非常な格差がありました。その最大のものの１つは、教育を受けた者とそれに与りえない者との差でした。崇高な理性を目指す教育も、それに与れる者はほんの一握りの選ばれた特権市民階層のみで、大多数の者は因襲の桎梏と土俗的宗教の呪術的非合理の闇に置き去りにされていたのです。

　この帝国は、東はメソポタミア（イラク）にかかる地域から西はイベリア半島（スペイン）にまで至る地中海世界全体を統合し、古代の閉鎖的部族社会を解体して、個別的な民族特性ではなく、万民に共通する、人間である限りでの普遍的あり方を志向する社会的文化的体制を創り出していました。かつて人々はそれぞれの狭い部族国家のうちでこの国家と共に立ちもし、倒れもしました。この国家の内側が自らのすべてであり、その国家

の外側は自らを滅ぼす恐ろしい敵でしかなく、端的に無であったのです。その信じる神は、この民族を守る守護神以上ではありませんでした。しかしこうした部族国家を押しつぶしたローマ帝国は、人々にこれまでの枠の外の広大で豊かな世界を与えると同時に、故国を喪失した根無し草の不安をも醸成したのでした。

　キリスト教は、ユダヤ教の一分派に留まろうとする保守的な信徒を誕生の地パレスティナに残して、福音の自由の使信をもってローマ帝国の各地に出て行きました。そしてその宣教は、ことに多くの民族が行き交うローマの主要都市部に向けられ、そこでは他の同じく民族宗教でない新興の密儀宗教、ミトラ教やグノーシスと競合しつつ広がっていきました。

　キリスト教は、ローマ帝国の都市部の、比較的下層の人々に広まっていきました。この人々は「ローマの平和」の恩恵からは遠いところに打ち棄てられてあり、心の拠り所を新たに求めていたからです。しかしまた、高等教育を受けたエリート層の中からも多くの改宗者を見いだしました。ギリシア文化の精髄は「知への愛」としての哲学（フィロ＝愛、ソフィア＝叡知）として発展しましたが、その核心にあるのは、批判的に迷信を削ぎ落とし、宇宙の根底にある神的な絶対の知恵に至ろうとする努力です。この唯一絶対的なる叡知と、キリスト教の伝える唯一なる神信仰の間に共通なるものを見いだした多くの人々がいました。すでに使徒パウロはヘレニズム文明の影響を受けたユダヤ教のエリートの出身で、「世界が造られたときから、目に見えない神の性質、つまり神の永遠の力と神性は被造物に現れており、これを通して神を知ることができます」（ローマ1章20節）と述べています。最高の叡知を求める「知を愛し」求める人々の中で、ギリシア的叡知の無関心な非人格性に飽き足らず、唯一絶対の神が同時に憐れみと愛の神であることを説くキリスト教に魅せられた人々があったことは理解できます。こうした知的エリートのキリスト者の代表が、ユスティノスを代表とする「護教教父」たちです。彼らはキリスト教が宣べ伝える神と、ギリシア哲学の求める「叡知」がその本質において別でなく、しかも

この叡知は、隔絶した孤高のうちにあるのではなく、その御子をさえ惜しまない「愛」の神であることを、人々に印象深く説得したのです。またこのヘレニズム世界の知的雰囲気の中で生まれた異端、ことに「信」を必要とせず知的な営みによってのみ救済に与れることを説く「グノーシス」的異端に対して、正統的なキリスト教信仰の姿を描き出すことに努めました。ことにグノーシスが二元論的に、この世界は善の神に対立する悪しき神によって創られたとしてこの世界を否定すべきことを主張したのに対して、この世界は「善く創られた」（創世記1章25節）ものとして肯定すべきことを説きました。

2──総合の試み（1）：オリゲネス

　こうしたヘレニズム文明とキリスト教信仰の総合の企てのひとつの頂点をなすのが、古代の文化的国際都市エジプトのアレクサンドリア出身のオリゲネスです。彼とともに古代キリスト教思想ははじめて同時代の哲学思想と対等に議論しうる水準に達したのです。185年頃オリゲネスは少なからぬ資産を持った家庭に生まれました。父レオニデスは202年のセプティミス・セウェルス帝の迫害で殉教しています。6人の兄弟姉妹を支えるために父と同じく文法家として働き、裕福な女性の援助もあり、さらに哲学の教育にも与っています。オリゲネスはこの文化都市で、キリスト者育成のための高度の教育を実践しました。彼が著作活動として目指したのは、聖書テキストを学問的に的確に解釈することと、神学的な根本原理を執筆することでした。しかし220年代に教師オリゲネスは所属する教会の司教デメトリウスと対立し（おそらく司教の嫉妬）、アレクサンドリアを去り、カイサリアに移住し、残りの生涯をこの地の30人ほどの信仰共同体の中での聖書講解に費やしました。249年のデキウス帝の迫害で激しい拷問を受け耐えとおしましたが、ほどなく252－3年の頃に亡くなりました。

　キリスト教の神は、人間一人ひとりに人格として臨み、「我と汝」の関係を確立して、自らへの信従を求めるものであり、キリスト教はそのよう

な人格宗教としてヘレニズム世界に踏み出していきました。この異質な福音はヘレニズム世界の中で多くの誤解を生み出し、対立と迫害を引き起こしました。皇帝崇拝で社会の安定を求めるローマ帝国の支配者にとって、絶対的信従を求める宗教は敵対勢力と映らざるをえず、また「熱情の［妬む］神」（出エジプト記20章5節）は、教養あるヘレニズム世界の人々には野蛮な擬人的宗教の神と見えざるをえませんでした。このような異質な文化衝突が引き起こしたほとんどすべての問題に取り組み、高度の思索に裏打ちされた解決を模索したのがオリゲネスでした。

　オリゲネスのキリスト教思想への大きな貢献の1つは、長年のたゆまざる講義の中で精緻に展開した聖書の比喩的解釈法です。これはヘレニズム世界ではストア派などによって、ギリシア神話に関してなされてきたものであり、アレクサンドリアのフィロンはすでに旧約聖書にこの方法を用いていました。オリゲネスはこれを極めて洗練されたものにし、聖書における擬人的神表現（たとえば神の怒りや、妬み）を精神世界を比喩的に表現したものとして解釈しました。しかも彼の解釈は、比喩をぎこちなく機械的に適応したのではなく、この物体的世界が精神世界を映し出していることを鮮やかに生き生きと説き明かし、読む者を深く納得させるものでした。

　オリゲネスの思想体系の根底にあるのは、人間精神が自由であることの徹底した主張です。そしてそれは、ヘレニズムの人間観の特徴としての理性的自立性と、聖書の人間観の基調としての倫理的責任性の自覚とが深く結び付いたものでした。オリゲネスは人間精神の自由を根源的と見るため、彼の思索的想像力は、その淵源（えんげん）をこの可視的世界以前にさかのぼりさえします。現在の世界は、その根源的自由の濫用（らんよう）による堕罪の結果であり、その堕罪の深さに応じて、大気的世界、地上世界、地下世界に生の場が与えられ、悔い改めることによって、神と共なる本来の世界への帰還が許されるとするのです。現在の生の場は、神の憐れみによって与えられた浄めの場です。そしてこの浄めの道を示すのが、神のロゴスとして受肉した子なる神であり、この永遠のロゴスの生の歩みに従い、倣うことによって人は、

永遠の世界へ導かれるのです。この壮大な宇宙的思想を典型的に表現する言葉が、万物再更新（*ἀποκατάστἄσις πάντων*　アポカタスタシス・パントォン）（『ヨハネ福音書注解』I,16,91）です。悔い改めの場としてのこの宇宙全体はやがて終わりに達します。そして再び新たな宇宙が始まり、これが繰り返されるというのです。おそらくしかし、この繰り返しを語るオリゲネスの意図は、悪魔でさえ最後はその罪を悔い改めるという、一切のものの最終的な罪の浄めの完成のためであったろうと推測されます。オリゲネスの思想を根底において動かしているのは、「神がすべてにおいてすべてとなられるため」（Iコリント15章28節）という確信です。

　この宇宙を舞台にした悔い改めのドラマとしてのオリゲネス思想は、一方で人生を悔い改めの巡礼の歩みとして捉えるキリスト教的禁欲主義を奨励するものとなり、コンスタンティヌス帝のキリスト教公認によって生じたキリスト教の世俗化への対抗運動として始まった修道院制の確立に思想的根拠を与えるものとなりました。オリゲネスは、この世界を悪の原理による創造とするグノーシスとは異なり、この世界が善なる神によって善く創られたというこの世界の善性への澄んだ洞察を持っていました。そして、罪を犯したとしても悔い改めの再チャレンジが認められている、という憐れみの神への深い信頼が、オリゲネスの根底にはあります。しかし他方、オリゲネスの伝統的教義にとらわれない哲学的冒険は、正統的なキリスト教の教義をはみ出すことにもなりました。そして553年の第二コンスタンティノープル公会議において異端の判決を受けたのです。地上的生の以前における「堕罪」と「万物再更新」についてのオリゲネスの考えは、正統信仰には異様とも映ったのです。宇宙自然の起源、有り様を、いわば神話的に説明する宇宙発生譚（cosmogony）とは別な仕方で、この世界と存在の善性、肯定性、また人間精神の自由、そして神の憐れみの不可思議な深さを、探り求めることが、以後のキリスト教思想の課題となったのです。

　彼の壮大で生き生きとした思想が異端として断罪され、高雅な香りを持つ彼のギリシア語テキストの多くが失われたのは不幸なことでした。20

世紀の後半 J. ダニエルー（Jean Danielou）、H. バルタザール（H. U. von Balthasar）などの研究者による貴重な努力によって、オリゲネスの意図のキリスト教的真摯さがようやく見直されつつあります。

　内乱とゲルマン民族の脅威にさらされ続けたローマ帝国は、313 年皇帝コンスタンティヌスのもとで、これまで弾圧してきたキリスト教会の存在を容認し、この秩序のとれた宗教共同体を支えに帝国の再建を模索することになります。これは、長年過酷な弾圧をこうむってきたキリスト教徒にとっては喜ばしいことでしたが、内面の純粋さを根本に求める宗教と、力による外面の安定を目指す国家が結び付くことは、宗教そのものにとって大きな問題を抱えることになりました。その最大の問題の 1 つは、正統信仰と異端の区別です。325 年のニケアの公会議では、三位一体説が正統信仰とされ、父なる神に対して子なる神を従属的と考えるアリウス派は異端とされましたが、以後、異端をめぐる争いが政治勢力間の抗争として帝国を揺るがすことになります。もはやオリゲネスに見られたような自由な思想展開は許されず、正統信仰の枠が無意識のうちにも信仰者を規制することになるのです。そのような中で正統信仰を守りながらも、オリゲネスの思想的遺産を継続発展させたのは、バシレイオス、ナジアンゾスのグレゴリオス、およびニュッサのグレゴリオス（カッパドキアの三教父）をはじめとする真摯な教会指導者たちです。ことにニュッサのグレゴリオスは、ギリシア思想では形なきものとして否定的に見られた「無限なるもの」のうちに神の本性を洞察し、神を見るとは、「見ぬことにおいて見る」（『モーセの生涯』*De Vita Moysis* (Leiden: Brill, 1964), p.87）ことであると述べ、中世の神秘主義思想の淵源ともなりました。

　キリスト教公認以前、キリスト教徒になることは、社会的保護を剥奪される危険を覚悟した冒険でしたが、今やキリスト教徒になることは、社会的栄誉と出世を獲得する手段ともなりうることになったのです。このようにして勢力を広げていくキリスト教会は、これまでのキリスト教と質的に異なる変化、世俗化をこうむらざるをえませんでした。この教会の傾向に

抗して、砂漠の修道士アントニウスに始まる禁欲的な修道院運動が盛んに
なったのも当然であると言えます。

3——総合の試み（2）：アウグスティヌス

　こうしたキリスト教古代の問題を根底から担い、生き抜いたのは、北ア
フリカのヒッポの司教アウグスティヌスでした。彼は 354 年北アフリカ、
ヌミディアのタガステに生まれました。母モニカは信心深いキリスト者で
したが、父パトリキウスは非キリスト教徒のローマ市民でした。彼は 19
歳の時、修辞学の授業でキケロの『ホルテンシウス』を読んで、叡智的世
界への眼覚めを経験します。そしてこの同じ頃、マニ教に入信します。キ
ケロにより知恵の探究に目覚めたアウグスティヌスの前に現れたマニ教は、
徹底して「知」をとおして神に至ることを説くものでした。このように
「知」的装いをしたマニ教は、信じることを強要する周囲のカトリック教
会信仰にまさって、「真」のキリスト教であるとアウグスティヌスには思
われました。マニ教はしかし、その核心に善悪、霊肉の二元論的世界観を
持つものであり、闇の種族にとらわれた神の分子の救済をめぐって全自然
現象を説明する「グノーシス」宗教でした。アウグスティヌスは 10 年ほ
ど熱心に求道生活を続けましたが、次第にこの宗教の神話的世界観に疑問
を持つようになり、30 歳の頃には、すべてのことを疑うべきであるとす
るアカデミア派の懐疑主義に共感するようになります。

　アウグスティヌスはカルタゴで修辞学を修め、その教師に採用されます。
古代ヘレニズム社会において「修辞学」の習得は、単に文学的素養を身に
つけるためというより、ポリス共同体運営の基本である「議論・説得」の
技術を獲得し、政治行政能力を発揮するためであり、政治家となるための
必須の課程でした。アウグスティヌスもそのような国家機構の一員となる
べく努めたのです。こうしてカルタゴの修辞学教師から、ローマ、ミラノ
への修辞学教師への移り行きは単なる住居の移動ではなく、権力の中枢
への昇り行きであったのです。そのために、勢力家との結婚を求める母モ

ニカの要請に抗し切れず、17歳の時以来10年以上連れ添った女性（解放奴隷と思われる）との同棲生活も断念し、良家の子女との縁組まで整えていました。

　384年ミラノに移り住んだ30歳のアウグスティヌスは、この地で修辞家としても高名なミラノの司教アンブロシウスの説教を聞くようになります。アンブロシウスの説教により、マニ教が批判していた旧約聖書の神の擬人的表現を比喩的に解釈することを教えられ、宗教的真理理解の新たな可能性を示されます。アウグスティヌスはミラノでアンブロシウスをはじめとする新プラトン主義的キリスト教サークルに入ってゆくのです。386年に彼は新プラトン主義の書物をとおして、物質とは異なる「魂と神」の世界に目覚めます。魂としての内なる自己を自覚し、この自己よりさらに「内に超越」した永遠なる神に一瞬触れる経験をします。しかしこの神秘的経験はむしろ永遠なる神との隔たり、隔絶を開示するものであり、ここでアウグスティヌスは、永遠へ至る道としての「神人キリスト」の意味を示されたのです。この深い宗教的経験をとおして、アウグスティヌスはこれまで執拗に追求してきた栄達への道の虚しさを示され、これを断念（結婚も含めて）し、387年深い決意のもとに洗礼を受け、カトリック・キリスト教会に入っていきます。

　388年アウグスティヌスは北アフリカの故郷に戻り、友人たちとの修道的生活を志します。391年これに適切な土地を探して立ち寄ったヒッポで、司祭となることを要請され、断り切れず引き受けます。アウグスティヌスのそれまでの静かな学究的生活は一変し、厳しく激動の牧会生活を強いられることになりました。北アフリカのカトリック教会が当時面していた最大の問題は、ドナティストによる教会分裂でした。303－305年のディオクレティアヌス帝の迫害に屈した者によって任命されたカルタゴの司教カエキリウスは、311年ヌミディア地方の80人の司教の無効宣言により、罷免され、別の司教が任命されましたが、すぐにドナトゥスが引き継ぎました。このドナトゥスを中心にドナティスト教会が形成され、以後ヌミデ

ィアの教会は二分されることになります。問題の核心は、洗礼執行者が不適格であれば、洗礼そのものも無効になるかという問題、宗教における儀式と人格の問題です。カトリック教会は洗礼の効力は執行者に依存しないとしましたが、ドナティストたちは無効であるとし、執行者個人の信仰の純粋さが強調されました。問題を複雑にしたのは、ドナティストたちがローマのカトリック教会に対して、北アフリカの自立的ナショナリズムに依拠していたことです。アウグスティヌスは、教会の分裂を修復しようと奔走し、多くのドナティストと和解の同意をとりつけますが、そのつど急進派キルクムケリオーネスのテロ的暴力（アウグスティヌスも暗殺されかける）でご破算となり、最終的にはアウグスティヌスもドナティスト教会の弾圧的解体に同意せざるをえなくなります。

　アウグスティヌスが生涯かけて追求したのは、人間精神の自由と人間を超越する神の恩恵の関係でした。彼は人間の自由を否定するマニ教を克服する探求の中で、人間の自由の絶対の事実を見いだします。われわれにおいては「欲するもの」と「所有するもの」は必ずしも同じではありません。しかし「意志」の場合は、意志することと意志を所有することは同じです。「意志そのものほど意志のうちに置かれてあるものがあろうか」（『自由意志論』I,12,26）。この意志の直接性のうちにアウグスティヌスは自由の秘密を見るのです。「意志は自らの支配の内にあるのであるから、我々にとって自由なのである」（同 III,3,8）。アウグスティヌスにとってこの意志の直接現臨性は、また自己の自己に対する自覚の明証性にもつながります。アウグスティヌスは近世のデカルトにも通ずるコギトの明証性をすでに見いだしていたのです。

　「もし疑うなら、自らが疑っていることを理解している。もし疑うなら、確実であることを欲している。もし疑うなら、思惟している。もし疑うなら、自らが知らないということを知っている」（『三位一体論』X,10,14）。そしてアウグスティヌスは、この意志と自覚と存在の3つが1つであることのうちに人間が「神の像」として創られてあることを洞察しているのです。

　しかしアウグスティヌスは聖書、ことにパウロのロマ書（ローマの信徒
への手紙）を読み深める中で、人間の自由はさらに広大な神の自由な「恩
恵」に包摂されていることを深く自覚していきます。確かにアウグスティ
ヌスは、マニ教の二元論との闘いの中で、人間の自由意志を発見しました。
これを擁護することはアウグスティヌスの生涯の課題でした。『シンプリ
キアヌス宛書簡』（39/ 年）以前になしたロマ書の理解では（『83 問題』
68,4）、アウグスティヌスは、神の先行する恩恵を人間に対する「呼びか
け」と理解しました。神がまず呼びかけたもうのです。しかしこの理解で
は、呼びかけに応えるかどうかの最後の鍵は人間が握っています。この理
解では、ロマ書（9 章 12 節）の「人の行いにはよらず、お召しになる方に
よって進められる」という神の先行的恩恵は十分汲み尽くされえず、神の
絶対性、超越性は人間の自由の擁護のために犠牲にされています。アウグ
スティヌスはロマ書のパウロとの思想的格闘をとおして『シンプリキアヌ
ス宛書簡』において、恩恵の超越性と人間の自由意志の確保という並びが
たいものを両立させうる「相応しい呼びかけ」という理解に達します。同
一の呼びかけに対してさまざまな反応がありえます。同じ人でも時期が異
なれば反応も異なります。ある人が呼びかけに応じ、同意するためには、
その人に「相応しい呼びかけ」がなされねばなりません（『シンプリキアヌ
ス宛書簡』I,2,13）。呼びかけに応じるかどうかの鍵は人間が握っていると
しても、相応しい呼びかけが与えられるかどうかは、人間を越えて、神の
意志によると言えます。アウグスティヌスは『修正録』（Retractationes）の
中で、「私は人間の意志の選択的自由を守ろうと努めたが、勝利を収めた
のは神の恩恵であった」（II,1,1）と述べています。確かに罪人なる人間の
うち、誰を「相応しい呼びかけ」で救うかは、不可思議な神の選びです。
しかし「強制なしの同意」という意味での人間の自由意志については、ア
ウグスティヌスは驚嘆すべき仕方で守ったのです。
　アウグスティヌスは畢生の大作『神の国』の最後の所で人間の自由の秘
密を次のように描き出しています。「第一の人間の自由意志は、罪を犯さ

ないことができる（罪を犯すこともできる）ということであるが、究極の自由意志は、罪を犯すことができないことである」（『神の国』XXII,30,3）。つまり人間はまず、選択することの自由（善いことも悪いこともする）から始めねばなりませんが、それが究極のものではなく、究極の自由とは、もはやあれやこれやを選択する自由ではなく、善いことしか欲せず、ひたすら善を為すことだというのです。ここには人間存在そのものの隠された秘密があり、アウグスティヌスはそれを深く洞察していたのです。

2 中世キリスト教世界の形成

1——たそがれゆくローマ帝国

　ユーラシアの草原地帯に出没した荒々しいフン族は4世紀の後半から西方を目指して進撃し、いくつかのゲルマン民族はこれに追われて、ローマ帝国の国境に迫らざるをえなくなりました。こうした国境防衛に苦慮したコンスタンティヌス大帝は、330年に都をローマからコンスタンティノポリス（今のイスタンブール）に移しました。これによってコンスタンティノポリスは安全になりましたが、ゲルマン民族たちは一層西方に進撃するようになりました。ローマ帝国とゲルマン民族の接触はすでに400年の歴史を持ち、ある種の融和が進んでいました。なかでも、後にカール大帝を生み出すフランク族は協力的でした。しかし、最大の部族であった西ゴート族はフン族に追われ、476年以降帝国国境にたびたび現れ攻撃してきました。しかしローマ帝国は彼らをフン族に追われた敗者として扱い、十分な土地を与えず、多くを奴隷としました。この扱いに憤激した西ゴート族はバルカン半島、さらにはイタリア中心部にさえ進出し、ローマ軍を悩ませました。395年、皇帝テオドシウスは最後の一策として、帝国を2つに分割し、2人の息子に任せました。東方はアルカディウスに、西方はもう1人の息子ホノリウスにです。この分割は帝国を弱体化させましたが、ま

だ帝国は強大な力を残していました。このローマ軍の防衛を支えたのは皮肉にもヴァンダル民族出身の将軍スティリコでしたが、この将軍が408年謀反を疑われ、処刑され、多くの同族者も虐殺されると、ローマの防衛は決壊し、西ゴート族の猛将アラリクスの進撃に耐え切れず、410年に"永遠の都ローマ"は西ゴート族による悲惨な陥落の悲劇を経験するのです。

　西ゴート族はしかしローマと融和していきますが、彼らの奉じるキリスト教がアリウス派の異端であったため、ガリアで宗教的騒乱を引き起こし、スペインに追われました。スペインからヴァンダル族を追い出した西ゴート族は、この地に定住するようになりました。スペインを追われたヴァンダル族はアフリカに渡り、429年にはアウグスティヌスが司教をしていたヒッポをも包囲しました。この町は14カ月持ちこたえますが、その間にアウグスティヌスも亡くなり、ついに陥落しました。これらゲルマン民族の進撃に対して果敢に応戦したのはローマ帝国の将軍アエティウスであり、彼はゲルマン民族間に敵意をあおって溝を作り、仲間割れにより、ローマの防戦に努めました。こうした間に、451年ゲルマンを背後から駆り立てるフン族はその王アッティラを擁してガリアにまで進撃しました。アエティウスはゲルマンの諸王と共にこれに対峙し、パリ近郊のトロアでの合戦でかろうじてその進撃を食い止め、これを境にさしものフン族も東方に去ってゆくことになったのです。454年アエティウスはその実力を恐れる皇帝ウァレンティーニアーヌス3世によって謀殺されますが、この皇帝も、その後すぐに仕返しに暗殺されました。西ローマ帝国は滅亡寸前でした。20年ほど次々と皇帝が名目的に立てられましたが、結局476年傭兵隊長のオドアケルにより傀儡皇帝ロムルス・アウグストゥスは廃され、西ローマ帝国は終わりを迎えました。こうしてかつてのローマ帝国は、イタリア半島の東ゴート族をはじめ、各地のゲルマン諸民族に支配されることになったのです。

2──ゲルマン諸王国とキリスト教会（修道院）

　西ローマ帝国が崩壊したのち、荒廃した社会を支えたのはキリスト教会
でした。キリスト教は帝国の都市部で発展し、初期の教会は、人口の多い
帝国の行政上の中心地で栄えました。ミラノ、ボルドー、リヨンなどの行
政上の中心地に司教の座が置かれ、司教を中心とする教会の組織は、帝国
の属州制度にまねて作られました。コンスタンティヌス大帝のキリスト教
公認、テオドシウス帝の 392 年のキリスト教国教化によって一層体制化し
たキリスト教会が、ローマ帝国の行政制度を整然と模倣したのは当然と言
えます。西ローマ帝国が没落し、行政を司っていた者たちがいなくなると、
司教がその主な機能を引き継ぎました。教会行政により管理の経験を積ん
でいた彼らは、世俗の業務をも的確機敏にこなすことができたのです。

　帝国滅亡後のキリスト教会が最初に抱えた深刻な問題は、異端アリウス
派の問題でした。アリウス派はゲルマン民族の間に普及しており、最大勢
力の西ゴート族にも大きな影響力を持っていました。正統派カトリック教
会は何とかゲルマン民族に宣教しようとして弱小のフランク族に接近しま
した。481 年フランク民族の王になったクローヴィスは祖父のメロヴィス
が創始したメロヴィング王家の首長でした。クローヴィスはカトリック信
仰を持つブルグンド族の王女クロティルドと、周囲の反対を押し切って結
婚し、自らカトリック教会の洗礼を受けました。507 年信仰の名のもとに
西ゴート王国に攻め込み、南部の司教の支持も得て勝利し、ガリアにおけ
るフランク族の支配を決定的なものにしました。511 年クローヴィスは亡
くなりますが、メロヴィング王朝下のフランク王国は勢力を増していきま
す。しかし 6 世紀の終わりにはこの国家も衰退しはじめます。まず上層部
が病み、その病は社会の各層に広がっていきました。そして国家と共に発
展していった教会も、同様に病んでいきました。聖職者の大半にも腐敗は
広がってゆき、司教は元来その地方の教会会議で選出されるべきものでし
たが、実入りの良い司教職は、王が寵臣に与えるものとなり、司教職の

売買も公然たるものとなっていきました。瀕死の国家に対し、教会もまた瀕死状態だったのです。

　しかし教会には隠された再生力がありました。聖職者の堕落腐敗を埋め合わせたのは、修道院の力でした。西ローマ帝国の崩壊は、修道院をむしろ促進させました。敬虔で心ある人々は、社会の混乱、政治の残虐さに深い失望を覚え、厳しく生きることを求め、俗世を捨てたのです。今日の修道院制度の原型は529年、ローマとナポリの間にあるモンテ・カッシーノに、高潔な貴族ベネディクトゥスによって創建されました。その"会則"によれば、どの修道院も自給自足の体制をとり、そして修道長は修道士の中から選ばれ、修道士は、世俗的なことであれ、精神的なことであれ、修道長の決定に絶対に服従しなければならず、清貧、貞潔、服従の誓いに加え、死ぬまで修道院に留まることを誓いました。モンテ・カッシーノの修道院は、ロンバルド族の略奪によって壊滅しますが、修道士たちはローマに逃れ、そこに修道院を再建しました。ローマの教会人の多くは、ベネディクトゥスの戒律に感動し、各地にこの修道院を広めていきました。感動した1人に大グレゴリウスと呼ばれた教皇グレゴリウス（在位590-604）がいました。この意志強く底知れぬエネルギーを持った教皇は、西ヨーロッパ世界が抱えた大きな2つの課題に取り組みました。1つは異教異端のゲルマン民族を正統カトリックのキリスト教に改宗させることであり、もう1つは、地方の教会を教皇の直接の指導のものに統一することでした。彼は教皇の影響力を強めるために、教会のあらゆる事柄に介入し、どのゲルマン王国にも教皇の存在を意識させるようにしました。多くのゲルマン王国がアリウス派であった中で、カトリック教会の勢力を増大させたのです。

　インドからアフリカの大西洋岸にまで勢力を拡大しつつあったイスラム教徒たちは711年スペインに侵入し、西ゴート族を壊滅させました。フランク王国は自国を防衛するために、西欧における主導権を確立するための戦いを決意しました。その王がカール・マルテルでした。732年、彼はポ

ワティエの戦いで、イスラム勢力をピレネー山脈の南側に抑え込むことに成功しました。カールの息子ピピンは、751年メロヴィング家以外には許されなかったフランク族の「王」の称号を名乗ることを許され、メロヴィング朝に代わるカロリング朝が始まり、その子カール大帝（シャルルマーニュ）において絶頂期を迎えます。彼の大征服事業は、フランク王国の領土を2倍にし、多様な民族を彼の王国のうちで一体化させました。この広大な王国はその属国も含めれば、キリスト教ヨーロッパあるいはラテンキリスト教世界と呼ばれるものとほぼ一致します。彼が皇帝の称号をローマで獲得した800年は、いわばヨーロッパ誕生の年として記念されることになります。この隆盛したフランク王国の大王のもとで、ローマ帝国滅亡以来惨憺たる状況にあった教育文化の復興が、イングランド人アルクインの指導によりなされ、カロリング・ルネサンスと呼ばれるほどの実りをもたらしました。

3──叙任権をめぐる教会と国家の争い

カトリック教会では、元来個々の教会がその管轄区域を司教によって治めていました。そして司教は信徒から選ばれ、他の司教から聖別叙任される伝統を保持してきました。しかしゲルマン諸王国では国王の介入が露骨になり、メロヴィング王朝では司教を任命するのは国王であり、カロリング王朝ではこの慣習は一層強化され、司教を任命するのは、国王のみとなりました。司教は家臣の一員であり、司教としての信仰の質より、国王との親密さが司教の資格の第一のものとなります。司教は信徒の魂への配慮よりも、国王への配慮を優先することになり、聖職売買や妻帯も目に余るものとなりました。教会は堕落の深みに沈み込んでいました。

教会の腐敗を正そうとする教会改革のさまざまな試みは（クリュニーをはじめとする修道院改革、ペトルス・ダミアニの改革運動など）、この根源の仕組みの改革に手を付けないまま、聖職者たちに悔い改めを促すにとどまっていました。1057年に教皇に選出されたグレゴリウス7世もはじめは

同じ改革を求めましたが、やがて何が問題の根源であるかを探り当てます。この敬虔高潔で改革への不屈の決意を秘めた教皇は、1075年に教令を発し、司教の叙任を聖職者以外の俗人（国王も含めて）がすることを明確に禁じました。これは諸国の国王はじめ、王によって任じられた多くの司教たちの激しい反発を招きました。ことにキリスト教世界の世俗的指導、そして宗教的指導さえも求めたドイツ王ハインリヒ4世は強硬に抵抗し、1076年1月、ヴォルムスに自分に味方する司教たちを集め、教皇廃位の決議をしました。しかし各地の修道院長をはじめとする心ある宗教指導者たちは、グレゴリウス7世の改革を歓迎支持していました。教皇は翌月ローマの教会会議で、逆にハインリヒ4世の国王としての統治権をも奪うことになる破門を宣告しました。国王は世俗的統治においても教皇に従わねばならないとしたのです。ハインリヒ4世は国内にも反対、反乱分子を抱えるようになり、窮地に立たされました。1077年1月ハインリヒ4世は、教皇の滞在するカノッサ城を訪れ、悔悛の衣をまとい、3日のあいだ門の前にたたずみ、ようやく許されたといういわゆる"カノッサの屈辱"事件が起こったのです。この事件は確かに、中世ヨーロッパ世界の特徴を極めて鮮やかに示す出来事でしたが、それは決して、強大な権力を持つに至ったキリスト教会が、世俗国家にその威光を見せつけたというようなことではありません。むしろ真の教会改革を求め、世俗国家からの独立を目指したカトリック教会教皇の捨て身の賭けの決行であったのです。王権と教皇権をめぐる最初の闘争はさまざまな局面を経て、1122年教皇カリストゥス2世とハインリヒ5世の間のヴォルムスの協約において和解を得ます。それは司教職に二重性を認め、国王から与えられた土地や財産に関しては、国王に服従する責務を負うが、聖職者としての責務は国王にではなく、教皇に負い、これにのみ服従するというものです。グレゴリウス7世の志した教会の世俗的権力からの独立は、国王の封建的統治の現実の中でようやく1つの形をなしましたが、この教皇が求めた教会自立のための闘いは反面、教皇を頂点としたカトリック教会の中央集権化の弊害を内に秘めてお

り、新たな教会改革が、このあと繰り返し要求されることになります。

4——中世キリスト教思想の形成者たち

1) カンタベリーのアンセルムス

　グレゴリウス7世が世俗国家からのカトリック教会の自立を求めて叙任権闘争を始めた頃、こうした教会の自立性に思想の面から尽力したのが、カンタベリーのアンセルムスでした。彼は深くアウグスティヌスに共鳴し、「知解を求める信仰」の立場から、アウグスティヌスの思想世界を新たに中世ヨーロッパの地で切り開いたと言えます。

　彼は1033年マッターホルンを望むアオスタに生まれました。彼はブルグンド、フランク王国で学びを始め、最後にノルマンディのベネディクト派修道院ベックの学校で学びを終えました。ここの修道院長がランフランクスであり、その指導のもとで、実り豊かな思索を展開することが許されました。ランフランクスが1070年にカンタベリーの大司教になり、この地に新たな修道院を建立するために、アンセルムスを院長として招聘したことにより、アンセルムスは教会と国家の戦いの前線に立つことになります。ランフランクスの死後4年の1093年にウィリアム2世に懇請され、しぶしぶカンタベリーの大司教になりますが、国王に仕えるというより、彼は簒奪された教会財産の返還を求めて争うことになります。叙任権闘争では教皇ウルバヌス2世を承認することを国王に求め、国王も妥協の姿勢を示しますが、1097年に国王より猜疑の眼を向けられ、英国を去り、カンパニア地方の山間の修道院で過ごします。1100年夏に国王が不慮の事故で亡くなると、新王ヘンリー1世の懇請により、英国に帰りますが、ヘンリーが厳しい忠誠を求めたため、1103年再び亡命せざるをえなくなります。度重なる折衝ののち、後のヴォルムスの政教条約の内容を先取りする妥協を成立させて、1106年カンタベリーに戻り、1109年に亡くなりました。

　彼の主著『プロスロギオン』（原題は「知解を求める信仰」）においてアン

セルムスは、有名な「神の存在論的証明」を提出します。しかし彼は単な
る理性一辺倒の理性主義者ではなく、まさしく「信仰」から出発します。
この書の第2章は次のような印象深い祈りで始められています。「主よ、
あなたは信仰の知解を与えられる方です。私たちが信じるような在り方で
あなたが在ることを知解させて下さい」。アンセルムスの神の定義は「そ
れより大いなるものが考えられないもの」です。このものについては、そ
れがただ考える主観（intellectus）の内に在るだけなら、「事柄（res）の内に
おいても在るもの、つまりより大いなるものが考えられます。だからそれ
よりも大いなるものが考えられないもの（神）は、単に考える主観の内に
あるだけではなく、現実の内にも（事柄の内にも）存在する」のであると
述べます。このアンセルムスの「存在論的証明」に対してトマス・アクィ
ナスは、概念から導き出された証明は、経験的な実在界に生きるわれわれ
への証明にはならないと批判します（『神学大全』I,q.2,a.1）が、近世のデカ
ルトは、存在を含まないものは完全でありえないのであるから、完全なる
ものとしての神は存在する（『省察』第5巻）という形でこれを言い換え、
弁護しています。さらにこの証明は、形而上学に対するカントの真摯な批
判的考察を生み出し、またヘーゲルをも魅了して、カント批判へと促して
います。このように、この「証明」は、現代に至るまで「存在」を探求す
る人々を、真摯な思索に促す隠れた源泉であり続けています。

2）トマス・アクィナス

　トマス・アクィナスは1225（あるいは1224）年ナポリ近郊アクィノ伯爵
領ロッカセッカ城で地方貴族の息子として生まれました。モンテ・カッシ
ーノ修道院で基礎的教育を受けたのち、シュタウフェン家のフリードリッ
ヒ2世によって建てられたナポリ大学で学びました。この王は教皇との対
立からキリスト教信仰に代わる世界観的代替物を模索しており、この大学
ではイスラムやユダヤ教の学者たちも活動し、アラビア語圏から西方に流
入していたアリストテレスの自然学や形而上学が研究されます。教皇庁立

のパリ大学ではこうした書物は読むことさえ禁じられていましたが、この地では教えられていました。こうした自由な雰囲気の中で教育を受けたトマスですが、教皇に忠実で、学者説教者を育てるドミニコ修道会に加入します。そこにはトマスの並みならぬ信仰の決意があったと思われます。フランシスコ修道会と並んでこの修道会は伝統的な修道会とは異なり、全ヨーロッパ規模の組織を持ち、当時イタリアや南フランスで勢力を伸ばしつつあったカタリ派などの異端的な信仰運動に対決する説教者を各地に派遣していました。彼の師アルベルトゥス・マグヌスの推薦で1252年、パリ大学で教えることになります。この頃からパリ大学では、アラビアの哲学者イブン・ルシド（アヴェロエス）の注解に基づくアリストテレス研究が盛んになっており、神と共に世界も永遠であるとするアリストテレスの主張がキリスト教と両立しうるかが大きな問題になっていました。こうした中でトマスは、アヴェロエス主義者が確認するアリストテレスとキリスト教の対立を否定し、正確に原典に即して読まれたアリストテレスはキリスト教の説く啓示の真理と少しも矛盾しないことを示そうと努めました。1274年、リヨンの第二公会議に向かう旅の途上、ほぼ50歳で亡くなりました。

　トマスは、アリストテレスの『形而上学』の本来の対象である「存在であるかぎりでの存在」、つまり存在するすべてのものが、それによって存在するものとなる「存在」そのものと、キリスト教が語る万物の創造主なる神とは同一であるとします。トマスの有名な「存在の類比　analogia entis」の考えによれば、次のように考えられます（『神学大全』I,q.12,a.12 resp. 等）。

　神と他の被造物とは、根源的な差異のもとにあるが、しかしなお被造物も「存在」し、神も「存在」する。あらゆるものはまさしく「存在する」。この「存在」において、この両者はかろうじて類比の関係を持っている。「存在するもの」（エンス ens）はそれぞれ、他の同種の個物とある普遍的性質（本質 essentia）を共有する。だからある人間は他の人間と、一方で本

質の親近性を持ち、また他方他の人間とは異なる個性を持つ。そしてある個人であるということは、人間であるという「本質」に含まれているのでなく、これにあるものが付加することにより生起するのである。本質はそれだけでは単に可能性であり、これを現実存在（existentia）とするものが「存在」（エッセ esse）である。

　神も同じく存在する。しかし神は存在することも存在しないこともありうるというように考えるべきではない。ある本質（それが「神」という特定の普遍的本質であっても）に「存在」が付加されて、「神」の現実存在が生じるのではない。その本質と共に「存在」が措定されている「純粋端的な現実性」なのである。神とは、そのもとで、他の存在するものが、人間として、動物として、石として存在に与ることができるものであり、それらのものを存在せしめるものである。

　トマスにとって神とは、まさしく他の万物が、それに与ることによって存在するに至る「存在」そのものなのです。

3）ドゥンス・スコトゥス

　ドゥンス・スコトゥスは、名前が示すようにスコットランドに生まれました。彼の生涯について知られているのはわずかです。誕生は 1266－7 年と思われます。両親は草創期のフランシスコ修道会を支える裕福な地主であると推定されます。ドゥンスはこの修道会に 1278 年に入会したようです。1291 年ノーザンプトンで司祭に任じられ、同じ年にオックスフォードで学んでいます。この地で、またケンブリッジで、中世哲学の教科書であるペトルス・ロンバルドゥスの『命題集』を講義し、また 1302 年からはパリでも同様の講義をしています。教皇とフランス王との争いに巻き込まれ、一時パリから離れざるをえなくなりますが、1304 年にはパリに戻り、神学修士（magister）を得ています。1307 年フランシスコ修道会からケルンの修道会研修所の主任教授として派遣されますが、1308 年に惜しくも 40 歳ほどで亡くなっています。

　トマスと異なりドゥンスはそのつどの対象の個別性をことに重要視しました。トマスにとっては、対象は他のものと共通した本質を持ち、そのものだけに固有な個物性は「存在」によって与えられ、それによってはじめて現実に存在するものになります。ドゥンスによれば、2つの対象に共通な本質（たとえば人間）は、2つの対象のうちに実在する普遍的なものではなく、本質はどちらにおいてもその個物のうちにだけ実在するのです。彼はこれを「このもの性」(haecceitas) と呼びます。それは「〈これ〉という特質を持つもの」と言えるでしょう。ドゥンスは、2つの個別的対象に共有の本質は、決して数的に1つではないと洞察しています。個別的対象における本質はいつもその「このもの性」と結び付いています。確かに本性は形式的に個物からは区別されます。そうでなければ両方の対象に共通な本質というものについて語ることはできないからです。しかしその区別は形式的なものであって、「存在」の源はまさしく「このもの性」にあるのです。ドゥンスはこのように認識の客観性を廃棄することなく、しかも過度な実在主義を免れているのです。キリスト教がもたらした、存在するものに固有な「個物」性を、思惟の次元ですくいとろうとしたのです。

　ドゥンスの思想のもう1つの特徴は、いわゆる意志の知性に対する優位性を主張する「主意主義 voluntarism」です。ドゥンスによれば、あるものが善いのは、神がそれを欲するからであって、その以前に「善」があって神もそれを必然的に欲するからではないのです。神がそれを命じ、あるいは禁止するゆえに、あることは善、あるいは悪なのです。道徳法則に責任拘束的な力を与えるのは、神的な意志なのです。もちろん神は完全であるので、神が善でないものを欲することはありません。しかし何が善であるかは、神が欲するからであって、神がすでにある「善」を知性で認識して、特定の行為に強いられるというのではないのです。こうした主張は、神の何ものにも拘束されない自由な絶対性に対する徹底した自覚であり、聖書のヘブライ的思惟の意志的自由の特徴を極限まで推し進めて把握したものと言えます。ドゥンスの主意主義者としての本領を示すものであり、ヘレ

ニズムの「主知主義 intellectualism」が支配的であったキリスト教古代の教
父たちにおいては考えられなかったことです。

　このようにアンセルムス、トマス・アクィナス、ドゥンス・スコトゥス
に代表される中世の偉大な思想家たちは、自ら受け取ったキリスト教の使
信を、それぞれの置かれた文化的社会的状況の中で、自ら同意できるよう
に理解しようと努め、自らの血肉となすためにすさまじい思索の努力を重
ねたのです。このように思想を自らの血肉とする努力は私たち自身の課題
でもあります。

3 宗教改革

1──マルティン・ルターとその周辺

　宗教改革は 16 世紀ヨーロッパを中心にして、中世キリスト教社会に起
きた宗教運動であり、また教会改革運動です。当初ローマ・カトリック教
会の改革を唱えて展開されましたが、結果的にはプロテスタント諸教会の
誕生をもたらしました。

　この宗教改革運動の発端は、ドイツの修道士マルティン・ルター（1483
－1546）が、罪の結果生じる罰が免じられるという「贖宥状」（免罪符）
販売に疑問を感じて神学者に討論を呼びかけた「九十五箇条の提題」を大
学の掲示板の役割を果たしていたヴィッテンベルク城塞教会の扉に張り
出したことにあります。1517 年 10 月 31 日のことです（この日は後に宗教
改革記念日と定められました）。ルターにとって、神の恵みを金銭で買うこ
とは、「安っぽい恵み」であり、耐えがたいものであったのです。

　ルターの中心的な神学は、「信仰義認」という用語に要約することがで
きます。「義認」あるいは「義とされる」という用語は、「神の前に義とさ
れる」、すなわち「神との正しい関係に入る」という意味です。「信仰義
認」の教理は、人間が救われるために何をしなければならないかという問

題を扱っています。ルターにとって、「救われるために私は何をすればよいのか」という問題は、当時の人々にとってと同様に、実存的な人生の重大な問いでした。厳格な修道生活の努力にもかかわらず、ルターの内面では心の安らぎを見いだすことができませんでした。そのようなルターが、救いの確信を得られるようになったきっかけは、ローマの信徒への手紙1章17節の「福音には、神の義が啓示されていますが、それは、初めから終わりまで信仰をとおして実現されるのです。『正しい者は信仰によって生きる』（口語訳聖書では「信仰による義人は生きる」）と書いてあるとおりです」という箇所からでした。当初ルターは、「神の義」を神自身の義しさであり、神の要求する義を実現できなければ、神の怒りと裁きを受けなければならないという「能動的義」と理解していました。ところが福音の中に啓示された「神の義」とは、罪ある者を罰する義ではなく、信仰によって罪人を義人とする義、無条件に与えられる「受動的義」であるということに気づかされたのです。ルターは、人間が神によって罪を赦され義とされるのは、ただ神の恵みとしての神の愛によるのであるということを再発見し、ルターはこれを「福音の再発見」と呼びました。

　またルターは、キリスト教の福音は究極的に聖書に基づくものであると主張し、「聖書のみ」（sola scriptura）という標語が宗教改革の特色となりました。さらに、カトリック教会の聖職位階制に反対して、神の前ではあらゆる人間は信仰的・霊的に平等であって、それゆえ万人祭司でなければならないという見解を打ち出しました。この教えは「万人祭司の教理」と呼ばれています。1520年にはルターの三大文書と呼ばれる『ドイツのキリスト者貴族に与える書』、『教会のバビロン捕囚』、『キリスト者の自由』を執筆し、1521年のヴォルムス国会における審問においてもルターは信念を変えず、帝国から追放処分を受けました。ルターに生命の危険が及ぶことを恐れたザクセン選帝侯の保護を受けて、ルターはヴァルトブルク城に一時身を隠し、その間に新約聖書のドイツ語訳（1522年）を出版し、後には聖書全巻のドイツ語訳（1534年）を出版しました。このことは、ラテン

語の読めなかった一般民衆に、母国語で聖書を読む道を開いたという意味があります。

　その後 1530 年にフィリップ・メランヒトン（1497－1560）によってルターの考えが体系化され、『アウクスブルク信仰告白』が執筆されて、ルター派教会の信条となりました。1555 年のアウクスブルク宗教和議により、プロテスタント諸侯の領邦における信教の自由が公認されるに至り、領主の宗教をその領土の宗教とする原則（cuius regio, eius religio クイウス・レギオ、エイウス・レリギオ）が、ドイツの宗教事情を長く支配することになりました。

2──改革派（Reformed）教会運動

　ルターを指導者にしてドイツを中心に始まった宗教改革運動は、進展するにつれて新たな運動の展開を見ることになります。スイスの宗教改革者ツヴィングリ（1484－1531）は、1518 年にチューリヒの大聖堂教会説教者となり、1523 年の 2 回の公開討論会によってカトリック教会の主張を論破して、チューリヒはプロテスタントに転じました。チューリヒの宗教改革は、都市を母体として行なわれ、チューリヒの拡大市参事会の面前での公開討論には、多くの聖職者、神学者、学識者が参加して聖書に照らして改革について討論し、その結論を受けて拡大市参事会が決定を下しました。このようにツヴィングリを指導者としたチューリヒの宗教改革は、「神の言葉に基づき、より改革された教会」を目指す改革派教会運動として展開することとなり、その影響はスイスと南ドイツに広く及びました。

　この改革派教会運動の第 2 世代の指導者として登場したのが、ジュネーブの宗教改革者となったジャン・カルヴァン（1509－64）です。フランスで生まれたカルヴァンは、迫害を受けてスイスのバーゼルに行き、そこで『キリスト教綱要』（1536 年初版）を出版しました。その後スイスのジュネーブに移り、宗教改革の指導者となりました。カルヴァンの神学の出発点は、神の主権であり、そこから、キリストにある選び、キリスト者の召命

などの教理が導き出されました。カルヴァンは信仰義認の教理においては
ルターの立場を継承していますが、信仰を「神の意思への服従」として捉
え、信仰義認の教理の実践的な展開に重点を置いた点が特徴的です。

　ルター派教会はドイツから北欧諸国に広がり定着していきました。改革
派教会の影響は、スイスより発して、フランス、オランダ、イングランド、
スコットランドなどに及びました。改革派教会運動は、フランスでは一時
国を二分してカトリックと争い、オランダではスペインからの独立戦争の
精神的支柱となり、スコットランドでは長老主義教会へ、イングランドで
はピューリタニズムへと引き継がれていったのです。

4 ｜ ピューリタニズム

1──イングランド宗教改革

　プロテスタント宗教改革において、イングランドにおける宗教改革の発
端は特異なものでした。イングランド宗教改革は、ヘンリー 8 世の離婚問
題から始まり、ローマ教皇の支配から教会を独立させて、イングランド独
自の教会と国家の新体制をつくるという政治的動機から展開されました。
ヘンリー 8 世は首長令発布によりイングランド国教会の首長となり、修道
院を没収してローマから分離しましたが、教会に対する基本姿勢は、国王
が教会のあり方を決定するというものでした。そのためイングランドにお
ける宗教改革は、4 人の君主の統治期に分け、第 1 期ヘンリー 8 世（在位
1509 – 47 年）、第 2 期エドワード 6 世（在位 1547 – 53 年）、第 3 期メアリー
1 世（在位 1553 – 58 年）、第 4 期エリザベス 1 世（在位 1558 – 1603 年）と分
けることができます。エドワード 6 世の治世は、カンタベリー大主教トマ
ス・クランマー（1489 – 1556）の指導もあり、急速なプロテスタント化が
進み、『祈禱書』の作成や「礼拝統一法」の制定がなされました。しかし
メアリー 1 世の治世は反動的なもので、カトリシズムへの復帰が試みられ

ましたが挫折に終わり、エリザベス 1 世の長い統治において、ヘンリー 8世の基本方針が受け継がれてイングランド国教会が確立され、主教制を導入し、『祈禱書』に基づく礼拝の統一をはかりました。イングランド国教会の特徴は、カトリシズムとプロテスタンティズムの中道（via media ヴィア・メディア）を行くというものと言えるでしょう。このような状況の中で、イングランドにおける宗教改革を「半分しか改革されていないもの」と批判するピューリタンの改革運動が生まれるのです。

2──チューダー朝（エリザベス 1 世時代）のピューリタニズム

　エリザベス時代のピューリタンの中には、メアリー 1 世時代のカトリシズムへの復帰の中、迫害を逃れて大陸に亡命し、特にカルヴァンの指導するジュネーブに滞在し、そこで改革派教会の影響を受けた者が含まれていました。彼らは、エリザベス女王の即位（1558 年）とともに帰国し、聖書に基づきジュネーブの模範に倣った礼拝様式と教会組織を打ち立てようとして、カトリック的な制度や儀式を取り除いて、聖書に基づいたより「純粋な」（pure）教会を確立しようとしました。このピューリタンたちの運動をピューリタニズムと言います。ピューリタンを「清教徒」と訳すこともあります。

　はじめに彼らがエリザベスの宗教体制とぶつかったのが、「聖職服論争」と呼ばれる対立です。エリザベス 1 世は、1559 年「礼拝様式統一令」によって聖職者にコープやサープレスと呼ばれる聖職服の着用を義務づけました。しかしかつての亡命者を中心とする改革的な人々にとって、それはカトリック的なものの残存でしかありませんでした。聖職服着用に反対する者たちに対して、女王に協力する体制側からの抑圧も強化されるようになり、エリザベス体制とそれに抵抗するピューリタンという構図が出来上がりました。1560 年代の聖職服論争は、1570 年代にはトマス・カートライト（1535 – 1603）を中心に、エリザベス体制そのものを問題にする主教制批判へと発展していきました。1572 年にはピューリタンたちは、議会

に宗教改革を徹底するように「議会への勧告」という文書を出して、教会に残っている教皇主義的要素を取り除くように議会に訴えています。

エリザベス 1 世時代にカートライトやウォルター・トラヴァース（1548頃 – 1643）が目指したような為政者を説得して宗教改革を達成しようとした運動は、体制側によって抑え込まれてしまいました。この時代から説教を極めて重要視することもピューリタニズムの特徴でしたが、ウィリアム・パーキンズ（1558 – 1602）に代表されるように説教によって人々に訴えていくという説教運動の方向にピューリタニズムは導かれていきます。あるいは改革が不徹底である国教会に留まることをやめて国教会から離れて分離派（セパラティスト）となっていった者がいました。

3──スチュアート朝（ジェイムズ 1 世およびチャールズ 1 世時代）の ピューリタニズム

エリザベス 1 世が亡くなり、スコットランド王ジェイムズ 6 世がジェイムズ 1 世（在位 1603 – 25 年）としてイングランド王に即位すると、ピューリタンたちは「千人請願」（1603 年）を提出して、徹底した宗教改革を求めました。国王はこの請願を受け入れて、1604 年 1 月にハンプトン・コート会談が開かれることとなりましたが、この会談で王が表明したことは、「主教がなければ王もない」（'No Bishop, No King'）という国王の言葉に示されているように、イングランド国教会の現体制を維持することでした。この会談で唯一ピューリタンたちの要求がかなったこととして、欽定訳聖書（1611 年）があります。国王は新しい英訳聖書の決定版を作ることを承認し、47 人の学者・聖職者たちによって堂々たる用語、荘厳なリズム、美しい語句法を備えた、英文学上の重要な財産となる聖書が完成したのです。

またジェイムズ 1 世のもとでの注目すべき出来事は、1620 年に国教会から分離した分離派に属するピルグリム・ファーザーズ（旅人なる父祖たち）が、メイ・フラワー号に乗り、新大陸のプリマスに移住したことです。しばしばアメリカ建国物語と結び付けられて語られる出来事です。このよ

うに分離派の一部には国外に移住する者もいましたが、多くのピューリタンたちは国教会の中に留まって、生の内的改革を目指して説教運動に専心しました。「聖書釈義集会」と呼ばれる聖職者の聖書の釈義と説教の研修のための集会が盛んに持たれ、また「敬虔な人々」と呼ばれた一般信徒たちは、優れた説教を聴くために自分の属する教区を越えて他教区に赴いたり、ピューリタン集会に参加しました。

　チャールズ1世（在位1625 – 49年）の時代には、強権的な政治に国民各層の不満が高まります。ことに船舶税など議会の同意を経ない課税の強行、星室庁および高等宗務官裁判所を通じての政治犯や思想犯の弾圧などが人々の憤激を買いました。さらにスコットランドとの戦争のために莫大な費用が必要となり、そのために1640年には「短期議会」と「長期議会」が開かれました。これらの議会では、王の専制が非難され、長期議会では、議会の承認を経ない課税や星室庁・高等宗務官裁判所を禁止する法などが議決されました。

　チャールズ1世は、カンタベリ大主教ウィリアム・ロード（1573 – 1645）と協力して、教会に対しても統制の力を強めていきました。ピューリタンに対する弾圧も強くなり、1630年代には多くのピューリタンらが、信教の自由を求めてオランダやアメリカ大陸に亡命を余儀なくさせられたのです。

4──ピューリタン革命

　議会派と国王派の対立が鮮明になる中で、1642年に両者の間に紛争が起こり、ピューリタン革命が始まりました。はじめは国王派が有利でしたが次第に議会派が巻き返し、オリヴァー・クロムウェル（1599 – 1658）率いるニュー・モデル・アーミーの活躍により、議会派が勝利を収めました。1649年にはチャールズ1世が処刑され、クロムウェルを中心とする共和制が成立します。クロムウェルは、1653年に指名制の議会を召集して「聖者」による支配を行なおうと試み、その後自らがプロテクター（護国

卿）の地位につきます。

　1658 年にクロムウェルが死去すると、国王派と議会派の間で事実上の和解が進行し、王政復古を望む声が高まりました。そして 1660 年にはチャールズ 2 世を王に迎え、ピューリタン革命は終息しました。主教制が復活し、ピューリタンたちは非国教徒となる状況において宗教的寛容が唱えられたのです。

5──『ウェストミンスター信仰告白』

　長期議会の時に、ウェストミンスター神学者会議が 1643 年に召集され、1653 年まで継続されて、主教制廃止後の国教会体制が検討されました。それは 1642 年に長期議会の庶民院において「根こそぎ法案」が可決され、主教制の廃止が決定されたからです。この会議において、教義、礼拝、教会組織について討議され、「教会統治基準」や「礼拝指針」などを作成し、『ウェストミンスター信仰告白』が 1646 年に完成されました。『ウェストミンスター信仰告白』は、今日に至るまで、スコットランドをはじめ、英語圏の長老派教会の信仰規準として重んじられています。また独立派（会衆派）のピューリタンらは、1658 年に『ウェストミンスター信仰告白』を一部修正、加筆して、独立派（会衆派）の信仰告白として『サヴォイ宣言』を発表しました。これらピューリタン革命期に作られた信仰告白は、後のプロテスタント教会の信仰告白に大きな影響を与えた信仰告白であると言うことができます。

6──ピューリタニズムの特徴

　ピューリタニズムの特徴の第一には、聖書を教理、礼拝、教会組織、信仰生活のすべてに厳密に適用しようとする徹底した聖書主義が挙げられます。このためイングランド国教会の礼拝様式、教会組織に対する改革が唱えられました。第二の特徴は説教を重視したことです。説教から生活の改革を生み出すための倫理的指導を推し進めたのです。第三の特徴としては、

ピューリタンたちが聖書の言葉の実践を重要視したことが挙げられます。習慣的、表面的な信仰生活に安住するのではなく、聖書の言葉は自己の経験と実践の中で確証されなければならないとし、厳しい自己点検を行ない、清い聖なる生の実現に励みました。そして、家庭を礼拝と信仰教育の場とし、また教会制度や社会全体に対する改革を強く求めたのでした。

　ピューリタニズムは、アングロ・アメリカ的近代文化の形成に重要な役割を果たしました。今日の英米のプロテスタント諸教派のうち長老派、会衆派、バプテスト派、クェイカー派など、多くはピューリタニズムの諸派から発展したものです。また、民主主義、人権理念、信教の自由、宗教的寛容、社会契約説など近代文化の基礎的な理念が、ピューリタニズムをとおして生み出されていきました。

5 日本のキリスト教

　日本にキリスト教が伝えられてすでに450年以上がたちました。その全部をこの短いスペースで書くのはとても無理ですので、最小限の重要事項のみ記していきます。

1──キリスト教伝来

　日本にはじめてキリスト教がもたらされたのは、1549年8月15日カトリック教会の宣教師フランシスコ・ザビエルが鹿児島に渡来したことによります。ザビエルはスペインのバスク人でしたが、1534年にイグナチウス・ロヨラを中心として結成された「イエズス会」のメンバーとして、会が目指した世界宣教の志に従って、インド、中国、日本への伝道に赴いたのです。ザビエルが日本で活動したのはわずか2年3カ月であって、伝道は困難に次ぐ困難の連続でした。応仁（おうにん）の乱以後、日本は戦国時代となり、世情も落ち着かず、異国から来た人の宗教の話を静かに聞くという雰囲気ではなかったのです。ザビエルは日本を伝道するためにはまず中国を伝道

してからだと考え直し、いったんインドのゴアへ引き返し、その後再び中国に渡り伝道活動に励もうとしましたが、病を得て1552年中国上川島^{じょうせんとう}で独り寂しく天に召されていきました。

　しかしザビエルの播^まいた種は日本で着実に芽を出し始め、次第にキリシタンの数が増えていきました。高山右近^{うこん}や大村純忠^{すみただ}、大友宗麟^{そうりん}など多くの大名がキリシタンとなり、当然その家臣や領民も多くキリシタンとなっていったのです。1580年頃には当時の日本伝道の責任を託されていた巡察使ヴァリニアーノの働きかけにより、キリシタンの少年4人がローマにまで旅をして教皇に謁見^{えっけん}するという「天正遣欧少年使節」が実現しました。少年たちの名は伊東マンショ、千々石^{ちぢわ}ミゲル、中浦ジュリアン、原マルチノと言います。日本人としてはじめてローマ教皇と謁見した4人でした。しかし4人がローマから帰ってきた頃は、すでに日本は禁教と迫害の時代に入っており、4人とも悲惨な生涯を送ることを余儀なくされました。

　1596年にスペイン船サン＝フェリペ号が土佐浦戸に漂着したとき、その中の船員が「スペインはまず宣教師を各国に遣わして、その上でその国を征服するのだ」と言ったということが豊臣秀吉の耳に入り、彼は激怒し

図版⑪　26聖人の像

ます。そして直ちにフランシスコ会修道士 6 名と日本人キリシタン 20 名を捕らえて長崎・西坂の地で処刑します。1597 年 2 月のことでした。今、西坂の地を訪れると、彫刻家舟越保武が製作した「26 聖人の像」（図版⑪）が建てられていて、巡礼者が後を断ちません。

　豊臣秀吉はすでに 1587 年に伴天連追放令を発布していて、キリスト教伝道は非常に困難な状態になっており、つづいて徳川家康も 1612 年 4 月に「キリシタン禁教令」を発布して弾圧の度を強めていきました。1637年にはキリシタン武士・農民らを中心とした「天草・島原の乱」が起きましたが、それも鎮圧され、また 1654 年に幕府から「キリシタン禁制の高札」が建てられてからは、公にキリスト教信仰を表明することができなくなり、「隠れキリシタン」の時代に入ります。彼らはこの非常な困難の中、強い信仰を持ってひそかにその信仰を何世代にもわたって継承していきました。彼らの信仰のひとつの結実を、今私たちは五島列島の諸教会に見ることができます。これらの島々は本島から何十キロも離れた小島でありながらどの村にも立派な教会堂があり、多くの信者が毎聖日ミサをあげています。これらの島々からは今もなお、多くの神父、修道士や修道女が誕生しています。

2——プロテスタント・キリスト教の伝道

　以上のようにキリスト教禁止・弾圧が続く中、幕末になってアメリカからプロテスタント教会の宣教師たちが日本伝道を目指して続々とやって来るようになります。一番はじめに来日したとされている年が 1859 年で、米国長老教会のヘボン、米国改革派教会のブラウン、フルベッキらが来日しました。彼らは、まず聖書翻訳や医療事業などを手がかりに、少しずつキリスト教伝道を開始しています。なおこの年には米国聖公会からリギンス、ロシア正教会のマーホフなども来日しており、翌 1860 年には米国自由バプテスト教会のゴーブルなどもやって来ています。

　明治政府もそれまでと同じく厳しくキリスト教禁教の政策をとり続け、

なお多くの殉教者が出ていましたが、アメリカその他の国々の圧力により、ついに 1873 年、キリシタン禁制の高札を撤去することにしました。しかし、全体的には依然としてキリスト教に対する圧力は強く、後に「教育勅語」(1890 年) や「文部省訓令第 12 号」(1899 年) など反キリスト教的な方針が次々と打ち出されていきます。こうした中で 1891 年に「内村鑑三不敬事件」が起き、天皇制問題を背後にして「教育と宗教との衝突事件」として国粋思想側とキリスト教陣営とで激しい議論が戦わされました。ある意味でこの議論は今に至るまで決着を見ていません。2000 年頃から「教育基本法」の見直しが叫ばれ、2006 年に「新教育基本法」が成立しましたが、その本質は明治時代のこの議論の延長線上にあると言っても過言ではありません。

プロテスタント教会の伝道は、教会を中心としながらも、多くのミッション・スクール (キリスト教学校) を建てて、教育事業と併行してなされてきたのが特徴です。現在まで継続されている学校をいくつか紹介してみます。東奥義塾 (1872 年)、立教学校 (1874 年)、フェリス・セミナリー (1875 年)、平安女学院 (1875 年)、神戸女学院 (1875 年)、同志社英学校 (1875 年)、明治学院 (1877 年)、青山学院 (1878 年)、聖和大学 (1880 年)、鎮西学院 (1881 年)、遺愛女学校 (1882 年)、大阪女学院 (1884 年)、東洋英和女学校 (1884 年) などですが、この後も東北学院、関西学院、聖学院などが続々と建設されていきます。

プロテスタント伝道で注目しておきたいのは、初期のキリスト者たちは幕末の下級武士出身の青年が多く、それぞれ志に燃えて、神と信仰の契約を結んだ 3 つのグループを中心に教会形成と伝道活動が進められたことです。それらは札幌バンド、横浜バンド、熊本バンドです。札幌バンドからは、内村鑑三、新渡戸稲造など、横浜バンドからは植村正久や押川方義、井深梶之助など、熊本バンドからは金森通倫、海老名弾正、宮川経輝などが輩出しました。

3──第二次世界大戦以後

　日本の教会は明治期の一時期や大正時代に少し勢いのある時を迎えましたが、全体としてはずっと困難でした。1941 年から始まった第二次世界大戦中も本当に苦しい時を過ごしました。キリスト教は敵国の宗教という理由で伝道を禁じられたり、天皇や国策に反対する者は捕らえられて拷問を受け獄死する者も多く出ました。一方、各教会の指導者は教会の行く末を案じ組織を守るために国策に積極的に協力することが多くありました。戦争推進に一役買ったと言われても仕方がない態度を取ったりもしました。戦争が終わって 20 年以上たった頃から各教会・教団でその戦争（協力）責任を問う声が出はじめ、今なお問題となっています。これも大きく言えば、キリシタン迫害以来の、日本国の思想・体制（国体）とキリスト教との深刻な対立のひずみを表しているのです。

　さて戦争が終わって 1947 年に、それまでの封建的な明治憲法と違って民主的な新憲法が制定されました。戦争・軍備の放棄、基本的人権の保障、信教の自由など、今までにない近代的自由を根幹とした新憲法が制定されました。前にも少し述べました「教育基本法」も同年に制定されて、本当に日本は新しい思想と体制を整えて出発しました。しかし、ここに今なお続くひとつの問題がありました。この新憲法も教育基本法もその背後にアメリカのキリスト教的思想の影響があったことはよく知られていますが、日本国民は明治時代の「和魂洋才」と同様に、そのうわべだけを取り入れてその土台となっている思想・信仰を受け入れることはしませんでした。ですから、確かに戦後間もなくは一時的にキリスト教ブームが起きて多くの人々が教会に行き、キリスト者になった人もたくさん出ましたが、しばらくするとその熱がさめて教会からだんだん人が去っていきました。

　今もなお日本総人口のうち、キリスト者人口は 1 ％未満にすぎません。インターナショナルとかグローバルと言われているこの時代にあって、日本の精神世界だけはいまだに鎖国をしているかのようです。日本にはキリ

スト教とかイスラム教のような国際的でグローバルな宗教を受容する素地が欠けているようです。しかし、家族、学校、病院、官庁その他いろいろなところで「心の荒廃」が叫ばれている今、キリスト教が説き、証ししている「神の愛」は、いよいよ重要性を増していると言わざるをえません。

日本とキリスト教の歴史を顧みるとき、一貫して変わらないのは日本のキリスト者に対する拒否の姿勢です。キリスト教会の側でもその壁を突破する信仰思想や体制を整えきれずにいます。しかし、日本がこの国際社会で貢献をなし、尊敬される国となっていくためにも、また現行憲法の精神を体現する国になっていくためにも、キリスト教信仰と思想は必要不可欠なのです。

6 現代における教会

使徒パウロは、はじめアジア州に伝道に行こうとしましたが、聖霊によってマケドニア州に赴いたことにより（使徒言行録16章6節）、福音伝道は東洋ではなく西洋において始められ、それ以後約1900年間、教会は主として西洋世界で、また17世紀以降はアメリカでも活動しました。

もちろん、その間にも東洋への伝道は試みられました。たとえば16世紀に日本にカトリックの宣教師が来て伝道しています。しかし欧米の教会が、世界伝道に本格的に乗り出したのは、19世紀になってからです。時は欧米の帝国主義の時代であり、アジアやアフリカを植民地化した時代でしたが、「世界伝道大命令」（マタイ福音書19章11節）のゆえに数千、数万人の青年男女が宣教師として、それこそ地の果てまで派遣されました。日本には1859年にアメリカからはじめてプロテスタントの宣教師が来ています。19世紀が世界宣教史の「偉大なる世紀」と呼ばれるゆえんです。

その結果、これまで福音を聞いたことのない種族や民族の間に、教会ができるようになりました。それらの教会は、欧米の「古い教会」に対して「若い教会」と呼ばれました。日本の教会もそのひとつです。

　第二次世界大戦後、これらの植民地はほとんど独立国家となったため、植民地主義と結び付いたキリスト教は滅亡するのではないかと思われました。ところが、これらの「若い教会」は欧米教会の出先ではなく、独立した各国の教会として目覚しく成長し発展していったのです。たとえば韓国では、10年ごとに倍増し続け、2005年では国民人口の29.2％がキリスト教徒です（大韓民国統計庁）。

　したがって、20世紀のはじめ、世界人口15億人の3分の1である5億人のキリスト者人口のうち、85％が欧米人で、非欧米人はわずか15％でしたが、1965年には、63％と37％となり、2000年には逆転して、42％と58％と推定されています。ちなみに、2010年の世界人口は69億人ですが、そのうちキリスト教徒は21億7千万人で31.4％（米国調査機関ピュー・リサーチ・センター）と推定されています。このように、キリスト教はもはや西洋の宗教ではなく、西洋と東洋を越えた、文字どおりに世界宗教なのです。

　ヨーロッパの教会は4世紀にキリスト教がローマ帝国の国教となって以来、国家と教会が一体となった、いわゆる国教会（state church）でした。この体制は16世紀の宗教改革においても続き、国家から自由な、いわゆる自由教会（free church）が成立したのは、ピューリタン革命を達成したイギリスや、特に信教の自由と〈教会と国家の分離〉を確立した18世紀のアメリカにおいてでした。

　そのアメリカで発展したのが、プロテスタントの諸教派（denominations）で、信徒たちが自由意志で所属する教会のことです。会衆派、長老派、メソジスト派、バプテスト派、ルター派、改革派など、大小合わせると200以上の教派教会が発展しました。これらのアメリカで成長した教派はイギリスやヨーロッパ諸国においても発展し、国際的な協議会ができるようになりました。1846年に成立した世界福音同盟（World Evangelical Alliance）はその最初のものです。

　これらの国際的な協議会は、世界伝道が推進されるにつれ、伝道地にお

け␣る教派を越えた協力体制を造る必要に迫られました。20世紀のうちに世界をキリスト教化しようと、1900年にニューヨーク市でエキュメニカル宣教会議が開かれました。エキュメニカルとは、ギリシア語の「人間が住む世界、家」という言葉からできた英語ですが、このときからキリスト教会の一致運動をエキュメニズムと言うようになりました。

　現代のエキュメニズムを推進したものの1つは、1880年に創設された国際宣教協議会で、1910、1928、1938年に国際会議を開いています。もう1つは、第一次世界大戦というキリスト教国同士の戦争の反省から生まれた、「教会をとおして国際友好を促進する世界同盟」の運動で、そこから「生活と事業」（Life and Work）および「信仰と職制」（Faith and Order）、つまり事業と神学において一致を求める2つの運動が生まれました。これらの運動に世界学生キリスト教連盟（WSCF）、YMCA、YWCAなどが加わって、世界教会協議会（World Council of Churches）の形成の準備が進められていきました。

　その準備は第二次世界大戦のために停滞しましたが、戦後の1948年にアムステルダムで創立総会を開き、ついに設立を見ました。世界のプロテスタント諸教会の大半が属する最大の協議会です。それ以後ほぼ6年ごとに世界各地で大会を開いています。1961年にはギリシア正教会が加入し、カトリック教会を除くキリスト教会のエキュメニカルな運動として、国際政治にも少なからぬ影響力を及ぼしています。

　カトリック教会もこれに刺激されて、1962年から65年の3年間に、第二ヴァチカン公会議を開き、プロテスタントおよびギリシア正教会を同信の「兄弟姉妹」とみなす、エキュメニカルな態度を明確にとるようになりました。

　この第二ヴァチカン公会議は、16世紀の対抗宗教改革以後、はじめて行なわれたカトリックの改革であり、教会全体の近代化とともに、他の諸宗教に対する態度の変化を公示した公会議でした。つまりそれまでの排他的な態度から、他の諸宗教が持つ良きものを認める、包括的な態度に変わ

っていったのです。

　この変化の背後には、国際的な世界平和を達成するためには、宗教間の紛争をなくし、宗教間の対話と協力を促進させねばならないという、キリスト教内のエキュメニズムの運動から、さらに宗教間の、いわば宗際的なエキュメニズムへの発展があります。

　さらに第二次世界大戦後には、ヨーロッパ諸国で増加を見た外国人労働者と、アメリカで増加を見たアジア諸国からの移民のゆえに、ヒンズー教、イスラム教、仏教などの諸宗教の信徒が、伝統的にキリスト教国と言われた西洋で、キリスト教徒と共生共存するようになってきました。宗教の多元化現象です。それとともに、西洋人でキリスト教以外の諸宗教の信徒になる者も出てくるようになりました。

　つまり現代は、世界的な宗教多元化の時代なのです。キリスト教の東洋における伝道の結果、伝統的な東洋宗教のほかにキリスト教も東洋で共存するようになりました。同じように、東洋からの移民によって、伝統的なキリスト教のほかに東洋宗教も共存するようになりました。

　これまで、なぜある人がある宗教の信徒であるかといえば、それはたまたま日本で生まれたから仏教徒、あるいはアメリカで生まれたからキリスト教徒でした。しかしこれからは、自分で考え、どの宗教を信じて生きるかを選ぶ時代になるのです。いわゆる「各人の決断の時代」に入ったのです。

　ある特定の宗教を選ぶか（入信）、すべての宗教は結局は同じだと思うか（宗教多元主義）、あるいは何も信じないか（無宗教）を自分で決断するのが現代なのです。宗教とは、人間とは何か、人生の意味は何かを問い、そして答えを選んで生きることにほかなりません。どの道が人間を人間として、最も人間らしく生かしめる道なのでしょうか。

　教会は、神が自己を啓示したところのイエス・キリストが宣べ伝えた神の国の到来と、パウロなど使徒たちが説いたその十字架の贖罪死と復活、すなわち「福音」こそが、すべての宗教、キリスト教も含むすべての宗教

が絶えず聞き従わねばならない「道であり、真理であり、命である」（ヨハネ福音書14章6節）と信じています。さらにその「真理はあなたたちを自由にする」（同8章32節）がゆえに、教会は世界において、東洋であろうが西洋であろうが、そして日本でも、伝道しているのです。そして、これまで二千年間伝道してきましたし、これからも「福音」を伝道し続けるのです。

VII

希望と喜びに生きる

1│生かされて生きる

> 「ひとつの花のために／いくつの葉が／冬を越したのだろう
> 冬の風に磨かれた／椿の葉が／輝いている
> 母のように／輝いている」
> (星野富弘「つばき」、『新編　風の旅 ── 星野富弘　愛の贈りもの』、学研パ
> ブリッシング、2013 年、p. 54)

　二千年（キリスト教の歴史）もの間、いや何千年もの間の、神と人間との真剣な出会いや人間同士のやり取りの歴史をとおして、また多くの精神の歴史をとおして、今日の私たちが存在します。まさにこの星野富弘氏の詩のように、この一輪の花である今日の私のために、いくつの葉が冬の苦闘を続けてきたことか、母のように１人の子どもを育てる苦労をしてきたか、考えてみたいと思います。思索を続けていく中で、私たちはこれらすべてに向かって深い感謝の思いを持つのではないでしょうか。そして、そのすべての上に、私たちを超越する神の愛があることに気づくのではないでしょうか。

　序章のところで、私たち人間は「どこにいるのか」（創世記３章９節）との神からの呼びかけに応答する（'respond'）存在であることを学びました。

私たち人間は、これらの恵みに応えていく責任（'responsibility'）があるのです。新約聖書のマタイによる福音書25章14節以下の「タラントンのたとえ」を学びましょう。タラントンは当時の通貨の単位でしたが、やがて転じて talent（賜物、才能）の意に使われるようになりました。神は私たちにそれぞれ固有のタレントを託します。私たちはそのタレントを用い、それをさらに増やす責任が与えられます。神からの賜物を受けた者は、その賜物を良い目的に大いに生かしていく応答責任があるのです。興味深いことに、神は私たちに一律に同じノルマを要求してはいません。それぞれ固有の要求をしているのです。豊かなタレントが与えられても、それを増やさない人よりも、たとえ貧しいタレントでも誠実な努力で少しでもそれを増やす人こそが称えられるのです。タレントは気づかれずに各人の中で眠っていて埋もれていることもありますし、せっかくのタレントが世の人々の誤解で理解されないことも多くあります。一例ですが、大変動作が緩慢に見えるせいで周囲から理解されない子どもが、実は心をこめて物事に丁寧に取り組むタレントを与えられていたことが、やがて理解されていったことがありました。同じようなことがまだまだあるのです、皆さんの中にも。タレントは磨かれ、増やされ、豊かにされるべきものなのです。

また神は、私たちに呼びかけ、特別の任務をお与えになります。

　「イエスは、『わたしについて来なさい。人間をとる漁師にしよう』と言われた。二人はすぐに網を捨てて従った。」（マルコ福音書1章17－18節）

これは、アフリカに医療活動のため赴いたアルバート・シュヴァイツァー博士の心に響き、その志を生んだ聖書の言葉です。それは、シュヴァイツァー博士にとっては、まさに神からの呼びかけ（'calling'）そのものでした。「二人はすぐに網を捨てて［イエスに］従った」のです。そこにシュヴァイツァー博士は深く学んだのです。'calling' に対し 'response' をしていった結果が、世界の多くの人々に感銘を与えることになったアフリカ

での医療活動となったのです。

　この 'calling' は、宗教改革者のマルティン・ルターによって、職業の意ともなりました。私たちは、職業につくとき、これが本当の 'calling'（天職）か否か、皆悩みます。また、ときには、「卑しい」仕事、「高貴な」仕事があるようにも思えるのです。しかしルターはこう考えました。職業に貴賤（きせん）はない、人々はそれぞれの持ち場で神の栄光を現すべきであると。確かに神の栄光を現すには困難な職業もあるかもしれません。また栄光を現そうにも、組織の中で束縛されて自由が利かない状況もあるでしょう。しかし、それでも旧約聖書は「常に主を覚えてあなたの道を歩け。そうすれば／主はあなたの道筋をまっすぐにしてくださる」（箴言 3 章 6 節）と教えます。すなわち、このところに、'calling' にどのように 'response' し、'responsibility' を果たせるかの私たちの課題と苦闘と、そして成長があります。収益事業も、本当に神からの 'calling' として受け止めるとき、私たちはその与えられた膨大な収益で社会を豊かにし、良い目的に大いに用いることもできるのです。

　札幌農学校のクラーク博士の言葉、"Boys, be ambitious (in Christ)！"「少年よ、（キリストにあって）大志を抱け！」の真意は、これと同じ精神を示しています。この学校から多くの優れたキリスト者の経済人が輩出しました。またマックス・ヴェーバーの『プロテスタンティズムの倫理と資本主義の精神』など多くの研究によって、近代資本主義とキリスト教との間には深い関係があることが解明されてきています。

　次に、イエスに称賛されたローマの百人隊長の言葉を想（おも）い起こしましょう。

　　「主よ、御足労には及びません。わたしはあなたを自分の屋根の下にお迎えできるような者ではありません。ですから、わたしの方からお伺いするのさえふさわしくないと思いました。ひと言おっしゃってください。そして、わたしの僕（しもべ）をいやしてください。わたしも権威の

　下に置かれている者ですが、わたしの下には兵隊がおり、一人に『行
　け』と言えば行きますし、他の一人に『来い』と言えば来ます。また
　部下に『これをしろ』と言えば、そのとおりにします。」(ルカ福音書
　7章6b‐8節)

　この言葉は、ローマ軍の組織人として働きながら、より大いなる神の秩
序に従いえた人の言葉です。この人に対し、イエスは、「これを聞いて感
心し」、「イスラエルの中でさえ、わたしはこれほどの信仰を見たことがな
い」と言いました。このように、世俗的な組織・業務の中からも宗教的教
えを学びとることができるのです。

　'calling' の中でも、特に重要な神からの召しがあります。それは、より
直接的なかたちで神に仕える道です。牧師、キリスト教学校での教育伝道
者など、神により直接的に仕える道への召しがあります。これは最も困難
な道ではありますが、また最も祝福に満ちた道でもあると言えましょう。
1979年にノーベル平和賞を受けたマザー・テレサは、インドのいわゆる
スラム街で衰弱して倒れている人たちを「死を待つ人のホーム」に迎え入
れ、今日のターミナルケアの先駆けとなる奉仕をしました。彼女は、新約
聖書のマタイによる福音書25章31‐46節の中の「はっきり言っておく。
わたしの兄弟であるこの最も小さい者の一人にしたのは、わたしにしてく
れたことなのである」というイエスの言葉をしばしば引用しました。マザ
ーは、文字どおりイエス・キリストをケアするように、インドの衰弱して
死にゆく人々に仕えたのです。マザーの行為は、決してただの慈善行為で
はなく、まさに人格的にイエス・キリストに仕える行為であったのです。
キリストは、飢え渇く人、悩み苦しむ人、寂しい人たちとご自身を結び付
けました。飢え渇く人、悩み苦しむ人、寂しい人は、私たちのすぐ隣にも
いるのではないでしょうか。必ずしもインドにまで行く必要はありません。
私たちはどこででもキリストと出会えるように、そのような人たちと出会
うのです。そのとき、私たちはその人たちに、キリストに接するように、

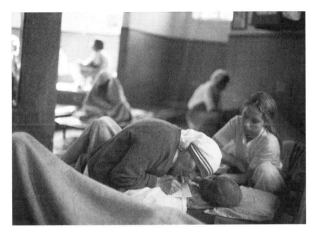

図版⑫　「死を待つ人の家」で、その人の名前と宗教を聞いて書
　　　　きとっているマザー・テレサ
　　（映画「マザー・テレサとその世界」より、撮影：白井詔子）

接していくのです。敬愛を込め、優しい言葉を用い、真心からの誠意を持
って接するのです。（図版⑫参照）

　最後に、私たちの中にどれほどすぐれたタレントを与えられている人が
いるとしても、1人ですべてのことができるわけではありません。また私
たちそれぞれに、与えられている任務がどれほど異なっているとしても、
また私たちのわざがどれほど目立たないものであるとしても、神から見れ
ばすべてがかけがえのない大切な任務なのです。

　　「つまり、一つの霊によって、わたしたちは、ユダヤ人であろうと
　ギリシア人であろうと、奴隷であろうと自由な身分の者であろうと、
　皆一つの体となるために洗礼を受け、皆一つの霊をのませてもらった
　のです。体は、一つの部分ではなく、多くの部分から成っています。
　足が、『わたしは手ではないから、体の一部ではない』と言ったとこ
　ろで、体の一部でなくなるでしょうか。耳が、『わたしは目ではない

から、体の一部ではない』と言ったところで、体の一部でなくなるで
しょうか。もし体全体が目だったら、どこで聞きますか。もし全体が
耳だったら、どこでにおいをかぎますか。そこで神は、御自分の望み
のままに、体に一つ一つの部分を置かれたのです。……それどころか、
体の中でほかよりも弱く見える部分が、かえって必要なのです。……
神は、見劣りのする部分をいっそう引き立たせて、体を組み立てられ
ました。それで、体に分裂が起こらず、各部分が互いに配慮し合って
います。」（Ⅰコリント 12 章 13 – 25 節）

　この人間の共同性、すなわち 1 人は全体のために、全体は 1 人のために、
との本質が最もよく現れている場が、すでに触れたように、キリストのか
らだとしての教会です。まさに世界は教会のあり方へと進んでいくと言っ
てよいのです。そして、キリスト者はその先駆けなのです。

2 ｜ 終末の希望と喜び

　キリスト教には、他の宗教や思想に欠けがちなひとつの重要なモチーフ
があります。それは終末論です。それは天地に初めがあるように、また終
わりがあることを語るものです。聖書は、神が終わらせるまことの終わり
があると教えています（Ⅱペトロ 3 章 10 – 13 節）。その時には、キリスト
が再臨し、救われる者と永遠の死に審かれる者とに分けられます。また審
きの時には誰が救われるか、誰が審かれるかと言ってはならないと教えら
れています（ローマ 10 章 6 – 7 節）。なぜなら、審きの時に救われるとすれ
ば、それはキリストの特別の恩寵によることだからです。
　また、しばしばいつ終末が来るとか世の終わりが来るとか言う人々が宗
教宗派を問わずいますが、聖書はそのような人々には特に気をつけ、つい
て行ってはならないと戒めています。それは時代の節目に必ずと言ってよ
いほど現れる「偽予言者の類」です（マルコ福音書 13 章 21 – 23 節）。また

終末がいつ来るか、どのようにして来るかは、イエス・キリスト自身も知らないと言っています（マタイ福音書24章36節）。なおさらのこと、私たちに分かるはずはありません。一部の宗派の人々は、冷戦時の核戦争によって世の終わりが来ると考え、戦争の到来をひそかに歓迎しました。こうした態度がいかに聖書的でないかは、言うまでもありません。神学者のカール・バルトは、水平線をどこまで行っても陸は空と接合しないように、地上の歴史の単純な延長線上にカタストロフィー的な終末が来ることはない、と断言しています。私たちは正しい終末理解を持たなければなりません。それに関して、次の諸点が重要です。

　第一に、この地上に終末が来ることは、神の愛と義の勝利が来ることであるため、私たちの地上の苦しみや困難がどれほど大きかろうと、私たちは真の希望を持つことができます。それは私たちが再臨のキリストと出会い、キリストと共によみがえり、永遠の命が与えられるという希望です。

　第二に、この地上が過ぎ行くものであることを知ることにより、世の営みに深入りしすぎない落ち着いた生活態度を保つことができます。それは天に宝を積み、この地上のことで一喜一憂しない態度です。しかし、それはこの世に対し無責任で冷淡な態度をとることではありません。この世の営みが過ぎ行くものであることを知り、同時にイエス・キリストがこの世を愛されたことを知ることにより、この世に対し責任的に愛をもって生きることなのです。

　第三に、終わりに審判があることを知るとき、私たちは、イエスの語った毒麦のたとえを想い起こすべきです。ある日、良い麦をまいた畑に毒麦がまかれてしまいますが、主人は毒麦を抜こうとして良い麦も一緒に抜いてしまうことを恐れ、収穫の時まで待つことにしました。ここから、良い麦も毒麦も、最終の審判まで共存することを知るべきです。アメリカ人で信教の自由の唱導者ロジャー・ウィリアムズは、この終末論的教えから、信教の自由、宗教的寛容の教えを学びました。何が正当かは、自己を相対化する宗教的寛容の精神が必要で、それは終末の時まで待つことなのです。

（図版⑬参照）

　第四に、終末（'end'）は同時に目的・目標でもあります。終末の到来を知る者は、この地上において御国（みくに）を来たらせたまえと祈りつつ、神の国を歴史における目的・目標としてこの地上に実現する努力をし続けるのです。

　第五に、毎年私たちはクリスマスの4週間前から待降節（アドヴェント）を迎えます。それは、イエス・キリストの誕生を待ち望む時ですが、実はイエス・キリストの再臨を待つ訓練、すなわち終末を迎える訓練の時でもあるのです。そして、そのことはまた、神の子との完全な出会いを迎える訓練とともに、私たちの神からの召し（死）を迎える訓練の時でもあるのです。死は、私たちにとって断絶を意味します。死の突然の脅（おびや）かしを受ける者は、否認、怒り、取引き、抑うつの思いが起きてきます。そして、やがて死の受容を迫られることになります（E. キューブラー＝ロス、*On Death and Dying*、邦訳『死ぬ瞬間』、読売新聞社、1971 年）。しかし、死の究極の問題は神と愛する人々との別離です。神との別離とはまさに罪です。旧約聖書のヨブ記は、「人は死んでしまえば／もう生きなくてもよいのです」（14 章 14 節）と告げます。旧約聖書においては、一般に人の死とともに、その生は終わるのです。「塵（ちり）にすぎないお前［人］は塵に返る」のです（創世記 3 章 19 節）。一方、新約聖書は、確かに「一人の人によって罪が世に入り、罪によって死が入り込んだ」（ローマ 5 章 12 節）と見ています。しかし、この罪から人間を救うために、イエス・キリストは死を避け

図版⑬　ロジャー・ウィリアムズ像

ることなく、死をそのまま贖罪として受け入れ、死において神の赦しの愛を示したのです。言い換えれば、キリストの十字架の死に、神の臨在があるのです。そのため、聖書は高らかに勝利を宣言します。

> 「死よ、お前の勝利はどこにあるのか。死よ、お前のとげはどこにあるのか。』死のとげは罪であり、罪の力は律法です。わたしたちの主イエス・キリストによってわたしたちに勝利を賜る神に、感謝しよう。」（Ⅰコリント 15 章 55 － 57 節）

キリストの死とよみがえりにおいて罪が克服され、死はもはや神との別離ではなくなりました。十字架におけるキリストの死は、復活に突入する入り口であったのです。さらに私たちは、キリストと共によみがえらされるのです。私たちが死ぬとき、私たちの体は土に帰りますが、私たちの存在は神の中にやすらい、終わりの日に復活の体が与えられて、第二の死にあうことなく、永遠に神と愛する者たちと共に生きることを許されるのです。

確かに、愛する者を失った悲しみは耐えがたいものです。しかし、聖書は告げます。

> 「しかし、死者はどんなふうに復活するのか、どんな体で来るのか、と聞く者がいるかもしれません。愚かな人だ。あなたが蒔くものは、死ななければ命を得ないではありませんか。……死者の復活もこれと同じです。蒔かれるときは朽ちるものでも、朽ちないものに復活し、蒔かれるときは卑しいものでも、輝かしいものに復活し、蒔かれるときには弱いものでも、力強いものに復活するのです。つまり、自然の命の体が蒔かれて、霊の体が復活するのです。自然の命の体があるのですから、霊の体もあるわけです。」（Ⅰコリント 15 章 35 － 44 節）

またヨハネによる福音書において、イエスは「一粒の麦は、地に落ちて死ななければ、一粒のままである。だが、死ねば、多くの実を結ぶ」（12

章 24 節）と語っています。ひとりの人間の死には、必ずや一粒の麦として、豊かな実を結びうる開かれた可能性があるのです。そしてキリストと共に復活し、再会する希望が与えられているのです。

　私たちはこのように復活の命、永遠の命と直面しつつ、日々を生きています。永遠の命に支えられて、私たちは私たちの生を、ちょうど幼虫がやがて繭に入り、さなぎとなり、時至って大空に飛翔（ひしょう）する蝶（ちょう）のように、捉えることができます。地上で良い幼虫の生活を送り、やがて第二の偉大な生涯へ私たちは入っていくのです。そのため、この地上での困難な生の営みを神の前に、キリストと共に立派に生きていくことができるのです。地上での第一の生は、第二の偉大な生涯と深いつながりがあるからです。そして、私たちの地上での人生が永遠の命に囲まれていることを知るとき、私たちはこの地上での生がどれほど困難であっても、喜びと希望を持って積極的に生きていくことができるのです。

歴史年表

〈旧約聖書の時代〉

前 1900 頃　アブラハムとその一族、カルデヤのウルからカナンへ移住（創世記 12 章）

前 1700 頃　イスラエル人（ヤコブとその一族）、エジプトへ移住（創世記 46 章）

前 1250 頃　モーセ、イスラエル人の出エジプトを導く。約 40 年間シナイの荒野を放浪後、後継者ヨシュアによるカナン侵入と定着（民数記 13、14 章、ヨシュア記）

前 1200 頃　士師たちの時代（士師記）

前 1020　サウル、イスラエル初代の王となる（サムエル記上 9、10 章）

前 1000　ダビデ、最初の 7 年ヘブロンでユダの王、後の 33 年エルサレムで全イスラエル統一王国の王となる（サムエル記下 2、5 章）

前 961　ソロモン、イスラエルの王となる（列王紀上 2 章）。治世第 4 年に神殿竣工（列王紀上 6 章）

前 922　ソロモンの死、イスラエル王国の分裂（南王国ユダと北王国イスラエル）（列王紀上 12、14 章）

　　　　前 900 頃〜609　新アッシリア帝国古代近東世界を支配。前 612 年ニネヴェ陥落、3 年後に滅亡

　　　　北のアハブ王時代（871〜852）、預言者エリヤ、北イスラエルの宗教的堕落と戦う（列王紀上 17〜19 章）。エリシャはその後継者（列王紀下 2 章以下）

前 760　大地震　この頃、アモス、少し遅れてホセア、北イスラエルで預言活動（シリア・エフライム戦争の頃まで）

前 733　シリア・エフライム戦争（北イスラエルとシリヤ、同盟参加を強制して南ユダ攻撃、列王紀下 16 章、イザヤ章 7 章）

　　　　第一イザヤ、ミカ、預言活動開始（前 736〜）

前 722　アッシリア帝国によって北王国の首都サマリアが陥落し、北王国イスラエル滅亡。住民はアッシリアに捕虜（列王紀下 17 章）

　　　　前 650 年頃からゼファニヤ、前 626 年エレミヤ、預言活動開始

前 622　「律法の書」発見（列王紀下 22 章）。ヨシュア王、これに基づき宗教改革に着手（異教の祭儀や地方聖所の廃止、祭儀のエルサレム集中）

　　　　前 625　新バビロニアの独立。609 年以後新アッシリア帝国に代わって古代近東世界を支配

前597〜587　バビロニア帝国によるエルサレム陥落。エルサレムの支配層、首都バビロンに捕囚（「バビロン捕囚」）（列王紀下24、25章、エレミヤ52章）

前593 エゼキエル、バビロニアにて預言活動開始。紀元前6世紀半ばから、第二イザヤ、預言活動

前538〜333　ペルシア帝国の時代

前538　ペルシア王キュロス、バビロニアにおける捕囚のユダヤ人のエルサレム帰還を許す（イザヤ書45章）

前520　エルサレム神殿再建（ペルシア総督のもとで制限的自由独立を享受、ユダヤ人共同体が成立、エズラ1章）

ハガイ、ゼカリヤ、第三イザヤ、彼らより遅れてヨエル、マラキの預言活動

前458? あるいは398　エズラの帰還。「ユダヤ人」の呼び名が定着

前336以降　ヘレニズムの時代

前333　アレクサンドロス大王、シリア、パレスチナを併合

前168　ギリシアのアンティオコス・エピファネス、エルサレム神殿に異教の祭壇を建立。ユダ・マカバイの武装蜂起

前167〜162　マカバイ戦争（ユダ・マカバイの活躍）。164年にエルサレム奪還。ハスモン王朝として独立

前63〜後135　ローマ帝国の時代

前63　ポンペイウスによるエルサレム占拠

〈新約聖書・教会の時代（宗教改革前夜まで）〉

紀元前

4〜7?　イエスの誕生

紀元後

28〜30頃　イエス、洗礼者ヨハネより洗礼を受ける

30〜32頃　イエス、十字架刑によって処刑されるが、3日後に復活する。その50日後、弟子たちの上に聖霊が下り教会が誕生する

33〜34頃　ステファノが殉教する（最初の殉教者）。パウロが回心し、キリスト教の伝道者となる

47〜48頃　パウロの伝道旅行始まる。この後56年頃まで計3回の伝道旅行が行なわれる

49頃　エルサレムで使徒会議が開かれる

50年代　パウロ、テサロニケの信徒への手紙1、ガラテヤの信徒への手紙、フィリピの信徒への手紙、コリントの信徒への手紙1、2、ローマの信

　　　　徒への手紙等を書く

59〜60頃　パウロ、ローマで殉教する

60頃　マルコによる福音書が書かれる

64　皇帝ネロによるキリスト教徒迫害が起こる

66　第一次ユダヤ戦争が始まる。エルサレムが陥落し、神殿が破壊される（70）

80頃　マタイによる福音書、ルカによる福音書が書かれる

90頃　ユダヤ教のヤムニヤ会議が開かれ、現在の旧約聖書が完成する

100頃　ヨハネによる福音書が書かれる

132　第二次ユダヤ戦争が始まる。ローマ軍によってエルサレムが完全に制圧され、ユダヤ人はエルサレムから完全に追放される（135）

150頃　ペトロの手紙2（新約聖書に収められた最も新しい文献）が書かれる

＊2世紀後半　古カトリック教会が成立する（現在とほぼ同じ形の新約聖書が成立し、また職制、信条が整う）

200頃　教父時代が始まる

250　デキウス帝による最初の全帝国的なキリスト教大迫害が始まる

303　ディオクレティアヌス帝による迫害が始まる

313　コンスタンティヌス大帝、ミラノの勅令を発し、キリスト教を公認宗教とする（コンスタンティヌス体制の始まり）

325　ニカイア（ニケーア）公会議が開かれる

330　ローマからビザンティウムに遷都し、コンスタンティノポリスと改名する

361　ユリアヌス帝、異教の復興を計る

375　ゲルマン民族の大移動が始まる

388〜400頃　ヒエロニムス、ラテン語訳聖書（ウルガタ）を完成させる

392　テオドシウス帝、キリスト教を国教とする

395　ローマ帝国、東西に分裂する

430　アウグスティヌス没す（354〜）

451　カルケドン公会議が開かれる

476　西ローマ帝国が滅亡する

481　クローヴィス、フランク王となり、496年正統キリスト教に改宗する

529　ベネディクトゥス、モンテ・カシーノに修道院を開く

532　ユスティニアヌス法典（「ローマ法大全」）が成立する

571頃　ムハンマド（イスラム教の開祖）、生まれる

590　教皇グレゴリウス1世、即位する（〜604）

596　教皇グレゴリウス1世、修道院長アウグスティヌスをイングランドに派

遣する

732　カール・マルテル、トゥール・ポワティエの戦いでイスラム教徒を破る

800　カール大帝、教皇レオ 3 世より西ローマ皇帝の王冠を戴く

843　ヴェルダン条約（フランク王国が 3 分割され、現在のフランス、イタリア、ドイツの原型ができる）

910　クリュニー修道院、開設される

962　オットー 1 世、教皇ヨハネス 12 世により載冠。神聖ローマ帝国（〜1806）の始まり

1054　ローマ・カトリック教会の教皇とギリシア正教会の総主教とが相互に破門し合い、キリスト教界が東西に分裂する

1066　ノルマンディー公ウィリアム、イングランドを征服する（ノルマン・コンクェスト）

1075　教皇グレゴリウス 7 世、信徒による聖職叙任に反対する宣言をする（皇帝ハインリヒ 4 世との「叙任権論争」の始まり）

1077　カノッサの屈辱（ハインリヒ 4 世、教皇に謝罪する）

1096　第 1 回十字軍始まる。この後、13 世紀後半まで計 8 回の十字軍が起こされる

1098　シトー会、開設される

1122　ヴォルムス協約が結ばれ、叙任権論争に終止符が打たれる

1198　教皇インノケンティウス 3 世、即位する（教皇権の絶頂期）

1209　アシジのフランシスコ、「小さき兄弟会」（通称「フランシスコ会」）を創設する

1215　イングランド王ジョン、マグナ・カルタ（大憲章）を制定する

1216　ドミニコ、ドミニコ会を創設する

1274　トマス・アクィナス没す（1224/26〜）

1309　教皇庁がローマから南仏のアヴィニョンに移される（「教皇のバビロン捕囚」）（〜77）

1378　シスマ（大分裂）が起こる（〜1417）

1409　ピサ公会議が開かれ、その結果 3 人の教皇が乱立する

1414　コンスタンツ公会議が開かれる（〜18）

1415　フス、焚刑に処せられる

1419　フス戦争始まる（〜36）

＊ 15 世紀　イタリア・ルネサンスの盛期

1453　東ローマ帝国、滅亡する

1456 頃　グーテンベルク、印刷術を発明し、いわゆる「グーテンベルク聖書」の刊行を始める

1492　コロンブス、西インド諸島に到達する

1498　ヴァスコ・ダ・ガマ、インド航路を発見する

　　　フィレンツェで教会改革を試みたサヴォナローラ、処刑される

〈新約聖書・教会の時代（宗教改革以降）〉

1517　ルター（1483〜1546）、「九十五箇条の提題」を発表（ドイツ）

1519　ライプチヒ神学論争により、カトリック教会とルターとが決定的対立（ドイツ）

1521　ルター、ローマ教皇より破門される（ドイツ）

1523　ツヴィングリ（1484〜1531）、カトリック教会を批判し、チューリヒ市の教会はプロテスタント教会となる（スイス）

1524　ドイツ農民戦争：農民の領邦君主に対する戦い（〜25）

1530　アウクスブルク国会に、アウクスブルク信仰告白（ルター派）、四都市信仰告白（ブーツァー派）、ツヴィングリの信仰告白がそれぞれ提出される

1534　ヘンリー 8 世（位 1509〜47）、首長令発布。カトリック教会から離脱し、イングランド国教会始まる（イングランド）

1534　ルター、ドイツ語訳聖書完成（ドイツ）

1534　イグナティウス・デ・ロヨラ（1491〜1556）、イエズス会を設立し、対抗宗教改革を推進する

1536　カルヴァン（1509〜64）、ジュネーブにおいて宗教改革開始（スイス）

1545　トリエント公会議（〜63）。ローマ教皇の首位権や贖宥状などを再確認

　　　1549　イエズス会のザビエル（1506〜52）、鹿児島に渡来してカトリック伝道を開始（日本）

1554　メアリー 1 世（位 1553〜58）、カトリックを復活させる（イングランド）

1555　アウグスブルクの講和：皇帝とドイツ・プロテスタント諸侯との講和。諸侯にカトリックかルター派かの宗教選択権を与え、住民はその領主の信仰に従うとした（ドイツ）

1559　エリザベス 1 世（位 1558〜1603）、首長令、統一令および共通祈禱書を復活させ、イングランド国教会を確立（イングランド）

1562　ユグノー戦争：カトリック教会対ユグノーの宗教対立に政治闘争が結びついて起こったフランスの内戦（〜98）（フランス）

1571　「三十九箇条」の信仰箇条制定（イングランド）

　　　1582　天正遣欧使節出発（〜90）

　　　1589　豊臣秀吉、バテレン追放令発布

　　　1597　長崎において二十六聖人殉教

1598　ナントの勅令：フランス王アンリ4世（位1589～1610）がユグノーに信仰の自由と市民権を与えた勅令（フランス）

1603　ピューリタンの千人請願（イングランド）

1611　欽定訳聖書（King James Version）の完成（イングランド）

1618　三十年戦争：ドイツ国内で戦われた宗教戦争（～48）

1620　ピルグリム・ファーザーズ、信仰の自由を求めてメイフラワー号に乗りアメリカ大陸へ移住。上陸に先立ってメイフラワー契約を結ぶ（アメリカ）

1629　チャールズ1世（位1603～25）、専制政治を強め、議会を解散（イングランド）

　　　1629　徳川家康、踏み絵施行

1635　ロジャー・ウィリアムズ、イングランド国教会からの分離を主張し、ニュー・イングランド体制を批判（アメリカ）

　　　1637　島原の乱（～38）

1640　ジョナサン・エドワーズ（1703～58）を中心に信仰の大覚醒運動が起こる（アメリカ）

　　　1641　鎖国体制完成

1642　議会派と王党派の武力衝突により内戦始まる（～49）（イングランド）

1643　ウェストミンスター神学者会議始まる（～53）（イングランド）

1646　ウェストミンスター信仰告白完成（イングランド）

1648　ウェストファリア条約（ドイツ）

1649　ピューリタン革命：チャールズ1世が処刑され、共和国となる（イングランド）

1653　クロムウェル（1599～1658）、護民官に就任（イングランド）

　　　1654　キリシタン禁令高札

1660　王政復古。チャールズ2世（位1660～88）の即位（イングランド）

1688　名誉革命（イングランド）

1689　権利章典制定（イングランド）

1713　ユトレヒト条約（スペイン継承戦争を終結するための講和条約）

1739　ジョン・ウェスレー（1703～91）、弟のチャールズ（1707～88）と伝道活動を始め、メソジスト運動が広がる（イングランド）

1776　独立宣言（アメリカ）

1789　アメリカ合衆国憲法制定（アメリカ）

1789　フランス革命

1792　合衆国憲法修正。信教の自由と国教会制度不採用の決定（修正第1条）（アメリカ）

1833　オックスフォード運動起こる（イングランド）

　　　1859　宣教師リギンス、ウィリアムズ、ヘボン、ブラウン、シモンズ、
　　　　　　フルベッキが来日し、プロテスタント伝道が開始される

1861　南北戦争（～65）（アメリカ）

　　　1861　ロシア正教会司祭ニコライ来日

1863　奴隷解放宣言（アメリカ）

　　　1872　日本基督公会創立

　　　1873　キリシタン禁令の高札撤去

　　　1891　内村鑑三（1861～1930）、不敬事件

　　　1900　足尾銅山鉱毒事件

　　　1909　賀川豊彦（1888～1960）、神戸のスラム街において伝道を開始

1914　第一次世界大戦（～18）

1917　ロシア革命

1939　第二次世界大戦（～45）

　　　1941　日本キリスト教団成立

　　　1946　日本国憲法制定

1948　世界人権宣言

1955　マーティン・ルーサー・キングの指導の下、人種差別撤廃を求めてバス
　　　ボイコット運動が起こる（アメリカ）

1962～65　第二ヴァチカン公会議

1963～65　黒人の公民権を求めるワシントン行進が起こり、その後、公民権法
　　　が成立する（アメリカ）

1989　ベルリンの壁崩壊（ドイツ）

1991　ソビエト連邦崩壊（ロシア）

　　　1995　1月17日　阪神淡路大震災。この年は「ボランティア元年」と
　　　　　　　　　　も呼ばれる

　　　　　　3月20日　地下鉄サリン事件

　　　1999　フランシスコ・ザビエル渡来から450年

2001　9月11日　アメリカ同時多発テロ

2009　1月　バラク・オバマ、アフリカ系アメリカ人で初めてアメリカ合衆国
　　　大統領（第44代）となる

　　　2009　日本プロテスタント宣教150周年

　　　2011　3月11日　東日本大震災

2017　宗教改革500周年

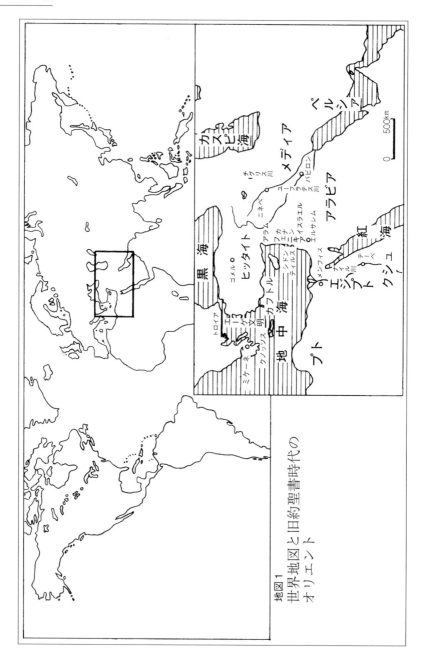

地図 1
世界地図と旧約聖書時代の
オリエント

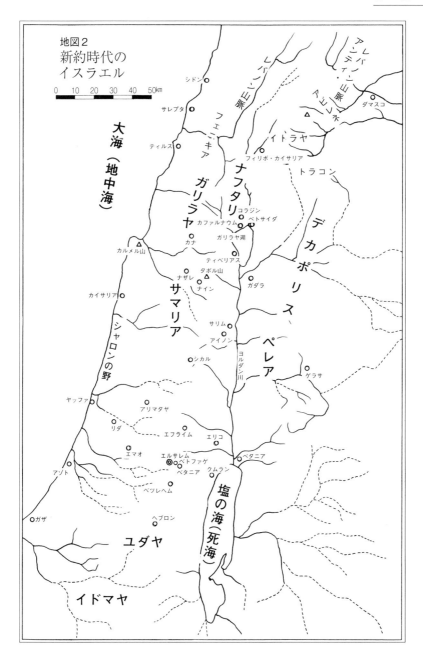

地図2
新約時代の
イスラエル

0　10　20　30　40　50km

大海（地中海）

シドン

サレプタ

ティルス

フェニキア

レバノン山脈

アンティレバノン山脈

ヘルモン山

ダマスコ

イトラヤ

フィリポ・カイサリア

トラコン

ナフタリ

ガリラヤ

コラジン

ベトサイダ

カファルナウム

ガリラヤ湖

カナ

デカポリス

カルメル山

ティベリアス

ナザレ

タボル山

ナイン

ガダラ

カイサリア

サマリア

サリム

アイノン

ヨルダン川

ペレア

シカル

ゲラサ

シャロンの野

ヤッファ

アリマタヤ

リダ

エフライム

エリコ

エマオ

エルサレム

ベトファゲ

ベタニア

ベタニア

クムラン

アゾト

ベツレヘム

塩の海（死海）

ガザ

ヘブロン

ユダヤ

イドマヤ

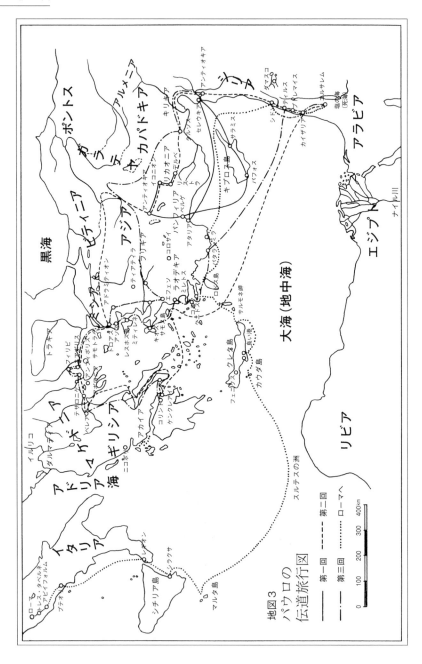

地図3
パウロの
伝道旅行図

第一回　　　第二回
第三回　　　ローマへ

0　100　200　300　400km

あ と が き

　このたび、本書を世に送り出すことができますことを、大変うれしく思います。本書は、大学生を対象として書かれていた『神を仰ぎ、人に仕う——キリスト教概論』を、あらためて多くの人に読んでいただきたいとの思いから改訂し、新版としたものです。改訂にあたっては、まず本書の題名を、『永遠の言葉』としました。また、全体の統一性を高め、特定の学生たちのみならず多くの方々に親しんでいただくために、特定の言及や記述を削除し、より一般化することに努めました。そのため、旧執筆者にはいろいろとご協力をいただきました。ここに記して、深く感謝申し上げます。また、今回の新版の作成にあたり、新しく二人の方に執筆者として加わっていただきました。片柳榮一先生（聖学院大学大学院客員教授、京都大学名誉教授）には教会史（Ⅵ章 1 - 2）を、左近豊先生（青山学院大学教授、元聖学院大学准教授）には旧約聖書の創世記の初めの箇所（Ⅲ章 1 - 3）をご担当いただきました。お二人には、本当に限られた時間の中で全面的にご協力いただき、心より感謝申し上げます。また、本書の作成のために、聖学院大学出版会の木下元部長と花岡和加子様には、大変お世話になりました。木下部長には、さまざまな煩瑣な仕事に忍耐をもって取り組んでいただきました。また花岡様には、細かい校正のみならず全体に目配りをしていただき、一般書にふさわしい内容にしていただきました。お二人に心より感謝申し上げます。

　本書の題名を『永遠の言葉』としたことに関しては、「はじめに」で触れましたが、本書を世に送り出すにあたり、あらためて言葉の大切さを思わざるをえません。イエス・キリストは、公の生涯（宣教）を始めるに先立ち、サタンの試みを受けましたが（マタイによる福音書 4 章）、そのとき、「人はパンだけで生きるものではない。神の口から出る一つ一つの言葉で

生きる」との旧約聖書の言葉でもって、その試みを退けました。人は神の口から出る一つ一つの永遠の言葉によって生きるということは、どの時代においても変わることのない真理ではないでしょうか。私たちは、肉体において生きると同時に、精神においても生きています。そして、その精神を養うのは、パンではなく、神の言葉なのです。しかし、その神の言葉は、現代において、十分に響き渡り、聞かされているでしょうか。旧約聖書のアモス書には、人間の経験する最も深刻な飢えと渇きについて、それは「パンに飢えることでもなく／水に渇くことでもなく／主［神］の言葉を聞くことのできぬ飢えと渇き」(8章11節)であると語られています。「主［神］の言葉」を聞くことができないことこそ、人間にとって最も深刻な飢えと渇きであるというのです。

　この30年、バブルがはじけ、大きな経済的混乱を経験してきました。また2011年には東日本大震災という未曽有の出来事に遭遇し、生き方や価値観が大きく変えられてきました。そして今、世界中がコロナ禍という新たな試練に遭遇し、さまざまな挑戦を受けています。そして、その背後には、人々の深い苦悩が渦巻いています。こうした時代、その深い苦悩をその根底から癒やすのは、私たちの精神を養う真実の言葉ではないでしょうか。もちろん、経済的復興も大切です。社会的秩序と平和も大事です。しかし、それに加えて、そしてあえて言うならば、それ以上に、私たちの精神を養う神の言葉が大切なのではないでしょうか。そうした思いを持って、本書を世に送り出したいと思います。願わくは、本書を通して、一人でも多くの方が、永遠の言葉であるイエス・キリストに出会わんことを。

　　　2022年2月

　　　　　　　　　　　　　　　聖学院キリスト教センター所長

　　　　　　　　　　　　　　　　　　菊地　順

執筆者・協力者紹介　(2018年4月1日現在)

【執筆者】

阿久戸光晴　(あくど・みつはる)

1951年生まれ。一橋大学社会学部、法学部卒。東京神学大学神学部卒、同大学院修士課程修了（神学修士）。聖学院理事長、聖学院院長、聖学院大学学長、聖学院大学総合研究所所長、聖学院大学出版会会長を歴任。公益財団法人荒川区芸術文化振興財団理事長、日本基督教団滝野川教会主任教師を経て、現在、福岡女学院大学学長、学校法人聖学院名誉院長、聖学院大学名誉教授。

〔著書〕『新しき生』、『近代デモクラシー思想の根源』、『キリスト教学校の形成とチャレンジ』（共著）、『専制と偏狭を永遠に除去するために』、スピリチュアルケアを学ぶ7『スピリチュアルな存在として』（共著）、*Japanese and Korean Theologians in Dialogue*（共著）ほか。

阿部　洋治　(あべ・ようじ)

1946年生まれ。東京神学大学大学院修士課程修了（神学修士）。Western Theological Seminary 修了（Th.M.）。日本基督教団巣鴨教会伝道師、日本基督教団大阪教会副牧師、長居伝道所牧師、女子聖学院短期大学宗教主任、聖学院大学大学チャプレンを歴任。元女子聖学院中学・高等学校校長。聖学院大学名誉教授。現在、日本基督教団北本教会牧師。

〔著書〕『コリント人への第二の手紙講解説教』、『マルコ福音書のイエス像』。

片柳　榮一　(かたやなぎ・えいいち)

1944年生まれ。京都大学名誉教授。聖学院大学大学院アメリカ・ヨーロッパ文化学研究科客員教授。文学博士（京都大学）。

〔著書〕『初期アウグスティヌス哲学の生成』、「時間空間論の展開」（新岩波講座『哲学』第7巻）、『ディアロゴス——手探りの中の対話』（編著）。

〔訳書〕ティリッヒ『出会い』（共訳）、アウグスティヌス『創世記注解』、M. ヴェルカー『聖霊の神学』（共訳）、F. W. グラーフ編『キリスト教の主要神学者　上　テルトゥリアヌスからカルヴァンまで』（監訳）、ほか。

菊地　順（きくち・じゅん）責任編集

1955 年生まれ。東北大学文学部卒、同大学院文学研究科博士課程後期中退。東京神学大学大学院修士課程修了（神学修士）、米国エモリー大学大学院修了（Th.M.）。博士（学術、聖学院大学）。聖学院大学専任講師、助教授を経て、現在、聖学院キリスト教センター所長、聖学院大学政治経済学部教授、同チャプレン。

〔著書〕『信仰から信仰へ』、『とこしなえのもの』、『ティリッヒと逆説的合一の系譜』ほか。

近藤　勝彦（こんどう・かつひこ）

1943 年生まれ。東京大学文学部卒、東京神学大学大学院修士課程修了。神学博士（テュービンゲン大学）。名誉神学博士（東京神学大学）。東京神学大学教授、学長を経て、現在名誉教授。日本基督教団銀座教会協力牧師。

〔著書〕『トレルチ研究』、『デモクラシーの神学思想』、『伝道の神学』、『啓示と三位一体』、『贖罪論とその周辺』、『キリスト教倫理学』、『キリスト教弁証学』、『救済史と終末論』ほか多数。

〔訳書〕W. パネンベルク『神学と神の国』、ティリッヒ『現代の宗教的解釈』（ティリッヒ著作集）、トレルチ『歴史主義とその諸問題』（トレルチ著作集）、ほか。

左近　豊（さこん・とむ）

1968 年生まれ。東京神学大学大学院修士課程修了（神学修士）。横浜指路教会副牧師を経て留学。米国コロンビア神学大学院修士課程修了（Th.M.）。プリンストン神学大学院博士課程修了（Ph.D.）。青山学院大学、国際基督教大学で非常勤講師、聖学院大学人間福祉学部チャプレン、同大学・大学院准教授を経て、現在、美竹教会牧師、青山学院大学国際政治経済学部宗教主任、同学部教授。東京神学大学・大学院非常勤講師。専攻は旧約聖書学。

〔著書〕『信仰生活の手引き　祈り』、『3・11 以降の世界と聖書』（共著）、*Imagination, Ideology, and Inspiration: Echoes of Brueggemann in a New Generation* (Sheffield: Sheffield Phoenix Press, 2015)（共著）、『スピリチュアルケアの実現に向けて』（共著）など。

〔訳書〕J. L. メイズ『詩編（現代聖書注解）』、W. ブルッゲマン『聖書は語りかける』、F. W. ダブス＝オルソップ『哀歌（現代聖書注解）』、W. ブルッゲマン『旧約聖書神学用語辞典』（共監訳）。

佐野　正子 （さの・まさこ）
国際基督教大学教養学部卒、同大学院比較文化研究科博士前期課程修了。東京
神学大学大学院修士課程修了（神学修士）。オックスフォード大学に留学。聖
学院大学大学院アメリカ・ヨーロッパ文化学研究科博士後期課程修了。博士
（アメリカ・ヨーロッパ文化学、聖学院大学）。聖学院大学人間福祉学部チャプ
レン、同教授を経て、現在、東京女子大学現代教養学部教授（キリスト教学）、
大学宗教委員長、キリスト教センター長。
〔著書〕『歴史と神学』下巻（共著）。
〔訳書〕A. D. リンゼイ『わたしはデモクラシーを信じる』（共訳）、M. L. スタ
ックハウス『公共神学と経済』（共訳）、アリスター・E. マクグラス編『キリ
スト教神学資料集』（共訳）、トマス・ヒル・グリーン『イギリス革命講義』
（共訳）。

濱田　辰雄 （はまだ・たつお）
1947 年生まれ。國學院大学文学部日本史学科卒、東京神学大学大学院修士課
程修了（神学修士）。1976 年日本基督教団緑聖教会牧師に就任。その後女子聖
学院短期大学・聖学院大学非常勤講師、聖学院みどり幼稚園園長、聖学院小学
校・同幼稚園チャプレン、聖学院キリスト教センター副所長を歴任。2016 年 3
月に隠退。
〔著書〕『光の道しるべ——村上由喜子の信仰と生涯』、『神道学者・折口信夫と
キリスト教』、『小説教集　蝶と空』。

古屋　安雄 （ふるや・やすお）
1926 年生まれ。自由学園男子部卒。日本神学専門学校（現東京神学大学）卒。
サンフランシスコ、プリンストン神学大学、チュービンゲン大学に留学。プリ
ンストンより神学博士（Th.D.）。組織神学・宗教学専攻。国際基督教大学教会
牧師、同大学宗教部長、教授となり、その間にプリンストン神学大学、アテネ
オ・デ・マニラ大学の客員教授。東京神学大学、東京大学、自由学園最高学部
の講師。東京女子大学宗教顧問。元聖学院大学大学院アメリカ・ヨーロッパ文
化学研究科教授、アジア・キリスト教育基金（ACEF）、賀川豊彦学会会長。国
際基督教大学名誉教授。
〔著書〕『キリスト教国アメリカ』、『キリスト教の現代的展開』、『プロテスタン
ト病と現代』、『激動するアメリカ教会』、『宗教の神学』、『日本の神学』（共著）、
『日本神学史』（編著）、『大学の神学』、『日本伝道論』、『日本のキリスト教』、

『キリスト教と日本人』、『キリスト教国アメリカ再訪』、『神の国とキリスト教』、『なぜ日本にキリスト教は広まらないのか』、『日本のキリスト教は本物か？』ほか多数。

〔訳書〕バルト著、ゴッドシー編『バルトとの対話』、ティリッヒ『プロテスタント時代の終焉』・『キリスト教と社会主義』（ティリッヒ著作集）、P. レーマン『キリスト教信仰と倫理』（共訳）、アリスター・E. マクグラス編『キリスト教神学資料集』（監訳）、A. リチャードソン・J. ボウデン編『キリスト教神学事典』（共監修）ほか。

【協力者】

柳田　洋夫　（やなぎだ・ひろお）

1967 年生まれ。東京大学文学部倫理学科卒、東京大学大学院人文科学研究科（倫理学）修士課程修了、同博士課程中退。東京神学大学大学院修士課程修了（神学修士）。聖学院大学大学院アメリカ・ヨーロッパ文化学研究科博士後期課程修了。博士（学術）。聖学院大学人文学部准教授、同チャプレンを経て、現在、聖学院大学人文学部教授、聖学院大学大学チャプレン、人文学部チャプレン。

〔訳書〕C. E. ガントン『説教によるキリスト教教理』、A. E. マクグラス『歴史のイエスと信仰のキリスト』、ラインホールド・ニーバー『人間の運命』（共訳）。

〔論文〕「山路愛山における『共同生活』概念について」、「リチャード・ニーバーの責任倫理と日本人」、「なぜ日本に文化の神学が必要なのか──内村鑑三の文明論を中心に」、「関東大震災と説教者──植村正久と内村鑑三に即して」、「小山鼎浦の宗教思想」ほか。

永遠の言葉　　〈キリスト教 概論〉

えいえん　ことば

きょうがいろん

2022 年　4 月　20 日　　改版第 1 刷発行

編　者　聖学院キリスト教センター
発行者　清　水　　正　之
発行所　聖学院大学出版会

〒 362-8585　埼玉県上尾市戸崎 1 - 1
Tel. 048-725-9801 Fax. 048-725-0324
E-mail : press@seigakuin-univ.ac.jp

印刷所　株式会社堀内印刷所

ISBN978-4-909891-11-2　C0016

自由に生きる愛を生きる──若い人たちに贈る小説教集

倉松 功 著

ISBN978-4-915832-80-2（2009） 四六判並製 2,200 円（本体）

混迷する現代の中でいかに生きるべきか見失っている人々に、聖書から「自由に生きること」「愛を生きること」のメッセージを解き明かし、語りかけています。とくに自信を喪失している若い人々に、賜物を与えられていることに気づき、賜物を感謝して他の人々と共に生きることの意味をやさしく語っています。

愛に生きた証人たち──聖書に学ぶ

金子晴勇、平山正実 編著

ISBN978-4-915832-82-6（2009） 四六判上製 2,400 円（本体）

旧約聖書、新約聖書から、愛に生きた人々の生き様を語っています。

第Ⅰ部 旧約聖書

アブラハム ──神への信仰の試練	（平山 正実）
モーセ ──とりなしの愛	（並木 浩一）
ダビデ ──神への畏れと信頼	（藤原 淳賀）
ホセヤ ──いつくしみの愛	（平山 正実）
ヨブ ──苦難の意義	（平山 正実）
コヘレト ──知恵の探求とその挫折	（金子 晴勇）
雅歌 ──花嫁の愛	（金子 晴勇）

第Ⅱ部 新約聖書

イエス ──罪ある女の物語	（小河 陽）
ペトロ ──イエスを愛した男	（吉岡 光人）
ユダ ──イエスを裏切った男	（佐竹十喜雄）
ヨハネ ──愛のいましめ	（土戸 清）
パウロ ──苦難と弱さの理解	（高橋 克樹）
マルコ ──自立と愛	（坂野 慧吉）

人間としての尊厳を守るために
──国際人道支援と食のセーフティネットの構築

ヨハン・セルス、チャールズ・E・マクジルトン 著

ISBN978-4-915832-98-7（2012） A5判ブックレット 700 円（本体）

セルス氏は、ＵＮＨＣＲ（国連難民高等弁務官事務所）駐日代表として難民支援にあたっています。マクジルトン氏は、自ら日本の「困窮者」としての生活を送り、「セカンドハーベスト・ジャパン」というＮＰＯを立ち上げ、食べ物を必要としている人々に食料品を提供する活動を展開。本書は人間の尊厳に立ち、人間の尊厳に向かう「当事者」として活動する2人の講演をもとにまとめられています。

〈Veritas Books〉

専制と偏狭を永遠に除去するために
──主権者であるあなたへ

阿久戸光晴 著

ISBN978-4-907113-14-8（2015）　新書判　1,600 円（本体）

主権者教育の重要性が今こそ認識されるべき時です。本書は、国際関係、国家と個人、価値、人権、教育、社会形成の各章にまとめられた 27 の提言からなり、基本的人権、国民主権、地方自治、日本国憲法の意義を語り、真の自由の行使を呼びかけています。

ヘンリ・ナウエンに学ぶ──共苦と希望

平山正実、堀　肇 編著

ISBN978-4-907113-08-7 （2014）　A5 判並製　2,000 円（本体）

ナウエンの霊性や思想の理解、相手と影響し合うコミュニケーション方法の理解に役立つ一冊。

第Ⅰ部
　　現代に問いかけるナウエン　　　　　　　　　　　　　　　　大塚野百合
　　ナウエンの人間理解とアプローチ
　　　　──人々を閃きに導く　　　　　　　　　　　　　　　　小渕　春夫
第Ⅱ部
　　境界線を生きる人ナウエン
　　　　──心の軌跡と共苦の姿勢から学ぶ　　　　　　　黒鳥偉作・平山正実
　　ナウエンの孤独が問いかけるもの
　　　　──ロンリネスからソリチュードへの旅　　　　　　　　堀　　肇

ソーシャルワークを支える宗教の視点──その意義と課題

ラインホールド・ニーバー 著　髙橋義文、西川淑子 訳

ISBN978-4-915832-88-8 （2011）　第 2 刷　四六判上製　2,000 円（本体）

本書が書かれた 1930 年代のアメリカは、科学技術による工業化、都市化と情報化の波に翻弄され、経済不況による凄まじい格差社会が到来していました。しかし社会の公正を実現するための「社会福祉事業」はあまりに理想主義的で、個人主義的で、感傷主義的で、機能していないという問題認識があった著者は、「社会の経済的再編成」「社会組織再編」「社会の政治的な再編成」という壮大な社会構想のもとで、本来あるべき社会福祉の姿を提示しています。

〔解説〕
　　ソーシャルワークにおける宗教──ニーバーの視点（髙橋義文）
　　社会福祉の視点から本書を読む　　　　　　　　（西川淑子）

〈福祉の役わり・福祉のこころ〉シリーズ　(A5判ブックレット)

福祉の役わり・福祉のこころ　　　　　　　　阿部志郎 著

ISBN978-4-915832-78-9 (2008)　品切れ　400 円（本体）

講演：福祉の役わり・福祉のこころ
対談　阿部志郎・柏木　昭──福祉の現場と専門性をめぐって

福祉の役わり・福祉のこころ

与えあうかかわりをめざして　阿部志郎・長谷川匡俊・濱野一郎 著

ISBN978-4-915832-87-1 (2009)　600 円（本体）

阿部志郎：愛し愛される人生の中で
長谷川匡俊：福祉教育における宗教の役割
濱野一郎：横浜市寿町からの発信

福祉の役わり・福祉のこころ

とことんつきあう関係力をもとに　　　岩尾　貢・平山正実 著

ISBN978-4-915832-89-5 (2010)　600 円（本体）

岩尾　貢：認知症高齢者のケア
　　　　　──「○○したい」という生きる上での尊厳と自己実現の重視
平山正実：精神科医療におけるチームワーク──チームワークの土台を支えるもの

福祉の役わり・福祉のこころ

みんなで参加し共につくる　　　　　　岸川洋治・柏木　昭 著

ISBN978-4-915832-92-5 (2011)　700 円（本体）

岸川洋治：住民の力とコミュニティの形成──住民のためではなくて住民と共に
柏木　昭：特別講義　私とソーシャルワーク

福祉の役わり・福祉のこころ

生きがいを感じて生きる　　　　　　　　　日野原重明 著

ISBN978-4-915832-99-4 (2012)　700 円（本体）

なぜホスピスが必要か──生きがいを感じて生きる
いのちの教育──生きがいと時間

福祉の役わり・福祉のこころ

「いま、ここで」のかかわり　　　　　石川到覚・柏木　昭 著

ISBN978-4-907113-01-8 (2013)　700 円（本体）

石川到覚：宗教と福祉──仏教福祉の立場から
柏木　昭：特別講義　人間福祉スーパービジョン
　　　　　──グループスーパービジョンの経験を通して